La Brée d'Oléron
Sept 2024

7 OCTOBRE

LEE YARON

7 OCTOBRE

*La journée la plus meurtrière de l'histoire d'Israël
racontée par les victimes et leurs proches*

Postface de Joshua Cohen

Traduit par Colin Reingewirtz et Laurent Trèves

BERNARD GRASSET
PARIS

Liste des victimes du 7 octobre : Source Haaretz.com

Photo de couverture : Maya Alleruzzo/AP/SIPA

ISBN 978-2-246-83826-5

© *Lee Yaron et Éditions Grasset & Fasquelle, 2024.*
© *Joshua Cohen et Éditions Grasset & Fasquelle, pour la postface, 2024.*
© *Éditions Grasset & Fasquelle, pour la traduction française, 2024.*

À Gal,
Un homme de paix qui n'est pas revenu de la guerre.

INTRODUCTION

La tradition juive des « shiva », qui consiste à observer formellement une période de deuil à la suite d'un décès, vient du mot « sept ». Dans la Genèse, Joseph, après avoir enterré son père Jacob, « porte le deuil dans une grande et douloureuse lamentation » pendant sept jours. Dans le Livre de Job, le personnage éponyme perd sa femme, ses sept fils et ses trois filles ; ses compagnons le font s'asseoir par terre, à même la poussière, pendant sept jours et sept nuits.

La pratique moderne est tout à fait similaire. Les sept jours débutent à l'issue de l'enterrement ; les membres de la famille immédiate – parents, frères et sœurs, époux et enfants – ont l'obligation de s'asseoir. Au cours de cette période, tout semblant de routine est interdit. L'endeuillé doit rester chez le défunt, assis au plus près du sol, et même par terre, matérialisant la profondeur de son chagrin. La porte est ouverte à tous ceux qui viennent lui présenter leurs condoléances et aider la famille dans les tâches quotidiennes. Pendant ce temps, le plaisir est proscrit. Les vêtements doivent être lacérés, pour signifier la déchirure de l'âme et la vanité des ornements terrestres. Il faut couvrir les miroirs afin de ne pas être distraits par les apparences. Toute formule de condoléances comportant un mot lié à la racine *shin-lamed-mem*, origine sémitique du « shalom » hébreu – comme du « salām » arabe – est prohibée. Nulle paix ne peut être souhaitée pendant la période de deuil. Le septième et dernier jour, les visiteurs sont sommés de « réveiller » les endeuillés, les aidant à se relever. Même le chagrin, la plus totalisante des émotions, doit avoir un terme.

Sept jours entiers, le temps qu'il a fallu à Dieu pour créer le monde, suffisent à peine pour que nous, Ses créatures, parvenions à nous élever au-dessus de notre douleur. Mais le judaïsme, qui possède pourtant des lois et des règles de conduite gouvernant presque tous les aspects du comportement humain, n'a guère d'indications à fournir sur ce qu'il convient de faire après un massacre comme celui du 7 octobre.

Comment réagir quand il n'y a aucun corps à enterrer ? Ou quand on ne possède plus qu'un minuscule fragment, un morceau, de l'être aimé ? Que faire quand on n'a plus de maison où s'asseoir pour les shiva lorsque celle-ci a été brûlée ? Si l'on a perdu un fils, une fille, une mère et un mari le même jour, de qui faut-il porter le deuil en premier ? Doit-on observer sept jours de shiva pour chaque proche, ou peut-on effectuer une semaine valant pour tous ? Comment faire quand on n'a plus aucune habitude quotidienne à laquelle revenir ? Comment marquer la fin des shiva dans ce cas ? Et peut-on marquer la fin des shiva individuelles quand on est entouré de toute une communauté en deuil ?

En travaillant sur ce livre, j'ai cherché des réponses à ces questions – comment pleurer les morts et se relever, comment dire une nouvelle fois shalom.

*

Le samedi 7 octobre 2023 – qui était un shabbat et le jour de Simhat Torah, soit la dernière journée de la fête de Soukkot –, le Hamas, accompagné du Jihad islamique palestinien et d'autres organisations, a lancé un assaut sans précédent contre le peuple d'Israël. Perforant la frontière, attaquant depuis la mer et les airs, les militants ont aveuglément massacré des civils dans ce qui est devenu l'une des pires attaques terroristes de l'Histoire moderne, et selon les mots du président Biden, « le jour le plus meurtrier pour les Juifs depuis la Shoah ».

En moins de vingt-quatre heures, environ 3 000 terroristes sont parvenus à assassiner près de 1 200 individus, à en kidnapper environ 250 et à en blesser approximativement 5 000 – en majorité des citoyens israéliens, mais originaires d'une trentaine de pays différents au total. Les victimes – dont la plupart étaient laïques et libérales, et une bonne partie militait à gauche – ont été exécutées de sang-froid, poignardées et brûlées vives ; elles ont été torturées, violées et volontairement amputées, au cours de scènes épouvantables que bon nombre des terroristes ont documentées et publiées à la vue du monde entier.

Anéantissant ces mêmes Israéliens qui soutenaient l'autonomie palestinienne, les terroristes ont ravagé des kibboutz le long de la frontière avec Gaza, y compris celui de Be'eri, dont des membres se portaient volontaires pour emmener des patients palestiniens dans des hôpitaux israéliens et donnaient chaque année des milliers de dollars à des familles gazaouies ; de même le kibboutz de Kfar Aza, qui organisait tous les ans un festival de cerfs-volants sur le thème de la paix, envoyant des messages de coexistence assez haut pour qu'ils soient reçus de l'autre côté de la frontière.

À la suite du massacre, Israël est entré en guerre, frappant Gaza avec une furie sans précédent dans le but de détruire le Hamas – une organisation terroriste qui administre la bande de Gaza depuis une vingtaine d'années, en s'enracinant au cœur de la population civile. Au moment où j'écris ce livre, une trentaine de milliers de Gazaouis ont été tués – d'après le ministère de la Santé contrôlé par le Hamas. Certaines victimes étaient des terroristes « professionnels », la majorité des civils, y compris des enfants. D'après les Nations unies, environ 2 millions de Gazaouis ont été déplacés, et près de 60 % des habitations ont été détruites. De la faim à la déshydratation en passant par les maladies, la malnutrition, l'absence de soins et le manque d'accès aux services de première nécessité, le prix payé par les Gazaouis ordinaires est inimaginable. Les hommes, les femmes et les enfants qui n'avaient rien à voir avec les crimes du Hamas ont fait les frais de ses actions. La souffrance causée par la mort de tant d'innocents dépasse les limites de ce qu'un cœur humain peut endurer.

*

Je suis la fille et la petite-fille de réfugiés ayant survécu aux persécutions et au génocide. Je suis juive. Je suis israélienne. Je suis aussi une femme, une féministe, une journaliste. Et une militante pour les droits des peuples qui résident entre le Jourdain et la Méditerranée, adhérant fièrement au camp de ceux qui rêvent encore de deux États pour deux peuples, garantissant la démocratie et les droits de l'homme aux Juifs et aux Arabes, aux Israéliens et aux Palestiniens, sans distinction.

Je pensais être habituée à la souffrance en raison de mon travail de journaliste pour *Haaretz*, le plus vieux journal israélien, le plus respecté, qui est aussi le seul grand quotidien progressiste du pays ; j'y ai débuté il y a une dizaine d'années en tant que reporter spécialisée en questions sociales, ce qui impliquait d'entrer dans la vie des gens lorsqu'ils faisaient face à des moments de détresse infinie : des victimes de discrimination, de violences domestiques ou même sexuelles. J'ai écrit sur les demandeurs d'asile en lutte pour l'accès à l'éducation et au logement. J'ai écrit sur les personnes LGBT militant pour le mariage pour tous et le droit à l'adoption. J'ai écrit sur les grands pollueurs, les climatosceptiques et les institutions publiques refusant d'accorder les pensions dues aux rescapés. Certaines de ces enquêtes ont mené à des réformes, et parfois à de nouvelles législations. J'en suis venue à considérer mon travail comme une plaidoirie collective : quand les victimes de l'État font les grands titres, elles sont plus difficiles à ignorer. Au cours de ma carrière, j'ai observé toutes les nuances de la société israélienne – juive, arabe, bédouine, éthiopienne, érythréenne, soudanaise, chinoise – avec un intérêt particulier pour les marginaux, ceux que la plupart des Israéliens préféreraient ignorer, voire dénigrer.

Ce livre, qui s'inscrit à la fois dans la tradition du journalisme d'investigation et de l'histoire orale, raconte la vie de plus de cent personnes, des civils, des humains, qui ont vécu et péri à la frontière avec Gaza. Des kibboutzniks de gauche, des festivaliers, des Bédouins, des Arabes israéliens, des travailleurs thaïs et népalais, des activistes, des rescapés de la Shoah ou encore des réfugiés ukrainiens et russes, tous ont subi des tirs de roquettes en parvenant malgré tout à développer des liens avec des Gazaouis ; ce sont des gens qui ont souvent surmonté d'immenses difficultés, en continuant malgré tout à croire que la coexistence était un prérequis au rêve sioniste.

D'autres personnes ne croient plus en la paix depuis longtemps, votant pour le Premier ministre Benyamin Nétanyahou encore et encore, persuadées qu'un minimum de sécurité – ce simulacre de paix – est garanti à leurs enfants grâce à lui et uniquement grâce à lui. Puis il y a ceux qui n'avaient rien à voir avec le conflit israélo-palestinien, comme ces travailleurs asiatiques qui ne connaissaient même pas la différence entre l'hébreu et l'arabe quand ils ont été assassinés.

Peu d'Israéliens comprennent aussi bien le conflit que ceux qui résident à la frontière avec Gaza, peu d'Israéliens ont autant souffert qu'eux le 7 octobre.

Pour tenter de reconstituer le jour du massacre, il m'a fallu reconstituer les jours qui l'ont précédé – les jours, les années et les vies. Mon équipe d'enquêteurs et moi-même avons conduit des centaines d'entretiens avec des survivants, des endeuillés et des secouristes, en complétant ces échanges de pages et de pages de retranscriptions, de messages vocaux, d'emails et de documents officiels. Au cours de ces discussions, j'ai demandé à beaucoup de ces familles si, suite aux meurtres de ceux qu'elles aimaient, leur vision avait changé. C'est sans doute une question impossible, mais les Israéliens y sont habitués : ils sont conditionnés à demander, à répondre, et à exister entre ces deux pôles.

Beaucoup de ces familles, qui ont été déplacées loin de chez elles, devenant ainsi des réfugiés dans leur propre pays, parlent de croyances et de valeurs anéanties. Ceux qui s'identifiaient à la gauche, surtout, expliquent s'être sentis naïfs voire idiots d'avoir pu penser qu'Israéliens et Palestiniens pouvaient coexister sur cette terre. Ils sont en colère contre le Hamas, mais aussi contre leur propre gouvernement qui, selon eux, les a abandonnés. Ils regrettent également d'avoir cherché à tisser des liens, d'avoir consacré autant de temps à du bénévolat, autant d'argent à des dons, pour finalement voir leurs espoirs partir en fumée.

De l'autre côté du spectre politique, parmi les endeuillés dont la sensibilité est plus à droite, ceux qui avaient voté pour Nétanyahou et qui étaient convaincus par ses stratégies sécuritaires, décrivent un même sentiment de crise profonde. Eux aussi ont l'impression que tout ce en quoi ils croyaient et dans lequel ils s'étaient investis s'est écroulé. Si même le gouvernement le plus à droite de l'histoire du pays se révèle incapable de les protéger, peut-être que la solution se trouve en réalité ailleurs ?

Le terrain d'entente n'a jamais été aussi étroit : les différents pôles de la société israélienne ne sont unis que par l'idée d'effondrement total. Entre Israéliens et Palestiniens, c'est pire encore. Le terrain d'entente est inexistant. Ils sont devenus aveugles au sort de l'autre, sourds à ses gémissements, réticents ou incapables de reconnaître la réciprocité de la douleur, l'immensité des pertes. Tant que chaque camp refusera la peine de l'autre, chaque tragédie ne servira qu'à renforcer et élever le mur qui nous sépare.

Même si je compatis avec les Palestiniens et mesure le poids de nos indiscernables histoires, je sais que ce n'est pas à moi, surtout aujourd'hui, de raconter ces histoires palestiniennes. J'attends humblement les livres de mes collègues palestiniens sur les victimes innocentes de

Gaza, blessées et tuées par la réaction de mon pays à la violence de leurs dirigeants.

*

Pour la plupart, Israéliens et Palestiniens sont nés dans cette violence. En Israël, la moitié de la population a moins de 30 ans ; il y a autant d'habitants de moins de 18 ans à Gaza.

Je suis moi-même une enfant de cette génération perdue, née après l'espoir, presque un an jour pour jour après la signature du premier des accords d'Oslo par Yitzhak Rabin, et quasiment un an avant son assassinat.

C'était la fin officielle d'une série d'attaques dévastatrices contre les Israéliens, la première intifada – qui n'était pas encore qualifiée de « première » – menée par une organisation terroriste islamiste créée peu de temps avant, le Hamas. La Société des Frères musulmans, basée en Égypte, avait engendré une branche palestinienne qui était presque aussi déterminée à éradiquer le parti laïque de Yasser Arafat, le Fatah, qu'elle l'était à détruire Israël.

La peur régnait toujours dans les rues : les kamikazes faisaient exploser des bus remplis de passagers israéliens s'affairant à leurs occupations quotidiennes – mais la paix pointait à l'horizon. Le rapprochement entre Rabin et Arafat, entre Israéliens et Palestiniens, pouvait se ressentir dans l'air humide en provenance de la Méditerranée.

« Nous arrivons d'une terre tourmentée et endeuillée… Nous sommes venus tenter de mettre un terme aux hostilités », a déclaré Rabin à la cérémonie dirigée par le président Clinton sur la pelouse sud de la Maison Blanche, « pour que nos enfants, les enfants de nos enfants, n'aient pas à connaître le prix amer de la guerre, de la violence et de la terreur. Nous sommes venus pour leur assurer la vie sauve et apaiser la peine et les souvenirs douloureux du passé, afin d'espérer et de prier pour la paix. Nous, les soldats qui sommes rentrés du combat… Nous vous disons aujourd'hui d'une voix claire et forte : assez de sang et de larmes versés. Assez ! » Yasser Arafat, le dirigeant de l'Organisation de libération de la Palestine, a répondu : « Nos deux peuples attendent aujourd'hui cet espoir historique, et veulent donner une vraie chance à la paix. »

Dans certains de mes plus lointains souvenirs, je me rappelle entendre, alors assise sur les épaules de mes parents lors de manifestations pour la paix, que les jours de guerre et de souffrance seraient bientôt derrière nous. C'est précisément la même chose que mes parents avaient entendue de la bouche des leurs, qui avaient connu les guerres et la souffrance d'une génération précédente.

Dans les années 1920, la famille de mon père, les Katz, a dû s'exiler à maintes reprises – échappant initialement à la persécution des Juifs russes qui a suivi l'avènement de l'Union soviétique. Ils ont réussi à atteindre la Roumanie, où ils sont restés le temps de deux générations, tentant de reconstruire leur vie laborieusement.

Pendant la Shoah, ils ont été placés dans des camps de travail, une chance en comparaison avec le sort des centaines de milliers de Juifs décédés dans des camps d'extermination et assassinés sur les terres que les Allemands avaient remises aux Roumains.

Dans les années 1960, ils se sont à nouveau exilés après avoir subi des persécutions répétées sous le gouvernement communiste roumain. Mon grand-père était professeur de philosophie ; ma grand-mère traductrice et interprète pour le théâtre. Elle parlait sept langues. Une fois en Israël, malgré ces antécédents, ils n'ont pu trouver que des métiers simples, à faible rémunération, et ils ont eu du mal à s'adapter à un nouveau climat, une nouvelle culture et une nouvelle langue dans la cinquième décennie de leur vie.

Si la famille de mon père incarne une histoire ashkénaze classique ; celle de ma mère représente l'autre moitié : les Séfarades.

Mes ancêtres maternels ont fait partie des dizaines de milliers de Juifs déportés du Portugal, un événement qui persiste jusque dans leur nom. La langue hébraïque utilise un système appelé la « guematria », dans lequel chaque lettre se voit attribuer une valeur numérique : *aleph*, la première, vaut 1 ; *beth*, la deuxième, vaut 2, et ainsi de suite. Le nom de famille de ma mère est Adato, qui en hébreu s'écrit en quatre lettres : *aleph*, *dalet*, *tet* et *vav*, qui forment le nombre 1496, soit l'année de l'expulsion des Juifs du Portugal. Ce nom est un rappel constant de l'injustice de leur destin.

De nombreux Juifs portugais s'étant retrouvés en Italie ont adopté ce patronyme dont ils appréciaient le double sens : pour les Juifs, Adato signifiait 1496, tandis que pour les Italiens, il sonnait comme *adatto*, soit « propice, qualifié, adaptable » – or l'adaptabilité était assurément une qualité dont ils ne manquaient pas.

Après l'Italie, ma famille a émigré en Turquie. Ils se sont installés à Istanbul et Izmir, où ils ont vécu dans une extrême pauvreté. Ma grand-mère travaillait comme femme de chambre dans une maison aisée et n'a appris à lire ou à écrire dans aucune langue. À la création de l'État d'Israël, ils ont décidé de quitter les structures opprimantes auxquelles les condamnait leur statut de minorité en embarquant sur un bateau pour Jaffa. Ils ont passé leurs premières années dans des logements temporaires – des cahutes –, puis dans un petit appartement de la modeste ville de Bat Yam où ils ont continué à parler ladino, le dialecte séculaire judéo-espagnol. Ils ne l'ont pas enseigné à leurs enfants, insistant une nouvelle fois sur leur « adaptabilité » : le futur, croyaient-ils, s'écrirait en hébreu.

Venant tout droit de l'histoire juive, les deux branches de ma famille sont arrivées en Israël, adoptant sa nationalité, pour refaire leur vie dans un État dont la raison d'exister rimait avec la fin de siècles de persécutions et de massacres. C'était leur rêve, comme celui de chaque Juif en exil depuis des millénaires, un État juif.

*

Peu après ma naissance, la mort de Rabin fut celle de la paix – ou du rêve de la paix. Il a été assassiné au beau milieu d'un rassemblement public pacifiste par un Juif d'extrême droite nommé Yigal Amir, qui pensait que la paix avec les Arabes signifierait la fin de la souveraineté juive, ou de la suprématie juive.

Pour les membres de ma génération et moi-même, cependant, ce n'était que le commencement d'une nouvelle ère, non pas de diplomatie mais de « retenue » et de « suppression du conflit ».

La moitié environ de tous les Israéliens aujourd'hui en vie sont nés à cette période – c'est-à-dire après la mort de Rabin, sous le premier mandat de Benyamin Nétanyahou, et sous l'administration ultérieure d'Ariel Sharon. Nous qui avons atteint la majorité à cette époque n'avions pas d'expérience directe de l'optimisme d'Oslo, et les rares souvenirs qui avaient bercé notre enfance ont été rapidement oubliés.

Année après année, l'idée qui était autrefois une évidence est devenue un mythe ; nous parlions de moins en moins des Palestiniens, a fortiori d'un État palestinien, et de plus en plus de nous-mêmes. Nous nous sommes empêtrés dans des luttes intestines, des conflits entre laïcs et religieux, entre Ashkénazes et Mizrahis, et par-dessus tout, entre gauche et droite. Nous pensions qu'en dépit des attentats terroristes occasionnels et des attaques de roquettes de plus en plus régulières – et malgré le coût élevé de la vie et des fréquentes « opérations » militaires (on ne parlait jamais de « guerre ») –, Israël avait pris son envol ; c'était une capitale mondiale du secteur de la tech, un pays occidental progressiste, dévoué à la démocratie et au libéralisme, ainsi qu'à la diffusion de l'égalité, des libertés civiques et des droits humains. Si vous étiez juif et gay – ou arabe et gay –, vous vouliez vivre à Tel Aviv ; Haïfa était devenue l'une des villes mixtes les plus en vue et les plus prospères, avec une forte proportion d'Arabes israéliens parmi les jeunes diplômés. Jérusalem restait Jérusalem mais le tourisme était en hausse ; les hôtels, les restaurants et les bars étaient remplis, tout comme les synagogues, les mosquées et les églises.

Ceux qui croyaient en une résolution du conflit à l'échelle nationale étaient toujours davantage relégués aux franges du paysage politique ; ils étaient exclus des gouvernements et atteignaient à peine – avant de ne plus l'atteindre du tout – le seuil minimum pour être élus à la Knesset. Le mot même de paix – le mot international shalom – a peu à peu disparu des campagnes électorales et des médias : c'est devenu un terme réservé à quelques initiés, presque un *schibboleth*, que seuls utilisaient les nouveaux extrémistes qui refusaient de laisser le passé derrière eux.

Les voix qui appelaient à une « fin du conflit » étaient progressivement mais inexorablement remplacées par celles qui préconisaient une « gestion du conflit » – la « paix » était devenue la « sécurité ». Quel que soit l'intervalle avec la précédente, lorsqu'une attaque se produisait contre des civils israéliens, l'armée s'en allait « tondre la pelouse » – l'expression consacrée pour désigner les représailles militaires, bien que peu d'Israéliens possèdent eux-mêmes une pelouse, encore moins une tondeuse. Le gouvernement et les médias semblaient considérer que la technologie, comme le système de défense du Dôme de fer, suffirait à nous protéger, de même que les larges sommes versées au Hamas – ces montagnes de billets livrés dans des valises, des pots-de-vin destinés à garantir leur complaisance.

L'apogée de ce processus de négation du conflit est arrivé avec les accords d'Abraham, une série de traités de paix entre Israël et certains pays arabes (ou musulmans) incluant les Émirats arabes unis, le Bahreïn, le Maroc et le Soudan. Une peur commune de l'Iran chiite a conduit ces pays du Golfe sunnites à nouer de nouveaux liens avec l'État juif, au grand dam des Palestiniens. Sous la pression américaine, ces pays se sont ouverts à Israël sans faire la moindre demande pour soutenir leurs coreligionnaires de Cisjordanie et de Gaza.

Dans le prolongement de ce succès, Nétanyahou s'est mis en quête d'une réussite encore plus grande – un accord de normalisation avec l'Arabie saoudite, la plus riche et la plus influente des nations arabes sunnites. Des approches entamées sous l'administration Trump et plus tard encouragées par Biden semblaient prometteuses, et vers la fin du mois de septembre 2023, Nétanyahou s'est adressé à l'Assemblée générale des Nations unies en expliquant que « nous [étions] à l'aube d'une avancée majeure – une paix historique entre Israël et l'Arabie saoudite. Cette paix contribuera[it] grandement à mettre un terme au conflit israélo-arabe ». Ce à quoi il faisait allusion était un plan ourdi de longue date consistant à ne pas négocier d'accord de paix mais à l'imposer, de façon unilatérale. Il a ainsi déclaré : « Je pense qu'on ne doit pas donner aux Palestiniens de droit de veto concernant les nouveaux traités avec les États arabes. »

Il était prévu qu'un accord de normalisation avec l'Arabie saoudite voie le jour au courant du mois d'octobre 2023, juste après le nouvel an juif – l'avènement d'un nouveau Moyen-Orient.

*

Le samedi 7 octobre a été le premier sans manifestations depuis le début de l'année 2023.

Pendant trente-neuf samedis d'affilée, des dizaines de milliers, et souvent des centaines de milliers d'Israéliens sont descendus dans les rues à l'issue du shabbat pour protester contre la soi-disant « réforme judiciaire » proposée par le gouvernement Nétanyahou. Cette « réforme » était en fait un programme législatif, une série de lois qui autoriserait le gouvernement à affaiblir et contrôler le système judiciaire en l'empêchant d'annuler certaines décisions prises par la Knesset.

Après le 7 octobre, ces mêmes Israéliens qui manifestaient pour la démocratie en clamant leur refus de servir le pays si cette « réforme » aboutissait ont tout de même répondu à l'appel pour combattre à Gaza. Ils ont compris que l'avenir du pays était en jeu, qu'il leur fallait éviter un nouveau massacre de citoyens israéliens et de faire revenir les centaines d'otages que le Hamas cachait dans son réseau élaboré de tunnels et de maisons gazaouies. L'un de ces réservistes s'appelait Gal Eisenkot, un étudiant en bio-informatique de 25 ans. Il avait servi comme infirmier auprès de Syriens blessés pendant la guerre civile qui avait déchiré leur pays, et il prévoyait de dédier sa vie à l'innovation médicale. Il louait une chambre dans un petit appartement de Tel Aviv, et venait de reprendre une relation avec un amour de jeunesse. Ma famille et moi le comptions parmi nos plus proches amis depuis que nous étions enfants ; c'était devenu un homme généreux, humble et sensible. Fils de l'ancien chef d'état-major Gadi Eisenkot, aujourd'hui ministre du gouvernement d'urgence et membre du cabinet de guerre, Gal, lui, n'était pas militaire. Il ne voulait pas la guerre, il ne voulait blesser personne, et certainement pas mourir. Il a été appelé comme réserviste en même temps que des centaines de milliers de ses compatriotes qui ont accepté de mettre leur vie en pause pour protéger le pays. On l'a envoyé combattre dans une guerre qu'il croyait juste : il pensait qu'en restant passif, Israël cesserait d'exister. Il était en mission de sauvetage pour libérer des otages au cœur de Gaza quand un engin piégé a explosé dans un tunnel. C'est là que tout s'est arrêté : désormais, il aura 25 ans pour toujours. La douleur ressentie par sa famille, et par moi-même, est insupportable. Nous porterons son deuil pour le restant de nos jours. Je lui dédie ce livre.

*

Pour tous les Israéliens, indépendamment de leur orientation politique : les événements du 7 octobre ont mis fin à des décennies d'aveuglement et de déni ; désormais, le conflit israélo-palestinien ne peut plus être ignoré. Ceux qui rêvaient d'un nouveau Moyen-Orient qui ne tiendrait pas compte de l'avenir des Palestiniens ont été confrontés au fait que les Saoudiens ont renoncé à la normalisation et que le monde arabe – et une grande partie de la communauté internationale – s'est rallié à la cause de Gaza.

Israël est en quelque sorte revenu à l'état psychique de sa création, ou même d'avant sa création, à une époque où le monde extérieur recommence à mettre en question le droit de l'État juif à exister. Les mots « sionisme » et « sioniste » sont devenus des insultes, comme ils l'étaient en URSS, et les discours évoquant la « suprématie juive » rappellent la rhétorique nazie. Un seul jour a suffi pour révéler la fébrilité, non seulement de l'État, mais aussi de son histoire. Les Juifs, colonisés pendant des siècles sur les terres de leur patrie ancestrale par les Grecs, les Romains, les Ottomans puis les Britanniques, devenaient soudain les colonisateurs. Le fait qu'Israël ait été fondé au lendemain d'un génocide afin de garantir un foyer aux survivants n'a eu aucune importance pour ceux qui ont traîné le pays devant les tribunaux en l'accusant du même crime dont son peuple avait jadis été victime.

Alors que l'antisémitisme et les attaques contre les Juifs explosent partout dans le monde, la réputation d'Israël à l'international s'est dégradée ; des villes et des campus sont noyés sous les manifestations pour la libération de la Palestine « du fleuve à la mer », un souhait qui aboutirait à la destruction de l'État et à la suppression ou l'éradication de ses citoyens. Israël était censé mettre un terme à toutes ces peurs et à toutes ces menaces, il était censé être le garant de l'existence juive et de sa pérennité ; pourtant, c'est l'inverse qui semble s'être produit : le pays est devenu le plus grand ghetto juif au monde.

J'ai décidé de publier ce livre rapidement après le 7 octobre, afin de servir de rempart contre la distorsion et l'oubli. En l'écrivant, en effectuant les entretiens avec toutes ces personnes endeuillées, j'ai souvent pensé à celles et ceux à qui je ne pouvais pas parler, et notamment les soldates parties surveiller la frontière.

Ce métier n'est confié qu'aux femmes de l'armée, c'est d'ailleurs pour cela que le terme qui le décrit est au féminin en hébreu, *tatzpitanyot*, les observatrices. On assiste ici à un cas évident de misogynie militaire : l'échelon supérieur masculin étant convaincu que la technologie de protection des frontières israéliennes était infaillible, ces femmes ne servaient que de renfort éventuel, puisqu'elles étaient bien moins capables que tous les capteurs sophistiqués et les ordinateurs de pointe de Tsahal.

Toutefois, la vérité a éclaté depuis : ce sont ces jeunes femmes qui, les premières, ont remarqué que le Hamas menait des exercices et testait les défenses israéliennes à la frontière. Plusieurs d'entre elles ont fait des signalements à ce sujet, des semaines et des mois avant le 7 octobre, fournissant des preuves d'activités suspectes à leurs supérieurs. Mais comme Cassandre, elles ont été ignorées. Leurs inquiétudes ont été écartées. Aucune mesure n'a été prise.

Les observatrices remplissent une mission ingrate : elles restent assises seules en haut d'une tour, à regarder des étendues désertiques pendant des heures et des heures. Pourtant elles doivent rester vigilantes, malgré tout.

Le 7 octobre, les forces de défense de la frontière israélienne ont été submergées, seize observatrices ont été tuées, et sept ont été prises en otage. Elles ont fait partie des premières victimes. À présent, à défaut d'avoir su observer la frontière, Israël doit s'asseoir pour observer son deuil. La fin des shiva est encore loin, sans que personne ne puisse prédire quand et comment nous nous relèverons.

I.

Sdérot

Ce samedi 7 octobre, onze personne se sont retrouvées avec Yishaï Azougi, un bébé de 2 mois, dans sa chambre de 9 mètres carrés située rue Ehvat-Israël à Sdérot. Son père Yanon, sa mère Hillel, sa grand-mère et son grand-père paternels, Dalia et Eliyahou, sa tante Moriah (enceinte de trois mois) et son mari Haïm, son oncle Yadida, sa tante Tahila, sa tante Amounah, et sa tante Shira. Étaient aussi présentes Lia Suissa, 3 ans, et Romi Suissa, 6 ans.

Les membres de la famille Azougi ne savaient rien des deux jeunes filles Suissa qui se trouvaient chez eux depuis le matin. Ils ne savaient pas où elles vivaient, qui étaient leurs parents, ni même comment elles avaient pu se retrouver couvertes de sang près du commissariat. Les petites filles restaient silencieuses, et la famille n'osait pas leur demander quoi que ce soit.

À 6 h 30, Yanon était sorti pour aller à la synagogue, comme il en avait l'habitude le shabbat matin. Mais il est rapidement rentré, deux petites filles dans les bras.

« Joyeux Simhat Torah aux belles Romi et Lia, qui sont venues célébrer la fête avec nous ! » s'est exclamé Yanon en ouvrant la porte de chez lui, cherchant à indiquer l'aspect inhabituel de la situation par l'intonation de sa voix. La bouche de Lia restait grande ouverte. Romi pleurait, ses pieds couverts d'éclats de verre. Yanon était même incapable d'expliquer qui était l'homme qui avait ouvert la portière de sa voiture noire en criant « Je suis juif », avant de lui fourrer les deux filles dans les bras et de lui dire « Cours ! ».

Il s'était mis à courir, les deux filles dans ses bras tremblants. Il n'arrive toujours pas à calmer son propre nouveau-né, alors les enfants d'inconnus, encore moins.

Dalia, la mère de Yanon, était infirmière à l'hôpital Billinson ; elle a immédiatement amené les filles dans la salle de bains pour savoir si le sang sur elles était le leur. Hillel l'a rejointe, chacune donnant une douche à l'une des enfants. Yanon les entendait chanter des chansons aux filles en les lavant. Romi et Lia n'étaient pas blessées : le sang dont elles étaient couvertes était celui de quelqu'un d'autre. Les sœurs de Yanon leur ont fait des tresses et les ont habillées de vêtements propres, beaucoup trop grands pour elles.

Yanon est ressorti pour se diriger vers les environs du commissariat où on lui avait remis Lia et Romi, cherchant à comprendre ce qui s'était passé. Il y a vu des cadavres étendus sur le trottoir ; il a entendu des coups de feu. Il a voulu s'approcher pour proposer son aide, mais un voisin l'a arrêté en lui criant de rentrer se mettre à l'abri. Quelques semaines auparavant, Yanon, 23 ans, et Hillel, 22 ans, avaient transformé la seule pièce sécurisée de la maison, c'est-à-dire le seul endroit résistant aux missiles, en chambre de bébé. Ils avaient repeint les murs en vert et blanc, monté un berceau en bois pour Yishaï, leur premier enfant, et installé une petite commode en bambou dans laquelle ils rangeaient couches et lingettes. Ils avaient aussi entreposé dans cette chambre tous les cadeaux qu'ils avaient reçus pour la Brit Milah de Yishaï, la fête organisée pour sa circoncision. Hillel déballait à présent les paquets pour donner les jouets aux sœurs Suissa, dans l'espoir de les calmer.

Vers midi, Dalia, la mère de Yanon, s'est dit qu'il était quand même temps. Elle a donc demandé à Romi, « Dis-moi ma fille, qu'est-ce qui t'est arrivé ? ».

La fillette de 6 ans lui a alors raconté tout ce qu'elle se rappelait, ou comprenait, de ce qui lui était arrivé ce matin-là.

« Je me suis réveillée tôt à cause des sirènes, et Maman et Papa nous ont dit qu'on allait partir en voiture vers le nord, là où les missiles pourraient pas nous atteindre. Ils ont dit que j'avais le droit d'emporter mon téléphone pour prendre des photos, et que mon chien Simba pouvait aussi venir. J'étais contente, je chantais des chansons. Et puis il y a eu une grosse explosion dans la voiture. Maman et Papa ont crié qu'on devait sortir très vite. Simba a disparu, mais Maman m'a dit de pas m'inquiéter pour Simba et de plutôt courir avec elle. On s'est cachées dans un buisson.

— Qu'est-ce qui est arrivé à ton père ?

— Papa a pris Lia, et ils ont couru dans une autre direction. Lia est retournée à la voiture sans Papa, elle a dit qu'il était tout seul et qu'il lui avait dit de revenir avec Maman. Et puis un policier nous a dit de le suivre. Il y a eu une autre explosion, j'ai essayé de réveiller Maman, mais elle a pas répondu. J'ai caché ma petite sœur et je nous ai couvertes sous un drap. Quand les "boum boum" se sont arrêtés, j'ai crié "À l'aide" du plus fort que je pouvais, et alors un homme nous a sorties de la voiture et nous a données à Yanon.

— Comment s'appellent tes parents ?

— Dolev et Odia Suissa. »

Pendant ce temps, Yanon a appelé la police pour dire qu'il avait trouvé deux petites filles ; les parents avaient disparu, ils étaient peut-être blessés ou morts. La police lui a répondu qu'ils étaient désolés, mais qu'ils ne pouvaient absolument pas l'aider pour le moment : des terroristes étaient encore en train de tirer dans les rues. Yanon a alors appelé les services sociaux à l'enfance, mais ils lui ont aussi présenté leurs excuses : ils avaient déjà trop de cas urgents d'enfants sans surveillance qui avaient été séparés de leurs parents, qui étaient soit blessés soit morts. Ensuite, Yanon a contacté les urgences, en espérant qu'ils auraient des nouvelles de Dolev ou Odia Suissa, mais il était trop tôt pour qu'ils aient des informations ; ils étaient encore activement en train de secourir des gens.

Yanon a trouvé la page Facebook de Dolev Suissa, sur laquelle il y avait une photo de lui et Odia avec Romi et Lia dans un champ de fleurs. Il a écrit puis effacé quatre messages avant de lui envoyer ceci : « Dolev, tes filles sont chez nous, elles vont bien. Envoie-moi un numéro sur lequel te contacter. » Il regardait son téléphone toutes les deux minutes, dans l'espoir d'une réponse.

« Romi, il y a d'autres membres de ta famille à Sdérot ?, lui a-t-il demandé au bout d'une heure.

— Ma grand-mère Eliana vit rue Yitzhak Sadé », a répondu la petite de 6 ans.

Ils vivaient à cinq minutes de voiture, mais il était impossible de quitter la maison à cause de tous les tirs. La municipalité avait publié un communiqué indiquant que des terroristes sillonnaient les rues en tirant sur les passants, que tous les résidents devaient rester enfermés chez eux, dans leur abri. Yanon s'est souvenu que Ronal, l'amie de sa femme, vivait dans la même rue qu'Eliana. Il a appelé le mari de Ronal, Elazar, en lui demandant s'il connaissait la vieille dame. Il s'est trouvé qu'il connaissait Dolev, mais pas sa mère. Yanon a demandé à Elazar de l'aider à localiser la grand-mère pour lui transmettre un message, malgré l'interdiction municipale de sortir de chez soi, ce qu'Elazar a accepté. Après avoir frappé à environ trente portes, il a trouvé la maison des Herstein-Suissa. Une femme aux cheveux mi-blonds, mi-gris et aux lunettes trop grandes lui a ouvert la porte, après qu'il se fut présenté comme l'ami de Dolev. « Eliana, vos petites-filles Romi et Lia vont très bien. Appelez cet homme, Yanon, c'est lui qui s'occupe d'elles, et il veut absolument vous parler. Il faut que je retourne me cacher chez moi, je suis désolé de ne pas pouvoir rester plus. »

Eliana Anna Herstein-Suissa est arrivée à Sdérot il y a cinquante-huit ans, après avoir émigré de Transylvanie à l'âge de 6 ans avec ses parents, rescapés de la Shoah. Peuplée de 35 000 habitants avant le 7 octobre, la ville de Sdérot se trouve à un kilomètre à peine de la frontière avec la bande de Gaza, dans le sud d'Israël. Fondée en 1951, Sdérot a d'abord été un « ma'abara », un camp de transit composé d'environ 70 tentes. Les premiers colons étaient des immigrés d'Iran, d'Irak et du Kurdistan. Beaucoup avaient fui leur pays à cause de l'antisémitisme et des pogroms. La ville s'est étendue à la faveur des nouvelles vagues d'immigration venues du Maroc et de Roumanie dans les années 60, quand les années 70 ont vu arriver des citoyens d'Union soviétique, puis d'Éthiopie dans les années 80.

Toute la famille du père d'Eliana Anna Herstein-Suissa a été exterminée par les nazis dans les camps de concentration de Dachau et Auschwitz. Sa mère, elle, n'a jamais parlé de ce qui était arrivé à sa famille. Eliana a élevé ses quatre enfants à Sdérot : Carroll, Ophir, Ortel et Dolev, le plus jeune. À peine deux mois auparavant, ils avaient fait une fête commune pour les anniversaires de Dolev et Odia, qui étaient nés à seulement un an et une semaine d'écart. Il avait 34 ans, elle 33. Odia a perdu sa mère d'un cancer quand elle était enfant ; c'est donc son père qui l'a élevée à Lod, une ville voisine de Sdérot. Elle a rencontré Dolev à 18 ans, et le couple a vécu avec sa mère Eliana pendant deux ans à Sdérot avant d'avoir assez d'argent de côté pour se marier et louer un appartement à quelques pâtés de maison de chez elle. Deux ans avant l'attaque du 7 octobre, un garçon de 5 ans nommé Idan Avigal avait été tué dans leur quartier par un tir de roquettes, bien que caché avec sa mère dans un abri supposément antiroquettes.

Depuis cet accident, la famille Suissa quittait Sdérot à chaque attaque de missiles. Ils avaient une valise rose déjà prête pour ce genre de situations, pré-remplie d'habits d'hiver et d'été pour les filles, ainsi que de chaussures et de jouets. Eliana se doutait que ce jour n'échappait pas à la règle : son fils, sa belle-fille et ses petits-enfants étaient partis, sauf que cette fois le couple ne l'avait pas appelée et n'avait pas répondu de toute la matinée.

Eliana a contacté Yanon dès le départ d'Eliazar. Il lui a demandé si elle voulait parler à Romi.

« Bonjour Grand-Mère.

— Qu'est-ce qui s'est passé, ma douce ?

— On a voulu sortir de la ville à cause des sirènes, et on est passés près de la place devant le centre commercial quand la voiture s'est arrêtée, il y avait beaucoup de "boum boum boum", et un homme s'est approché et il a enlevé Papa.

— Et ta maman ?

— Elle saignait beaucoup. Je lui ai parlé, mais elle m'a pas répondu. Je crois que Maman est morte.

— Ils ont assassiné mon enfant, ils ont assassiné mon enfant ! » a soudainement crié Eliana. Yanon a alors enlevé le haut-parleur pour dire à Eliana que Lia était en train de pleurer et que Romi ne comprenait pas vraiment ce qui s'était passé.

« Attendons encore un peu, Eliana, a-t-il suggéré. Elles sont en état de choc. La petite ne comprend rien du tout. »

Il a alors remis le téléphone sur haut-parleur. Eliana a dit à Romi de prendre soin de Lia. « Tu es une héroïne. Il va falloir un peu de temps, mais on va venir vous chercher dès qu'on aura l'autorisation de sortir de la maison. »

Eliana a raconté la conversation à sa fille Ortal, la sœur de Dolev. Ortal a alors décidé de s'aventurer au-dehors pour chercher le couple au centre médical Barzilaï.

À 39 ans, mère de deux filles, elle considérait un peu Dolev comme son premier enfant. C'est elle qui emmenait son frère à l'école, lui préparait ses déjeuners, et le rassurait pendant les attaques de roquettes qui ont marqué leur enfance.

Ortal habite Ashkelon, la ville voisine ; celle-ci a également été la cible d'un barrage massif de roquettes tirées depuis Gaza. La sirène a retenti 62 fois ce jour-là, alertant de l'arrivée de missiles. En descendant au parking, elle a vu qu'un tir avait détruit la maison juste à côté de la sienne. Le souffle de l'explosion avait brisé les vitres et rétroviseurs de sa voiture, et il y avait maintenant un énorme trou dans la portière. Elle a quand même pu la démarrer, ce qui lui a permis de se rendre à l'hôpital, en priant pour ne pas être blessée sur la route.

À Barzilaï, le rez-de-chaussée était saturé de blessés. L'hôpital, qui comporte 650 lits, a traité plus de 1 200 victimes de coups de feu et de tirs de missiles au cours des premiers jours de la guerre. Plus tard ce mois-là, trois roquettes tirées depuis Gaza ont directement touché l'hôpital, l'une d'elles tombant sur l'Institut de développement de l'enfant. Ortal a eu beaucoup de difficulté à se frayer un chemin dans le chaos des médecins et infirmières qui couraient partout et des patients qui hurlaient de douleur. Son amie, qui travaillait à l'hôpital, a demandé à une assistante sociale de s'occuper d'elle. Elle lui a donné une photo du couple, lui demandant : « Vous pensez pouvoir les retrouver ? Odia est sans doute ici. » Après lui avoir promis de faire tout ce qu'elle pouvait, elle est revenue au bout de quarante minutes lui donner des nouvelles : Odia n'était pas dans cet hôpital, mais Dolev oui. Il était au bloc opératoire, vivant. Ortal a alors été prise d'un bref vertige avant de s'évanouir, mais elle a rapidement réussi à se relever pour courir vers le bloc et l'attendre devant.

Au bout de plusieurs heures, on a appelé son nom. L'équipe médicale lui a appris que Dolev était sorti du bloc, qu'il se trouvait en salle de repos, et qu'elle pourrait bientôt le voir. Puis la réceptionniste lui a montré des photos de femmes qui correspondaient à sa description d'Odia : yeux bruns, peau légèrement foncée, cheveux noirs. Elle s'est assise devant un ordinateur, face à des dizaines de photos de jeunes femmes assassinées ce matin-là et qui ressemblaient à Odia. Ce n'était aucune d'elles.

À vingt-cinq minutes de Sdérot se trouve le village bédouin d'Abou Taloul, situé dans le nord du Néguev ; Rada, la femme d'Amar Abou Sabila, y cherchait son mari, disparu depuis le matin. Elle l'avait appelé plusieurs fois et lui avait envoyé des messages, mais il n'avait jamais répondu. Leurs fils, Salama et Faïz, avaient environ le même âge que les filles d'Odia et Dolev : 2 et 4 ans. Amar et Rada s'étaient rencontrés cinq ans auparavant, alors qu'Amar travaillait pour le père de Rada ; elle avait 19 ans, lui 20. À présent, Rada était enceinte de leur troisième enfant, et Amar faisait des heures supplémentaires comme agent de sécurité à Sdérot, de sorte à gagner suffisamment d'argent pour faire face à la prochaine naissance. Sa mère, Naama, refusait de manger tant qu'on n'avait pas retrouvé son fils. Ses cousins sont passés d'un hôpital à l'autre, montrant des photos de lui aux infirmières, sans succès.
Naama et Auda étaient les parents de onze enfants âgés de 4 à 26 ans. Amar était leur deuxième. Il vivait avec Rada et leurs enfants à une cahute de celle de ses parents dans leur village bédouin. Ses dix autres frères et sœurs résidaient également au sein de cette même zone délabrée. Ce vendredi-là, Amar est allé remplacer son

frère aîné Salam, qui travaillait comme agent de sécurité sur un chantier de construction à Sdérot. Ses frères cadets, Mouhammad et Omar, âgés de 20 et 21 ans, travaillaient sur un autre chantier dans la ville. Quand les roquettes ont commencé à pleuvoir, il a appelé son père, Auda, pour lui dire qu'il était en route vers la maison.

Il savait bien que les missiles étaient aussi tombés sur Abou Taloul, où aucun abri n'était disponible. Pourtant, il a préféré se rendre auprès de sa femme et de ses enfants plutôt que d'aller dans un abri municipal de Sdérot. Tandis qu'il parlait avec son père, une femme s'est mise à crier : « À l'aide ! Est-ce que quelqu'un peut venir m'aider ? », alors Amar a expliqué à son père qu'il devait y aller, avant de raccrocher. Tous les quarts d'heure, Auda a essayé de rappeler son fils. Il espérait qu'Amar s'était abrité quelque part, ou qu'il avait simplement oublié son téléphone dans la voiture. À une heure de l'après-midi, il n'y avait plus de tonalité quand on l'appelait. Mouhammad et Omar, les deux autres fils qui se trouvaient à Sdérot, ont prévenu leur père qu'ils étaient allés se protéger dans un abri, et qu'ils attendaient encore qu'Amar passe les prendre pour les ramener à la maison.

À l'hôpital Barzilaï, Ortal est retournée au niveau des blocs opératoires, espérant y voir Dolev. L'équipe médicale l'a dirigée vers la chambre 12 du service de chirurgie. En courant pour s'y rendre, elle a bousculé plusieurs personnes par inadvertance, avant de faire irruption dans la chambre en question, où un inconnu blessé la regardait bouche bée. Déçue, elle s'est excusée : « Désolée, j'ai sans doute fait une erreur. »

Elle est alors retournée voir l'équipe de l'hôpital et leur a fourni à nouveau le numéro d'identité de Dolev ainsi qu'une photo, en leur disant : « Vous m'avez envoyée dans la mauvaise chambre. »

Une infirmière a appelé quelqu'un, puis l'assistante sociale rencontrée le matin est arrivée. Elle a accompagné Ortal jusqu'à l'un des blocs opératoires, où le chirurgien est venu lui parler.

« Dolev n'a pas survécu, lui a-t-il annoncé. Il a pris une balle dans l'estomac, ce qui lui a fait perdre beaucoup de sang. Il n'a pas survécu. Nous n'avons pas réussi à le sauver, toutes mes condoléances.

— C'est faux ! Ils m'ont dit que Dolev était en vie !, a-t-elle hurlé au chirurgien. C'est sans doute une erreur ! Vous mélangez de nouveau tout ! Ils m'ont dit que Dolev était en vie ! » Le chirurgien lui a alors montré une photo : Dolev enveloppé dans une housse mortuaire, d'où seule la tête dépassait.

Ortal a appelé sa mère. Elle sentait qu'elle allait s'évanouir, mais elle savait qu'elle devait retrouver Odia. L'après-midi était déjà bien avancé quand elle a obtenu le numéro de téléphone du maire, Alon Davidi, qu'elle a imploré de l'aider personnellement à la retrouver.

Quelque temps plus tard, le téléphone de Yanon a sonné : c'était le maire. Ils ont brièvement discuté.

Davidi lui a demandé des informations sur Dolev et Odia. Tout ce que Yanon a pu lui dire était ce que la fille de 6 ans lui avait raconté ; il lui a suggéré de commencer les recherches dans la zone autour du commissariat. Quelques heures plus tard, le téléphone d'Auda a aussi sonné ; le numéro d'Amar s'affichait à l'écran.

« Allô ? Amar, mon chéri ? Tout va bien ?

— Qui est à l'appareil ? a demandé une voix inconnue.

— C'est le père d'Amar.

— Je suis le maire de Sdérot. Pourriez-vous me donner des détails sur l'identité du propriétaire de ce téléphone ?

— Le propriétaire ? C'est mon fils, Amar, un Bédouin israélien.

— Que faisait-il à Sdérot ?

— Ça fait des années qu'il y travaille avec le reste de sa famille.

— Quand lui avez-vous parlé pour la dernière fois ?

— Ce matin. Il était en train de rentrer chez lui quand il s'est arrêté pour aider une femme. Depuis, plus de nouvelles. Où est Amar ? Comment avez-vous trouvé son téléphone ?

— Nous l'avons trouvé dans une voiture qui n'est pas la sienne. Pouvez-vous me décrire Amar ?

— Il est jeune, musclé, avec de beaux yeux bruns. Il portait un jean, une chemise noire, et des baskets noires. Amar va bien ?

— Quelqu'un va bientôt vous recontacter, monsieur. »

Peu de temps après, un policier a rappelé Auda.

« S'il vous plaît, dites-moi ce qui s'est passé. Dites-moi la vérité. On est morts d'inquiétude.

— Un terroriste du Hamas a tiré sur votre fils.

— Où est-il ? Dans quel hôpital ? Où l'avez-vous emmené ?

— Je suis désolé monsieur, votre fils est décédé. »

Auda s'est senti profondément offensé. On ne devrait jamais annoncer ce genre de nouvelles par téléphone aussi directement. Il s'est demandé si le policier n'avait pas confondu son fils avec un autre Arabe. Le même soir, Rada a également été informée de la nouvelle par l'appel d'un inconnu. Un policier a répondu sur le téléphone d'Amar et lui a dit : « Le propriétaire de ce téléphone a été assassiné, mais il a sauvé la vie de deux petites filles », avant de raccrocher sans lui donner plus de détails. Naama n'a pas arrêté d'appeler Auda ce soir-là pour avoir des nouvelles, mais il ne lui a rien dit : il voulait d'abord voir le corps lui-même.

Chez les Azougi, les neuf membres de la famille, ainsi que Romi et Lia, ont passé la nuit sur des matelas dans la chambre de Yishaï, le bébé. Les hurlements terribles des sirènes d'alerte ainsi que le bruit des coups de feu ont continué toute la nuit, tout comme les pleurs des petites sœurs Suissa.

Le lendemain matin, Yanon a considéré que les filles seraient mieux auprès de leur famille, même s'il était dangereux de s'aventurer dehors. Ronan, le frère d'Odia, a demandé à ce que ses nièces soient amenées chez lui, à Rehovot. Il a aussi expliqué que, pendant la nuit, on avait retrouvé Odia morte dans sa voiture, celle dont les filles avaient été sauvées. Leur mère était encore en pyjama, une balle dans la tête. À côté d'elle, sur le siège conducteur, un Arabe à l'identité inconnue avait aussi été tué. Yanon, accompagné de Lia et Romi, est immédiatement allé à Rehovot. Sur la route, il a essayé d'expliquer à Romi qu'ils allaient bientôt se séparer pour qu'elle retrouve sa famille. « Je t'appelle demain si je trouve un téléphone », lui a répondu la fillette de 6 ans, avant d'ajouter : « Merci de nous avoir aidées, moi et ma petite sœur. »

Deux semaines plus tard, les enregistrements des caméras de surveillance ont pu fournir des réponses aux trois familles ; ils documentent cet instant bref, atroce, au cours duquel les vies de Dolev, Odia, Romi, Lia, Amar et Yanon se sont croisées. Les caméras installées place Yitzhak Chamir montrent un van blanc, dix terroristes armés du Hamas à bord, qui entre sur la place quelques secondes avant que la voiture noire de Dolev et Odia n'arrive à l'opposé. Ils n'étaient qu'à trois minutes de leur maison quand les terroristes ont ouvert le feu sur leur véhicule.

Odia et Dolev ont arrêté la voiture au milieu de la route avant de s'enfuir ; Odia tenait Romi par la main pour aller se cacher dans des buissons, pendant que Dolev, en short rouge, portait Lia en courant dans l'autre sens, vers la place. Un second van avec un autre escadron de terroristes à son bord est alors apparu. Dolev a réussi à courir avec Lia pendant six secondes environ avant de se faire abattre. Les terroristes ont continué leur route, alors que Dolev était allongé sur le bitume en se vidant de son sang, Lia encore dans les bras. Dolev lui a crié de le laisser et d'aller rejoindre sa mère. La petite de 3 ans, en robe blanche et pieds nus, est restée encore vingt-cinq secondes avec son père avant de suivre ses instructions. Une ambulance et une voiture sont passées sans s'arrêter devant l'homme blessé sur le trottoir. Lia a fait quelques pas, puis elle est revenue vers son père. Dolev s'est relevé pour implorer Lia de retrouver sa mère. Lia est lentement revenue vers la voiture familiale, en se retournant sans cesse. Au bout d'une longue minute, une voiture de police est arrivée sur la place et a vu Dolev. À l'intérieur se trouvait Chmouel Samchau Golima, un policier de 48 ans dont les parents avaient émigré d'Éthiopie pour venir en Israël. Sur son temps libre, il faisait du bénévolat auprès de rescapés de la Shoah ; il a assuré à Dolev qu'il était entre de bonnes mains.

Deux secondes après, Odia est sortie des buissons avec Romi pour retourner à la voiture, où Lia les attendait. Elle a fait demi-tour pour aller voir Dolev, qui lui demandait de sauver les filles et de partir le plus loin possible. À ce moment-là, un autre véhicule s'est arrêté au niveau de Dolev. Il était conduit par Ofek Chetrit, un habitant de la ville de 26 ans qui revenait tout juste d'une fête qui avait eu lieu la veille à Be'er Sheva. Il était sergent dans l'armée et étudiant en génie mécanique. L'officier Golima a demandé à Ofek d'emmener Dolev au poste de secours le plus proche. La blessure par balle de Dolev n'avait pas l'air trop profonde ; il a réussi à se relever et à s'installer dans la voiture d'Ofek.

« Des terroristes m'ont tiré dessus, j'ai deux filles. Il y a des terroristes dans un van blanc, j'ai deux filles, je ne veux pas mourir, prenez soin de mes filles », répétait Dolev encore et encore tandis qu'Ofek l'emmenait se faire soigner. « Vous êtes sûr ? Vous vous êtes peut-être fait toucher par un éclat de missile plutôt ? » lui a demandé Ofek, certain que Dolev était complètement ahuri par la douleur. « Des terroristes, dans des vans blancs », a réitéré Dolev. « On va vous trouver un médecin très vite, et vous allez rejoindre vos filles. Tout ira bien », disait Ofek pour tenter de rassurer l'homme en train de perdre son sang dans sa voiture, et dont il n'avait pas bien compris le prénom.

« Ouvrez, j'ai un blessé avec moi », a-t-il crié en arrivant au poste de secours. Alors que les médecins s'approchaient pour prendre Dolev en charge, Ofek a entendu des coups de feu dans leur direction ; il a alors compris que son passager ne s'était peut-être pas trompé.

Ofek est rentré chez ses parents, où il vivait avec sa mère Naomi, son père Youval et ses deux petits frères, en s'exclamant : « Il y a des terroristes dans la ville ; j'ai récupéré un homme blessé. Que tout le monde reste à la maison. » Son père lui a alors répondu : « Maman est partie faire son jogging, et elle ne répond pas au téléphone. »

Naomi Chetrit Azoulai, coach fitness et manager d'une salle de sport de 52 ans, avait travaillé vingt ans dans un cabinet dentaire avant de se découvrir une passion pour le sport vers 40 ans. Ce matin-là, elle est allée courir avec ses amis Ram Hayon, ingénieur en bâtiment de 40 ans, et Kobi Parintah, propriétaire d'une régie publicitaire de 43 ans. Partis tôt le matin, ils avaient couru quatre kilomètres et demi quand le barrage de roquettes a débuté. Ils se sont abrités derrière un mur de béton au bord de la route, avant d'entendre des coups de feu et des voix crier « Allahou Akbar ».

Ils ont trouvé un grand tuyau d'évacuation, sous lequel ils sont restés cachés ; un terroriste s'est alors approché et a semblé tirer sur Kobi, qui n'avait pas complètement réussi à se protéger. Pendant cinq heures, Ram et Naomi sont restés allongés au sol en silence, recouverts de feuilles et de branchage, pendant que les terroristes passaient près d'eux sur la route. Quand ils ont entendu un véhicule avec des soldats israéliens, ils ont appelé à l'aide. Soudain, Kobi est apparu. Il a raconté qu'il était juste tombé, le terroriste ayant raté son tir. Naomi a alors appelé sa famille depuis le téléphone de Ram, en disant : « On va bien ; les terroristes nous sont passés devant sans nous voir. On est en sécurité avec des soldats maintenant. » Mais ils ne sont pas restés en sécurité longtemps. Les soldats leur ont expliqué qu'ils ne pouvaient pas les secourir tout de suite, et qu'ils allaient donc laisser des forces sur place pour sécuriser la zone avant de revenir. Quelques instants plus tard, des terroristes se sont mis à leur tirer dessus et à leur lancer des grenades. Kodi, qui saignait beaucoup, a tenté de s'enfuir en courant, mais s'est fait abattre d'une balle. Un autre terroriste a tué Naomi.

Youval, le mari de Naomi, est parti à la recherche de sa femme à l'hôpital Barzilaï, au même moment où Ortal y cherchait Dolev et Odia. Sur place, Youval a rencontré Ram, qui avait survécu malgré deux côtes cassées et un poumon partiellement affaissé. Ram savait déjà que Naomi était morte, mais il n'a rien dit à Youval : il ne supportait pas l'idée de devoir le lui annoncer. Pendant les shiva de Naomi, la période de sept jours de deuil, Youval et Ofek, le fils de Naomi, sont tombés sur une photo de Dolev dans un article qui parlait de sa mort. C'est à ce moment-là seulement qu'il a appris le nom et le sort de l'homme qu'il avait conduit au poste de secours, tué par le même groupe de terroristes qui avait aussi tué sa mère.

Après qu'Ofek a tenté de s'enfuir en voiture avec Dolev, celle d'Amar est arrivée sur la place. L'officier Golima lui a fait signe de s'arrêter, lui a expliqué qu'Odia était en incapacité de conduire, et lui a demandé de l'aider à se mettre à l'abri. Amar a tout de suite accepté, laissant sa propre voiture pour conduire celle d'Odia ; elle s'est mise sur le siège passager pour laisser le volant à Amar. Lia et Romi étaient assises à l'arrière. Amar a démarré, précédé de la voiture de l'officier Golima.

En arrivant au commissariat, l'officier Golima, Odia et Amar ont été assassinés par un groupe de terroristes du Hamas qui était parvenu à prendre le contrôle du lieu. Romi et Lia sont restées à l'arrière de la voiture, où elles ont été couvertes du sang de leur mère et de celui d'Amar. Tout autour de la voiture, qui s'était arrêtée en plein milieu de la rue, un échange de tirs entre les terroristes et la police faisait rage. Romi a rapidement détaché la ceinture de Lia pour se cacher à même le sol du véhicule en se couvrant d'un drap blanc. Une fois que les coups de feu se sont calmés, Romi a crié « À l'aide ».

Meïr Yaïr Avinoam, un agent pénitentiaire également membre du service d'urgences de Sdérot, faisait partie du groupe de policiers et de civils en train de combattre les terroristes dans le commissariat ; il a entendu les cris et s'est approché de la voiture.

Quand il a ouvert la portière, Romi a murmuré : « Non, s'il vous plaît, non.

— Je ne vais pas tirer, je ne vais pas tirer, a répondu Meïr d'un ton rassurant.

— Vous êtes de la police ? » a demandé Romi.

On entendait l'écho des tirs en fond.

« Il y a des victimes ici, a annoncé Meïr dans sa radio, face aux corps d'Odia et Amar.

— Vous êtes israélien ? a demandé Romi.

— Oui ma chérie, oui.

— Prenez-nous avec vous !
— On va vous prendre avec nous », a-t-il répondu en ouvrant la portière.
Roni était accroupie à l'arrière, agrippée à sa sœur.
« Il y a un bébé avec moi.
— D'accord, je reste avec vous, ne t'en fais pas. Saute sur mon dos et on va courir.
— Je ne veux pas que ma sœur meure. »
La vidéo s'est arrêtée un instant avant qu'Avinoam ne passe les filles à Yanon.

Les filles sont ensuite restées vivre pendant une courte période avec la sœur d'Odia ; Eliana et Ortal venaient leur rendre visite régulièrement. Les corps d'Odia et de Dolev ont été remis aux familles cinq jours plus tard, mais le corps d'Amar n'a pas été rendu.
Pendant dix-sept jours, chaque matin, Auda a fait trois heures de trajet pour se rendre à Choura, une base militaire où les corps étaient conservés, afin de trouver celui de son fils Amar. Chaque jour, il a regardé les camions décharger des corps comme s'il s'agissait des derniers produits livrés à un magasin. Il y a vu des garçons et des filles, des Juifs et des Arabes, des Thaïlandais, des personnes âgées. Mais jamais Amar. Ces dix-sept jours lui ont semblé durer dix-sept ans. Ses fils l'accompagnaient parfois, pleurant avec lui pendant tout le trajet. Naama a perdu vingt kilos pendant cette période d'attente. Elle a dû être hospitalisée quatre fois après s'être évanouie d'inquiétude. Auda a fini par appeler la

police. Il leur a demandé s'il était possible que l'armée ait par mégarde placé le corps de son fils avec ceux des terroristes du Hamas. Il leur a montré une photo des chaussures d'Amar. Plus tard dans la journée, sa famille a été informée que le corps d'Amar avait été retrouvé. Mais on ne leur a jamais dit où.

II.

Pères et fils

C'était l'époque des mariages. En 1956, Nahal Oz était un jeune kibboutz crée il y a cinq ans à peine, peuplé principalement de nouveaux arrivants : des gens qui n'étaient pas nés dans le pays, réfugiés et survivants de la Shoah. Les mariages étaient une façon de prendre un nouveau départ.

Quatre couples étaient censés célébrer leur union. Une cinquième, pourtant programmée, a dû être repoussée car le futur marié avait été blessé par des tirs d'artillerie en provenance de Gaza.

Moshé Dayan, le chef d'état-major de Tsahal, était un parent de l'un des quatre mariés et a donc été convié aux festivités. Il a accepté l'invitation et il est arrivé accompagné de journalistes du magazine de l'armée, *Bamahane*.

Les préparatifs de la fête et de l'accueil des invités d'honneur étaient presque terminés ; un large panneau affichant la phrase issue du Cantique des cantiques « J'appartiens à mon bien-aimé et mon bien-aimé m'appartient » trônait au centre du kibboutz. Quatre rangées de tables étaient flanquées de bottes de foin en guise de bancs ; le chœur et les joueurs d'accordéon étaient en pleine répétition tandis que les mariées repassaient leur robe de seconde main.

Mais à 6 h 30 du matin, sept heures avant la cérémonie, deux coups de feu ont retenti. Ceux qui s'étaient levés tôt pour organiser l'événement ont aperçu un groupe de Palestiniens issus de la bande de Gaza, alors contrôlée par l'Égypte, traverser la frontière pour rejoindre le territoire israélien.

Roy Rotenberg, un mince officier de patrouille à lunettes âgé de 21 ans qui portait toujours un peigne dans sa poche pour coiffer ses cheveux blonds, est parti, sans arme, à la rencontre des intrus pour tenter de les renvoyer. Jamil al-Wadir, un caporal de la police de Gaza âgé de 30 ans, Hamoud Zaïra, un fermier gazaoui de 50 ans, ainsi qu'un officier et deux soldats égyptiens lui ont tendu une embuscade. Ils l'ont assassiné avant d'emmener son corps à Gaza où ils lui ont crevé les yeux – un écho au sort que les Philistins avaient réservé à Samson.

La fête n'a pas eu lieu mais les cérémonies nuptiales ont été maintenues. Comme l'a préconisé Dayan, « on n'annule pas un mariage ».

Le lendemain midi, les observateurs de l'ONU ont ramené le corps profané de Rotenberg en Israël. Comme Nahal Oz n'avait pas encore de cimetière, deux membres du kibboutz ont rapidement désigné une colline pour l'enterrement, à un kilomètre de leur ferme, surplombant d'un côté les habitations de Gaza et de l'autre les champs du kibboutz.

Tsvi Guershouni, 44 ans, secrétaire du kibboutz voisin de Nir Am, est arrivé à l'enterrement juste après s'être occupé des poulets de sa collectivité, encore vêtu de la chemise et du pantalon kaki qu'il portait tous les jours. Il a passé la cérémonie à côté de Moshé Dayan, dont l'uniforme militaire était très similaire – le kaki était le même – si ce n'est qu'il était orné d'insignes et d'écussons des plus hauts grades de l'armée. Comme à son habitude, Dayan portait un cache-œil pour masquer la blessure subie quinze ans plus tôt au Liban.

Au total, environ un millier de personnes se sont rassemblées sur la colline cet après-midi-là, presque toutes habillées de la même façon, tenue kaki et bob sur la tête, comme si elles pouvaient se camoufler dans leur nouvel environnement. C'est Dayan qui a prononcé l'éloge funèbre. Surplombant la tombe fraîchement creusée, avec Guershouni à ses côtés, il a lu le discours qu'il avait rédigé à la main :

« *Tôt hier matin, Roy a été assassiné. Aveuglé par la quiétude de cette matinée printanière, il n'a pas remarqué ceux qui l'attendaient en embuscade au bord du sillon. En cette heure, ne blâmons pas ses meurtriers. Pourquoi s'insurger de la haine viscérale qu'ils nous portent ? Depuis maintenant huit ans, ils languissent dans les camps de réfugiés à Gaza, et sous leurs yeux nous avons fait nôtres les terres et les villages où leurs pères et eux résidaient. Ce n'est pas parmi les Arabes de Gaza mais en notre propre sein que nous devons chercher la source du sang de Roy. Comment avons-nous pu fermer les yeux et refuser de regarder en face notre sort, refuser de voir, dans toute sa brutalité, la destinée de notre génération ? Avons-nous oublié que ce groupe de jeunes gens installés à Nahal Oz traîne les lourdes portes de Gaza sur ses épaules ? Par-delà le sillon de la frontière grandissent un torrent de haine et une soif de revanche, qui n'attendent que le jour où la sérénité obscurcira notre chemin, où nous devrons écouter les ambassadeurs à l'hypocrisie malveillante nous exhorter à déposer les armes. Le sang de Roy nous prend à partie, nous et seulement nous, depuis la chair de son corps meurtri. Bien que nous ayons juré cent fois que notre sang ne coulerait pas en vain, hier encore nous avons été tentés, nous avons écouté, nous avons cru. Aujourd'hui, faisons preuve de lucidité vis-à-vis de nous-mêmes : nous sommes une génération qui colonise des terres et sans casque en acier ni canon de fusil, nous serons incapables de planter un arbre ou de construire une maison. Ne soyons pas aveugles à la haine qui consume et remplit la vie de centaines de milliers d'Arabes qui vivent autour de nous. Ne détournons pas les yeux, de peur que nos bras faiblissent. Tel est le sort de notre génération. Tel est le choix de nos vies : être prêts et armés, forts et déterminés, sans quoi l'épée nous glissera des mains et nos vies seront tranchées net. Le jeune Roy qui a quitté Tel Aviv pour construire son foyer aux portes de Gaza et devenir notre rempart a été aveuglé par la lumière dans son cœur, et il n'a pas vu l'éclat de l'épée. Son désir ardent de paix a rendu sourdes ses oreilles, et il n'a pas entendu la voix du meurtre qui lui tendait une embuscade. Les portes de Gaza pesaient trop lourd sur ses épaules et elles l'ont submergé.* »

Le lendemain de l'enterrement, Dayan a relu l'éloge funèbre à la radio en retirant trois lignes du texte original : celles qui exprimaient de l'empathie pour la douleur des meurtriers de Gaza. En 1956, une telle déclaration aurait été difficile à entendre pour les Israéliens. Durant la première décennie d'existence de l'État, plus de mille d'entre eux ont été assassinés au cours d'attaques terroristes commises par ceux qui étaient alors appelés « Arabes » – et qui se désignaient eux-mêmes comme tels –, des *fedayin* palestiniens basés en Jordanie ou à Gaza.

La foule qui pleurait Roy Rotenberg avait encore à l'esprit le rejet par ses voisins arabes du plan de partage de la Palestine prévoyant la création de deux États indépendants, l'un juif et l'autre arabe, approuvé par l'Assemblée générale de l'ONU et l'Agence juive neuf ans plus tôt. Ce peuple tout juste rescapé des camps avait reçu un large soutien de la communauté internationale qui reconnaissait son droit à l'établissement d'un État juif autonome, bien que ses voisins récusent la légitimité de la décision de l'ONU. Le Haut Comité arabe du grand mufti de Jérusalem avait rejeté l'initiative, affirmant qu'il était injuste d'assigner 52 % du territoire à l'État juif et 45 % à l'État arabe, tandis que Jamal al-Husseini, chef de la délégation arabe à l'ONU, déclarait : « La ligne de démarcation ne sera rien d'autre qu'une ligne de feu et de sang. » Azzam Pacha, le secrétaire général de la Ligue arabe, annonçait : « Ce sera une guerre d'extermination et un massacre retentissant. » Dans le conflit qui a suivi, deux tiers des 67 000 Israéliens ayant combattu les cinq armées arabes qui les avaient attaqués conjointement étaient de récents arrivants, dont un grand nombre avaient survécu à la Shoah.

Après plus d'un an et demi de combats, Israël a remporté ce que le pays a nommé sa guerre d'indépendance – au prix toutefois d'environ 6 000 âmes, soit 1 % de sa jeune population. À peu près la moitié des victimes étaient des rescapés des camps, et pour certains les derniers survivants de leur famille.

Les Arabes ont également perdu des milliers de vies dans le conflit qu'ils ont baptisé *al-Naqba* (« la catastrophe »). Certains ont été tués au combat, d'autres lors de massacres perpétrés par des Juifs : Deir Yassin, Dawayima, Lydda et Ramlé, et Safsaf. Environ la moitié de la population arabe de la région, soit entre 700 000 et 750 000 personnes plus tard désignées comme les Palestiniens, ont pris la fuite ou se sont vu chasser de leurs terres, avec interdiction d'y revenir. Israël a détruit environ quatre cents villages palestiniens abandonnés ou évacués, ainsi que des quartiers arabes au sein de certaines villes occupées par les Juifs. Le nom de ces zones et localités a été effacé des cartes et remplacé par des versions hébraïsées. Pourtant, beaucoup d'Israéliens étaient en peine – voire incapables – d'éprouver de l'empathie envers la souffrance palestinienne, de ressentir l'affliction de leurs voisins en même temps que la leur, comme Dayan l'avait fait cet après-midi-là.

*

Moshé Dayan est le deuxième enfant à avoir vu le jour dans le tout premier kibboutz, celui de Degania, en mai 1915. Tsvi Guershouni est né quatre mois plus tôt, en janvier 1915, à Balti, alors en Bessarabie et aujourd'hui en Moldavie. Depuis sa plus tendre enfance, Guershouni rêvait de rallier la mouvance kibboutznik dans laquelle Dayan était né ; il se rappelait avoir été témoin, tout petit, de la persécution politique de son père sioniste par les Soviets.

Guershouni a rejoint Gordonia, un mouvement de jeunesse socialiste et sioniste nommé ainsi en hommage à Aaron David Gordon, l'un des pères fondateurs du sionisme travailliste (Gordon, originaire de Troïanov en Russie, est devenu plus tard un résident du kibboutz Degania où il s'est éteint en 1922).

Gordonia prônait le travail manuel et la résurgence de la langue hébraïque. Lorsqu'il était lycéen, Guershouni est devenu l'un des leaders du groupe en Bessarabie. À l'âge de 21 ans, accompagné de quinze jeunes femmes et jeunes hommes du mouvement, il a rejoint Israël à bord d'un navire de *Maapilim* – le nom donné aux Juifs qui émigraient illégalement vers la Palestine. Sur le bateau, il a rencontré Hana Roïtkov, née en 1919 à

Orhei en Bessarabie, qu'il a invitée à rejoindre le mouvement. Peu de temps après, il l'a demandée en mariage. Le groupe qui s'agrandissait s'est d'abord installé à Rehovot où ses membres travaillaient dans les vergers, avant de connaître plusieurs années de dur labeur au port de Haïfa. Ils n'ont pas tardé à vouloir fonder une collectivité agricole où s'installer de façon plus durable et ils se sont mis à chercher des localités en Haute Galilée. Cependant, Avraham Herzfeld, membre de la Knesset et fondateur de nombreux kibboutz, leur a conseillé de se concentrer plutôt sur le Néguev : « Si vous cherchez trop longtemps, a-t-il plaisanté, vous resterez vieux garçon comme moi. Prenez ce dont on a besoin. En ce moment, on a besoin du Néguev – allez-y. »

En 1943, le jeune groupe a suivi ses recommandations et établi Nir Haïm, alors le kibboutz le plus méridional d'Israël, plus tard rebaptisé Nir Am (le comité de toponymie du gouvernement ayant statué qu'il y avait « trop d'endroits nommés Haïm »).

Au cours des deux années suivantes, la population naissante de Nir Am s'est efforcée de construire des maisons, de cultiver les terres et de trouver de l'eau, tout en achetant des barils auprès des Arabes de Beit Hanoun.

Le kibboutz entretenait des relations amicales avec les villages arabes alentour, en particulier avec la famille Mahouj Aboul Eish. Celle-ci lui fournissait des vivres et des équipements, facilitait les relations avec les Arabes et éduquait les résidents au sujet des coutumes locales afin d'éviter les malentendus.

Tout a changé après le vote du plan de partage de la Palestine. Selon cette nouvelle donne, le kibboutz était désormais situé au niveau de la frontière sud entre les États indépendants juif et arabe – frontière qu'Israël reconnaissait, mais pas les Arabes. En janvier 1948, deux mois après l'annonce du plan, deux fils de la famille Mahouj Aboul Eish ont été tués à Gaza par des Arabes du fait de leur coopération avec les Juifs de Nir Am. Ceci n'était que le début d'un cycle de violence et d'effusion de sang.

Quatre mois plus tard, les armées de Syrie, de Jordanie, d'Irak et d'Égypte ont attaqué Israël. Le kibboutz Nir Am s'est retrouvé assiégé. À cette période, Guershouni dirigeait le Conseil du Néguev. Lors du congrès inaugural du Parti travailliste israélien en juin 1948, en présence de David Ben Gourion, Guershouni a attesté de l'impact de la guerre sur le Néguev : « Je viens d'endroits qui ont subi de graves attaques, et pourtant le Néguev n'a pas perdu son sens moral. Nous comprenons la nécessité de continuer à vivre. Nous avons donc construit des salles à manger et des cuisines souterraines, et pas simplement des abris. Il y a une véritable vie sous terre, une envie de subsister malgré les circonstances. »

En 1952, Guershouni était devenu secrétaire de l'Union des kibboutz ; il était reconnu comme l'un des hommes les plus déterminés et talentueux du jeune parti dirigeant. En 1969, il a été élu à la Knesset en tant que membre d'un parti naissant nommé Alignement – issu de l'alliance du Parti travailliste et du Parti des ouvriers unifiés –, qui avait obtenu une majorité de cinquante-six sièges. Golda Meir occupait le premier, Moshé Dayan le quatrième et Guershouni le trente-septième.

« Il est de notre devoir de nous livrer à une recherche perpétuelle de la paix et d'une société caractérisée par une justice et une égalité absolues », a déclaré Guershouni lors de son entrée en fonction à la Knesset, ajoutant : « Lorsqu'il sera temps de me retirer, je veux me rappeler que chez moi, c'est au poulailler, et qu'il en sera toujours ainsi. »

*

En cette même année 1969, dans le cadre d'un *oulpan* – des cours d'hébreu subventionnés par le gouvernement – à Migdal HaEmek, un immigrant du nom d'Alfredo Wax, 28 ans et originaire de Rosario en Argentine, a rencontré une nouvelle arrivante de 19 ans nommée Suzy Galnik et venue du Queens, à New York. Née en Allemagne, Suzy avait fui aux États-Unis avec ses parents. En tant que jeune femme dépassée par la vie à New York, elle avait décidé de tout quitter à nouveau et repartir de zéro, cette seule fois.

Alfredo et Suzy ont tous les deux fait leur aliya – le fait pour un Juif d'émigrer en Israël – à l'aube de la guerre des Six Jours, le troisième des conflits arabo-israéliens, né d'une nouvelle attaque lancée par l'Égypte, la Syrie et la Jordanie. Le 13 mai 1967, des responsables soviétiques ont informé la Syrie et l'Égypte qu'Israël avait amassé des troupes près de la frontière syrienne. Bien qu'il s'agisse de rapports fallacieux, et peut-être de désinformation délibérée, le président égyptien Gamal Abdel Nasser a réagi en déployant de nombreux soldats dans la péninsule du Sinaï. Israël a affirmé que tout blocus égyptien sur des livraisons israéliennes dans le détroit de Tiran serait considéré comme une déclaration de guerre. En mai 1967, Nasser a annoncé la fermeture du détroit aux navires israéliens et ordonné la mobilisation de l'armée égyptienne le long de la frontière israélienne, tout en exigeant le retrait des forces de maintien de l'ordre de l'ONU.

Le 5 juin, Israël a initié une série de frappes aériennes contre l'aviation et les installations militaires égyptiennes. En cinq jours, Israël a vaincu les forces combinées de l'Égypte, de la Jordanie et de la Syrie, reprenant ainsi à l'Égypte le contrôle du Sinaï et de la bande de Gaza, à la Jordanie celui de la Cisjordanie et de Jérusalem-Est, et à la Syrie celui du plateau du Golan.

C'est dans le Sinaï nouvellement israélien que les jeunes mariés Suzy et Alfredo ont décidé de s'installer. Ils avaient tenté de vivre à Tel Aviv, à Herzliya et même à New York, mais ils ne s'étaient jamais sentis chez eux au sein d'une ville. C'est en Peugeot 203 blanche que le jeune couple, leur bébé Yigal et leur dogue allemand ont gagné les sables blancs du Sinaï – paysage biblique par excellence. L'adaptation à la chaleur s'est avérée éprouvante, tout comme l'apprentissage de la conduite d'un tracteur, dont Suzy a dû s'acquitter pendant sa grossesse. Ils ont nommé leur deuxième garçon Amit mais tout le monde appelait les deux garçons Vex et Vexy, d'après la prononciation du nom de famille d'Alfredo.

Alfredo et Suzy cultivaient des fleurs et des concombres et le couple avait l'impression, pour la première fois, d'avoir trouvé une véritable communauté. Avec cinquante-huit autres familles, ils travaillaient à l'édification d'un petit village dans le désert, un mochav, qu'ils ont baptisé Netiv HaAsara, le Chemin des Dix, en mémoire des dix soldats qui y ont perdu la vie dans un accident d'hélicoptère.

L'une des familles fondatrices était les Taasa, qui avaient trois fils à peu près de l'âge des garçons Wax. Shoshana et Abraham Taasa étaient des Juifs yéménites qui avaient d'abord vécu dans le mochav de Mishan près d'Ashkelon mais qui rêvaient depuis longtemps de posséder leur propre ferme. En 1972, un ami a suggéré le Sinaï. « Quand j'ai vu la mer, on a décidé de déménager », se souviendrait Shoshana des années plus tard. Le jour de leur arrivée, ils ont été accueillis par une maison pleine de sable ; il était partout, dans la cuisine, les tiroirs et même la douche. Leur quatrième fils, Gil, est né sur ces dunes peu de temps après.

Ce que beaucoup de nouveaux résidents du mochav Netiv HaAsara ignoraient avant de s'y installer était qu'environ 1 500 familles bédouines avaient été secrètement délogées de la zone, selon des ordres du ministre de la Défense Moshé Dayan et du commandant du front sud Ariel Sharon, sans autorisation du gouvernement.

C'est une fois cette expulsion rendue publique, au printemps 1972, que les résidents locaux ont demandé que justice soit faite pour les Bédouins. Le chef d'état-major, David Elazar, a mis en place une commission d'enquête et Ariel Sharon a été réprimandé pour avoir dépassé les limites de son autorité. La Cour suprême a fini par invoquer officiellement des « raisons sécuritaires » et par légitimer l'expropriation.

Les Bédouins ont été indemnisés, certains sous forme monétaire, d'autres par l'attribution de terres à Gaza.

*

Le député de la Knesset Tsvi Guershouni n'a jamais pris sa retraite comme il l'avait promis.

Il a gravi les échelons et a été nommé successivement chef du lobby agricole à la Knesset, membre de la commission des finances, membre de la commission économique et membre de la commission dédiée à la Constitution, au droit et à la justice. Ses journées consistaient à assaillir différents ministères de problèmes à résoudre. Il est notamment parvenu à faire voter une loi garantissant une meilleure régulation des prix de l'eau ; il s'est également élevé contre une initiative visant à attribuer une meilleure assurance maladie aux députés de la Knesset, jugeant que la décision participait d'un « régime féodal de privilèges réservés aux élites » ;

il travaillait sans relâche à la promotion d'une loi qui changerait le système électoral de la Knesset d'un mode de scrutin national en un mode régional, dans le but de renforcer les obligations des représentants élus envers leur circonscription. Début 1974, sous le nouveau gouvernement de Meir au lendemain de la guerre du Kippour, Guershouni a été parmi les premiers à proposer Yitzhak Rabin au poste de Premier ministre. Il prévoyait que le mandat de Meir serait bref en raison d'une combinaison d'indignation publique et de pression interne à son parti en raison de sa gestion de la guerre, et il en a conclu que Rabin, alors ambassadeur d'Israël aux États-Unis, était le seul candidat crédible pour la remplacer. Après la démission de Meir, Guershouni a soutenu ardemment la candidature de Rabin, avec un zèle qui permet de comprendre pourquoi, au cours de ses années en politique, il a subi trois crises cardiaques.

Le mercredi 1er septembre 1976, Guershouni était censé présenter une proposition devant la commission des finances – un plan pour l'établissement d'une banque gouvernementale dédiée au logement. Il avait préparé un discours prônant la fin du financement des banques privées par l'État, qui selon lui enrichissaient certains individus aux dépens de la société. Il avait prévu de recommander l'instauration d'une banque publique qui offrirait des prêts et des crédits à ceux qui pouvaient prétendre aux logements sociaux, répondant ainsi aux besoins de centaines de milliers de nouveaux immigrants.

Ce matin-là, le député Adi Amoraï, membre de la commission des finances, est descendu du bus qui l'emmenait à la Knesset et a vu Hana, la femme de Guershouni, qui attendait à l'arrêt. Il s'est demandé pourquoi celle-ci avait accompagné Tsvi à une banale réunion de la commission. En entrant dans le parlement, il a trouvé Guershouni dans le couloir, assis sur une chaise, retirant une paire de chaussures et en enfilant une autre. Il était pâle et agité. « Guershouni, détends-toi », a-t-il plaidé.

Pendant les débats de la commission, Guershouni a pris des notes méticuleuses. Juste avant sa prise de parole, il s'est absenté pour aller aux toilettes. Lorsque le sujet de sa proposition est arrivé sur la table, le président du comité a demandé qu'on l'appelle à la tribune. À ce moment-là, le député Gideon Patt a jailli dans la pièce en s'exclamant : « Il y a un homme inconscient allongé dans les toilettes ! »

Tous se sont précipités dans les cabinets pour y trouver Tsvi Guershouni étendu sur le sol, victime d'une nouvelle crise cardiaque et blessé à la tête après avoir heurté le lavabo en émail dans sa chute. Le député Amoraï a accompagné Guershouni dans l'ambulance qui l'a emmené en urgence à l'hôpital Shaare Tsedek.

Guershouni s'est éteint une demi-heure plus tard, à l'âge de 61 ans. Avant sa mort, il a déclaré que sa plus grande satisfaction ne provenait pas de ses succès publics, mais du fait que ses enfants et petits-enfants étaient restés au kibboutz Nir Am.

Il n'a pas vécu assez longtemps pour assister aux accords de paix avec l'Égypte trois ans plus tard, ni pour prendre sa retraite dans un poulailler.

*

« Des terres contre la paix » était la politique en vigueur – un accord soutenu par l'ONU, selon lequel Israël restituerait les territoires saisis durant la guerre de 1967 en échange de la paix et d'une reconnaissance officielle de la part de ses voisins arabes. Il s'agissait d'une anomalie historique : par le passé, les nations – en particulier celles qui se défendaient – n'étaient généralement pas tenues de retourner des terres qu'elles avaient gagnées au combat (comme celles qu'avaient acquises les États-Unis lors de la guerre américano-mexicaine, et l'Empire russe au cours des guerres turques du XIXe siècle). Mais la résolution de l'ONU qui énonçait clairement cette décision – à savoir la résolution du conseil de sécurité 242 – s'est heurtée au rejet d'une grande majorité du monde arabe, et ce jusqu'en 1978, quand le président égyptien Anouar el-Sadate et le Premier ministre Menahem Begin ont signé les accords de Camp David. Ceux-ci prévoyaient la normalisation des relations une fois qu'Israël aurait restitué la péninsule du Sinaï – signe que la méthode des terres contre la paix deviendrait la pierre angulaire de la résolution du conflit israélo-arabe.

Le retrait d'Israël du Sinaï signifiait qu'en 1982, soixante-neuf familles devaient quitter les lieux – dont les Wax et les Taasa. Ils ont décidé de se réinstaller ensemble, soucieux de préserver leur communauté agricole au sein des frontières nouvellement définies du pays.

Lors de leur dernier jour à Netiv HaAsara, Suzy Wax a laissé ses jeunes fils peindre les murs de ce qui ne serait bientôt plus leur maison. Ils ont laissé derrière eux leurs tomates et leurs peintures murales à l'attention des Égyptiens.

Les familles ont transplanté leurs palmiers du Sinaï jusque dans leur nouveau mochav, près de la plage de Zikim, tout en conservant le nom « Netiv HaAsara ». Ils y ont retrouvé la douceur du sable de quartz originaire des montagnes d'Éthiopie et du Soudan, acheminé par le Nil, déversé par son delta dans la Méditerranée et transporté au nord vers Israël. Chaque famille a reçu une propriété de 0,25 hectare, en plus de quatre hectares à cultiver. Shoshana y a replanté son bibacier, qui a continué à produire des fruits.

Alors que les familles de Netiv HaAsara reconstruisaient leurs maisons, la plupart de la main-d'œuvre était composée d'ouvriers arabes. Nombre d'entre eux, comme Hamis et Halil de la ville de Beit Lahiya, ont noué une profonde amitié avec les familles israéliennes. Ils s'invitaient les uns les autres à célébrer mariages et anniversaires, partageaient des repas faits maison et offraient un soutien financier lorsque c'était nécessaire. Lorsqu'un des enfants d'Hami avait besoin d'un traitement médical, Alfredo les emmenait dans un hôpital israélien. Ce genre de générosité peu commune aujourd'hui était monnaie courante à l'époque, et continuerait de l'être même après l'avènement de la nouvelle frontière entre Israël et Gaza.

*

Quinze ans après la mort de Tsvi Guershouni, son fils Yakovi Inon a quitté le kibboutz que ses parents avaient établi et s'est installé au mochav de Netiv HaAsara, à sept kilomètres de Nir Am, le long de la frontière avec Gaza.

À cette époque, de nombreux kibboutz rencontraient des difficultés économiques et la famille Inon était en quête d'une vie de famille privée, où la collectivité ne viendrait pas interférer dans leur travail ni dans leurs décisions financières. De façon très démocratique, la décision de quitter le kibboutz pour s'installer dans un mochav avait été soumise au vote de Yakovi, de sa femme Bilha et de leurs cinq enfants.

Yakovi, qui ressemblait à son père plus jeune, avait également hérité de lui une connexion profonde à l'élevage et à l'agriculture. Il était devenu un agronome réputé, spécialisé dans les grandes cultures. Il plantait et labourait le blé, l'orge, le maïs, les pois et les pommes de terre dans les champs qui longeaient la frontière avec Gaza. Bilha, née dans le kibboutz voisin de Ruhama, était une femme à l'allure de lutin dotée d'un front haut, de cheveux clairs et d'yeux d'un bleu profond. Elle avait commencé par enseigner les arts plastiques à l'école avant de changer de voie pour créer ses propres mandalas et œuvres d'art réalisées à partir de matériaux recyclés. Elle organisait également des ateliers artistiques pour les femmes, où elle exprimait régulièrement son mépris envers l'influence grandissante de ce qu'elle appelait la « culture de consommation » en Israël.

Ils se sont installés dans la ferme familiale numéro 11, sur le même lopin que les Wax, le numéro 7 ; les Taasa résidaient au 6.

Ils ont acheté une maison en kit écologique faite en bois, qui avait été envoyée en pièces détachées depuis les États-Unis – c'était la seule habitation en bois de tout le mochav. Ils ont fait de l'entrée un lieu d'exposition des œuvres recyclées de Bilha : de vieilles roues de moulin recouvertes de plantes, une machine à coudre hors d'usage ornée d'une statuette de lion, des coqs en céramique et des poissons en métal disposés de part et d'autre de la pièce. À l'intérieur de la maison, les meubles de cuisine en bois sombre étaient couverts des mandalas de Bilha et le salon jonché de tapis afghans colorés. Suzy Wax s'est inscrite aux cours d'arts plastiques de Bilha tandis que Hadar Taasa, le fils de Shoshana et d'Abraham, construisait des écuries. La famille Inon faisait pousser mandarines, avocats, goyaves et figues de Barbarie dans son verger.

Fin juillet 1997, durant la première semaine de la saison des pastèques, Yakovi travaillait dans les monts de Judée en compagnie d'ouvriers palestiniens venus de Cisjordanie et de Gaza. Deux terroristes du Hamas déguisés en Juifs orthodoxes ont posé une bombe au marché de Mahané Yehuda à Jérusalem, faisant seize victimes et cent soixante-dix-huit blessés. Au lendemain de l'attentat tous les ouvriers palestiniens ont quitté la région, abandonnant à la fois les agriculteurs juifs et des milliers de pastèques à l'air libre. Un mois plus tard, des kamikazes du Hamas ont pris pour cible la voie piétonne de Ben Yéhouda à Jérusalem, causant la mort de cinq Israéliens. Les ouvriers palestiniens ne sont pas revenus de l'été. Frustré par l'intensification du conflit et les pertes humaines, Yakovi s'est concentré sur ce qu'il pouvait contrôler : le succès de la récolte de pastèques. Il a obtenu une subvention pour le développement d'équipement mécanisé, et en l'espace de deux ans il avait mis au point une machine capable d'extraire efficacement les graines des pastèques. Depuis, l'appareil traite chaque année 8 000 tonnes de graines – quel que soit le statut du conflit.

Au moment de son emménagement dans le mochav, la famille a également songé à son patronyme. En Bessarabie, Tsvi Guershouni était né Tsvi Pinkonzon. À son arrivée en Israël, comme tous les immigrés de l'époque, il avait été sommé d'adopter un nom hébreu, selon le même processus d'israélisation qui avait transformé David Green en David Ben Gourion et Golda Meirson en Golda Meir. Soucieux de renouer avec leurs racines, les enfants de Guershouni ont à nouveau modifié leur nom cinq décennies après le changement initial, optant cette fois pour « Inon », un nom hébreu contenu dans « Pinkonzon ».

*

Le lundi 19 juin 2023, la commission des finances de la vingt-cinquième législature de la Knesset s'est réunie pour évoquer la frontière à Gaza, sujet qu'elle n'avait que rarement abordé cette année-là. Une mère de quatre enfants originaire du mochav de Netiv HaAsara, communauté qui comptait désormais un millier de résidents, a souhaité livrer son témoignage :

Sabine Taasa : Bonjour. Je m'appelle Sabine Taasa. J'habite à Netiv HaAsara depuis vingt-trois ans et je suis esthéticienne.
Moshé Gafni, président de la commission : Netiv HaAsara ?
Sabine Taasa : Netiv HaAsara, un mochav directement adossé à la barrière avec Gaza. Ma maison se situe à moins d'un kilomètre de la ville de Beit Lahia à Gaza.
Moshé Gafni : Il me semblait que seuls des agriculteurs habitaient là-bas. Je découvre qu'il y a aussi des esthéticiennes.
Sabine Taasa : Je suis ici pour vous faire un tableau plus clair de la situation. Je suis venue pour vous parler de ma souffrance.
Moshé Gafni : Faites vite.

Sabine Taasa : Votre Honneur, je suis une personne simple, travailleuse. Je suis employée à mon compte depuis plus de quinze ans. J'ai traversé chaque opération militaire et chaque guerre contre Gaza. Je suis également une citoyenne de l'Union européenne ; je pourrais recommencer ma vie n'importe où dans le monde, mais je choisis de vivre ici. Malheureusement, j'ai atteint un point où l'État d'Israël me pousse dans mes derniers retranchements. Ma communauté ne s'est même pas remise de la pandémie de Covid qu'on nous demande maintenant de nous remettre de ces récentes opérations militaires. Une roquette Kornet a atterri près de ma maison. J'ai quitté Netiv HaAsara à 4 heures du matin et passé six jours en déplacement avec mes quatre enfants. La peur continue de nous hanter même lorsque les tirs ont cessé. Tous les enfants de Netiv HaAsara souffrent – même le bétail. Chacun d'entre eux mouille son lit, bégaye, est atteint d'anxiété et requiert un traitement sous une forme ou une autre. Je suis personnellement sous Cipralex et je consulte un psychologue, je n'ai pas honte de le dire. Nous investissons lourdement dans une thérapie pour la santé mentale de nos enfants. Mon affaire est en train de s'effondrer. Je suis épuisée. Nous savons qu'il y aura encore d'autres guerres, que ce soit contre le Hamas ou le Jihad islamique. Il y a constamment des sirènes à cause des roquettes qu'on nous tire dessus, et nous ne pouvons plus y faire face sans votre aide.

Moshé Gafni : OK. J'organiserai une discussion au sujet de Netiv HaAsara.

Sabine Taasa : Laissez-moi finir, s'il vous plaît.
Moshé Gafni : Allez-y.
Sabine Taasa : Aidez mes enfants et moi à rester ici.
Moshé Gafni : OK.
Sabine Taasa : Ma mère est venue de France. Elle a connu un antisémitisme virulent à Paris. Elle a renoncé à tout ce qu'elle avait dans sa vie afin de réaliser son rêve sioniste. Permettez-moi de perpétuer ce rêve. Ne le laissez pas se briser. Aidez-moi et aidez tous les résidents de Netiv HaAsara et de la frontière avec Gaza.
Moshé Gafni : Merci. Nous aurons cette discussion. Vous n'avez pas parlé en vain. Je ne pense pas qu'il y ait une seule personne dans ce pays qui ne soit pas d'accord avec vous ; il faut vous aider, et l'État d'Israël est déterminé à le faire. Nous aurons une discussion à ce sujet.

Malgré son appel à l'aide, Sabine Taasa était probablement l'une des Israéliennes les plus bienveillantes – politiquement parlant – que le président Gafni pouvait inviter devant la commission en cet été 2023. Le gouvernement de Nétanyahou, dont Gafni faisait partie, était alors en train de faire voter sa « réforme judiciaire ». Des centaines de milliers de citoyens à travers le pays sont descendus dans la rue, dans un mouvement national voire international qui estimait combattre pour le futur de la démocratie en Israël. Deux jours à peine avant le témoignage de Sabine, des manifestations avaient eu lieu dans des dizaines de villes, marquant ainsi la vingt-quatrième semaine de contestation.

Sabine ne faisait pas partie de ces manifestants ; elle soutenait la réforme judicaire, de même que la plupart des actions et propositions du gouvernement Nétanyahou. Elle avait voté pour lui à chaque fois qu'il s'était présenté au cours des vingt dernières années, convaincue que seul son leadership serait à même de garantir la sécurité de sa famille. C'est justement cette sécurité-là qu'elle recherchait en venant témoigner devant le député Gafni, qui n'a jamais tenu la promesse faite à Sabine. Elle a passé le vendredi 6 octobre à lire l'autobiographie récemment publiée de Nétanyahou, *Bibi : Mon histoire*.

Le 7 octobre, à 6 h 29, elle était en train de dormir lorsque trois terroristes du Hamas ont fait irruption dans Netiv HaAsara à l'aide de parachutes. Son fils de 15 ans, Zohar, était aussi dans son lit. Son mari Gil Taasa, dont elle était séparée mais pas divorcée, dormait dans une maisonnette de l'autre côté de la rue en compagnie de leur fils de 12 ans, Koren, et de leur benjamin âgé de 8 ans, Shaï.

Née à Paris, Sabine a grandi dans la banlieue parisienne aisée de Neuilly-sur-Seine. Elle a émigré en Israël à l'âge de 14 ans avec ses parents, frères et sœurs, pour échapper à l'antisémitisme dont ils étaient victimes. Les autorités israéliennes ont relocalisé la famille dans un quartier défavorisé de la municipalité d'Ashkelon, dans le sud du pays. Ne maîtrisant ni l'hébreu ni la culture locale de cette ville pauvre d'immigrés, la famille a eu du mal à s'adapter.

Trois mois plus tard, le père de Sabine les a quittés pour retourner à Paris. Sabine est restée avec sa mère, apprenant à survivre dans cette commune violente et défavorisée. C'est là qu'elle a adopté des convictions de droite, après être arrivée à la conclusion que la gauche israélienne était naïve de croire la paix possible avec ceux qui ne cessaient de lancer des missiles sur sa maison.

Cette jeune citadine était âgée d'une vingtaine d'années lorsqu'elle a rencontré son futur époux, Gil Taasa, qui avait la peau mate et mesurait près d'un mètre quatre-vingt-dix. Un ami commun de Netiv HaAsara les avait présentés. Ils se sont mariés en 2004 avant de construire leur maison dans cette même ville, près des parents et des trois frères et sœur de Gil.

En octobre 2004, quelques mois à peine après leur mariage, Israël s'est retiré de Gaza, laissant le contrôle des terres aux Palestiniens et évacuant l'intégralité des vingt-deux villages du territoire. Au lendemain du « désengagement » – c'est ainsi qu'est nommée le processus en hébreu –, Netiv HaAsara est devenu le mochav le plus proche de la frontière, certaines de ses maisons n'étant situées qu'à une centaine de mètres de celle-ci.

Le Premier ministre de l'époque, Ariel Sharon, s'était adressé ainsi à la nation : « Je suis profondément convaincu, de tout mon cœur et de toute ma raison, que ce désengagement renforcera l'emprise d'Israël sur des territoires vitaux, essentiels à notre existence. Il emportera le respect et la bénédiction des nations proches et lointaines, diminuera les hostilités, mettra fin au boycott et le blocus, et nous projettera vers une paix avec les Palestiniens et les pays voisins. » Une fois encore, comme pour l'accord sur le Sinaï, le principe « des terres contre la paix » était le postulat sous-jacent.

Le président américain George W. Bush, alors en pleine promotion de sa « Feuille de route pour la paix » visant à résoudre le conflit israélo-palestinien, a salué la décision de Sharon : « C'est une initiative historique et courageuse. Si toutes les parties choisissent de prendre ce moment à bras-le-corps, elles peuvent ouvrir la voie au progrès et mettre un terme à l'un des plus anciens conflits toujours en cours dans le monde. »

Le plan du président Bush exigeait des Palestiniens qu'ils combattent le terrorisme, reconnaissent Israël en tant qu'État juif et mettent en place des réformes visant à instaurer un régime démocratique. Israël, de son côté, devait s'engager à stopper la construction de colonies, démanteler les avant-postes illégaux dans la bande de Gaza, se retirer des territoires occupés et éviter les attaques sur les civils palestiniens. Rien de tout cela ne s'est produit.

En juillet 2005, une étudiante de 22 ans, Dana Galkovich, était assise sur un balcon avec une amie lorsqu'elle a été tuée par une roquette Qassam. C'est la première victime du Hamas à Netiv HaAsara.

En réponse à l'intensité et la fréquence grandissantes des tirs et des attaques de missiles, Israël a construit un mur de sécurité haut de huit mètres et demi autour du mochav afin de protéger ses résidents. Le mur gris a été décoré de pierres de couleur et des milliers de personnes y ont peint des prières et des bénédictions. Cette œuvre collaborative nommée « Le chemin de la paix » arbore son titre en large caractères hébraïques, arabes et anglais. La création peut être observée des deux côtés du mur.

En mai 2008, un kamikaze palestinien a fait sauter un camion piégé rempli d'environ quatre tonnes d'explosifs à proximité de la frontière israélienne. Une centaine de maisons de Netiv HaAsara ont été touchées, avec une déflagration telle qu'elle a projeté des gens hors de leur lit et éjecté les réservoirs d'eau des toits. Gil Taasa, alors coordinateur de la sécurité du mochav, a décrit la scène à des journalistes : « Quand l'explosion a eu lieu, j'ai d'abord pensé qu'un obus avait atteint la maison. J'ai immédiatement attrapé mon fils de 2 ans, Or, et j'ai couru vers la pièce sécurisée. »

En 2010, année où leur deuxième fils, Koren, est venu au monde, un Thaïlandais travailleur invité du mochav a été tué par une roquette tirée depuis Gaza. En mai 2019, la bar-mitsvah d'Or a été interrompue par une attaque de missiles du Hamas. Cette semaine-là, six cent quatre-vingt-dix roquettes ont été tirées sur Israël, entraînant la mort de quatre civils et autant de soldats israéliens, ainsi que d'environ vingt-cinq Palestiniens lors des représailles de Tsahal. La famille Taasa a célébré la bar-mitsvah d'Or avec un gâteau dans l'abri, avant qu'un cessez-le-feu ne soit décrété le lendemain matin.

Après s'être séparée de Gil, Sabine était soulagée qu'Or, leur aîné de 17 ans et élève de terminale, ait entrepris de l'aider et de la soutenir en l'absence de son père. Il s'assurait aussi qu'elle ne finisse pas trop tard le soir ; il vérifiait régulièrement le stock de noix qu'elle grignotait dans la voiture pour être certain qu'elle ne s'endorme pas au volant ; il faisait en sorte qu'elle ne boive pas d'alcool avant de prendre la route ; il participait même au ménage et au jardinage. Or a commencé un travail dans une usine près de chez lui, contribuant ainsi aux revenus du foyer. Sabine appréciait l'effort mais elle craignait un peu qu'Or ne grandisse trop vite. Elle le taquinait parfois, lui disant que c'était une « vieille » et qu'elle l'imaginait aisément en train de coudre dans une maison de retraite.

En ce matin du samedi 7 octobre, Or a quitté la maison à environ 6 h 10 pour aller surfer avec ses amis du lycée à la plage de Zikim, dans les eaux que sa grand-mère avait traversées pour venir construire le mochav voisin. Peu après son départ, le son familier des sirènes prévenant d'une attaque de roquettes a réveillé sa mère Sabine et son frère Zohar. Ils ont fermé la lourde porte en fer dont Gil avait pendant longtemps demandé l'installation et que Sabine avait souvent critiquée pour son manque d'esthétique, et se sont mis à courir aussi vite que possible vers la pièce sécurisée.

« Or, t'es où ? Il y a des missiles, tout va bien ?

— *Maman**[1], le Hamas bombarde la plage comme des fous. T'inquiète pas, je suis dans un abri, je bouge pas.

— Jure-moi que tu ne vas pas sortir.

— *Maman**, je te promets, tu me connais, je suis prudent. »

Elle a envoyé un message à Gil : « Va à la plage de Zikim et ramène notre fils. »

Gil et ses fils Koren et Shaï ont évacué la maisonnette pour se diriger vers un abri improvisé. Le logement de Gil n'avait pas de véritable pièce sécurisée : son installation aurait coûté trop cher. Il avait réussi à acheter un soi-disant abri portable qu'il avait monté dans la cour et il se faisait confiance pour y courir assez vite en cas de besoin. Une fois à l'intérieur, le père et les deux garçons Taasa ont entendu des hommes parler arabe et des tirs d'arme légère – les terroristes du Hamas approchaient. Gil a dit à ses enfants : « Ne faites pas de bruit. Pas un mot. Je vais chercher un revolver, je reviens tout de suite. » Il s'est précipité hors de l'abri, a récupéré son arme personnelle et il était en train de retourner vers ses garçons lorsqu'il a croisé trois terroristes. Gil a tiré trois fois.

Sabine a entendu les coups de feu depuis son abri. « C'est Papa, je suis sûr qu'il se bat et qu'il va nous sauver », a-t-elle assuré à Zohar. Quelques minutes plus

---

1. Les mots en italique suivis d'un astérisque sont en français dans le texte. (Toutes les notes sont des traducteurs.)

tard, elle a entendu un coup bruyant à la porte. Puis un autre. « Ne pense même pas à ouvrir », l'a suppliée Zohar. « Je n'ai pas le choix. C'est peut-être tes frères et ton père », a-t-elle dit avant de laisser Zohar dans l'abri et d'ouvrir la porte d'entrée.

Deux hommes portant un bandana vert sur le front se tenaient devant Sabine. L'un pointait son arme sur elle et l'autre tenait une grenade. « Allahou Akbar, mort à tous les Juifs ! » a-t-il crié. Sabine a brutalement refermé la porte – la porte en fer qu'elle avait toujours détestée parait désormais les balles des terroristes.

Dans la petite maison d'en face, Gil Taasa, avec son fils de 12 ans, Koren, et celui de 8 ans, Shaï, tous à peine réveillés et encore en sous-vêtements, étaient en train de courir vers leur abri artisanal. Au moment où ils se pensaient en sécurité, une grenade a volé dans leur direction. Gil a hurlé « Écartez-vous ! » et s'est jeté sur l'engin qui l'a pulvérisé devant ses enfants. Couverts de sang, les garçons ont fui les lieux, avec des éclats d'obus incrustés dans la jambe de Koren et dans l'œil de Shaï.

Après l'attaque, les terroristes sont entrés dans l'abri et ont tiré quelques balles supplémentaires sur Gil qui était déjà mort avant de conduire les garçons à l'intérieur de la maison, dans la cuisine. Alors que les enfants appelaient leur mère en pleurant, l'un des assaillants buvait tranquillement un Coca qu'il avait pris dans le frigo. Les terroristes du Hamas ont proposé aux garçons blessés du jus de tomate. Koren, le plus âgé des deux, a tenté d'utiliser Google Traduction pour négocier avec les terroristes en arabe, les suppliant de rendre son petit frère à sa mère. Ses efforts ont été accueillis par une gifle et la confiscation de son téléphone, que les hommes ont ensuite utilisé pour publier une vidéo du corps de Gil sur Facebook. Ils ont fini par tendre une couverture aux enfants avant de sortir s'en prendre à d'autres civils dans une maison voisine, offrant ainsi sans le vouloir aux garçons un bref moment pour s'échapper.

Koren et Shaï ont couru vers la porte de leur mère : « *Maman**, c'est moi, Koren. Ouvre ! »

Sabine a ouvert. Ses deux jeunes fils se tenaient devant elle, couverts de sang. Avant qu'elle puisse les prendre dans ses bras, Koren s'est exclamé : « Papa s'est fait tirer dessus, il est mort. »

Sabine a porté Koren et Shaï, blessés, jusque dans l'abri. Elle a pris une vidéo de ses enfants allongés en sous-vêtements et en sang dans le lit de l'abri, tandis qu'elle demandait désespérément une assistance médicale : « Je vous en prie, c'est urgent. Mes enfants sont blessés et ont besoin d'aide sur-le-champ. On a tiré sur mes fils, ils sont traumatisés. Notre maison est couverte de sang. »

Sabine ignorait qu'une quinzaine de minutes plus tôt, Or avait été assassiné alors qu'il se cachait dans les toilettes de la plage de Zikim. Les terroristes lui avaient tiré une balle dans la tête à bout portant. Ses deux amis du lycée avaient connu le même sort. Le lendemain, Sabine a été informée de l'assassinat de son fils par un message envoyé sur son téléphone par un terroriste du Hamas : une vidéo documentant le meurtre d'Or.

Elle a reçu la nouvelle alors qu'elle se trouvait à l'hôpital Barzilaï avec Koren et Shaï. Ils y sont restés dix jours, au cours desquels Shaï a subi trois opérations à l'œil droit. Il a fini par perdre la vue. Koren s'est remis rapidement. Il a fallu sept jours pour identifier le corps d'Or, qui a été enterré aux côtés de son père Gil.

Après les funérailles, Sabine a écrit un message sur Facebook : « Cher M. Gafni, j'ai perdu mes êtres les plus chers, mon fils Or et mon mari Gil. Je serais reconnaissante d'avoir votre réponse concernant la discussion spéciale qui nous a été promise, à nous les résidents de Netiv HaAsara. »

*

Environ 125 000 Israéliens ont été évacués de leur foyer vers des hôtels et des appartements privés au début de la guerre, y compris ceux dont la maison était détruite ou située dans des zones de bombardement massif. La famille Taasa faisait partie de celles concernées.

Zohar Taasa, âgé de 15 ans et désormais l'aîné des fils Taasa, se trouvait dans son nouvel appartement temporaire à Netanya lorsqu'il a découvert que le vieux voisin de la famille, Yigal Wax, qu'il avait toujours considéré comme une sorte d'oncle, avait aussi été assassiné ce matin-là.

Yigal, le fils aîné de Suzy et Alfredo Wax, était un graphiste, charpentier et peintre amateur de 53 ans. Il était retourné au mochav à peine deux ans plus tôt, au lendemain de son divorce.

Ses proches amis Sabine et Gil Taasa l'avaient autorisé à vivre gratuitement dans la maisonnette qu'ils avaient construite à des fins locatives. Au bout de quelques mois, il avait emménagé dans celle de son père Alfredo. Sa mère Suzy avait beau être décédée d'un cancer quelques années plus tôt, trois des quatre frères Wax habitaient toujours dans le mochav pour rester près d'Alfredo, alors âgé de 83 ans.

Ce samedi matin-là, Yigal Wax n'a pas entendu les terroristes du Hamas tenter d'entrer dans la maison de son père. Il ignorait qu'ils n'étaient partis de chez Alfredo qu'après avoir entendu les cris de Koren et de Shaï Taasa dans la maison voisine. Le premier signal d'alarme qu'avait entendu Yigal était la grenade que les terroristes avaient lancée dans le cabanon des Taasa. Conscient que son frère n'était pas armé mais impulsif, Amit Wax, 48 ans, a supplié Yigal de rester chez lui. Néanmoins, Yigal s'inquiétait pour Gil Taasa et ses enfants et s'est donc armé d'une simple machette, normalement utilisée pour élaguer les arbres. En ouvrant la porte, soucieux de récupérer une vraie arme auprès de Ziv Volk, le coordinateur de la sécurité du mochav, Yigal a reçu une balle dans le dos. Malgré sa blessure, il est parvenu à courir encore cent cinquante mètres jusqu'à la maison de Ziv. « Ouvre, ouvre s'il te plaît », a-t-il demandé. Ziv, déjà informé du meurtre d'Amit Wax dans la partie sud du mochav, a hésité. « Qui est-ce ? – C'est Yigal, je t'en prie. » Ziv l'a laissé entrer et Yigal a brièvement expliqué ce qui s'était passé, murmurant « Ils sont tellement nombreux » avant de mourir dans les bras de Ziv.

En tant que membre armé de la brigade d'urgence de la communauté, Amit Wax a été parmi les premiers à affronter et combattre les terroristes. Les hommes du Hamas lui ont tiré dessus près du terrain de jeu. Avant de se précipiter hors de chez lui, Amit avait brièvement appelé son père, Alfredo, pour le supplier de se mettre à l'abri. Il connaissait son père aussi bien que son frère, conscient qu'Alfredo, têtu comme il l'était, ne se cachait jamais lors des attaques de missiles. Il avait raison. Au moment de l'appel, Alfredo était debout devant la fenêtre, touillant son café turc, nullement affecté par le bruit des missiles qui tombaient. Le chien était toujours en train de dormir sur le canapé.

Alors que les terroristes tuaient ses deux fils, Alfredo, qui l'ignorait, avait déjà quitté l'abri malgré les mises en garde d'Amit et regardait un film d'action avec le volume à fond dans la salle à manger.

*

Plus bas dans la rue des familles Wax et Taasa, Yakovi et Bilha Inon, respectivement 75 et 71 ans, résidaient toujours dans la ferme numéro 11.

Bilha avait coupé ses longs cheveux devenus blancs avec l'âge, tandis que Yakovi n'avait perdu aucun des siens qui n'avaient que partiellement grisé. Elle était encore une peintre assidue, et lui travaillait tous les jours dans le verger. Exemplaires dans leur gauchisme, ils se joignaient presque chaque samedi aux manifestations contre la réforme judiciaire au conseil régional de Sha'ar Hanéguev. En tant que président du comité municipal, Yakovi menait une nouvelle initiative visant à établir un hôpital destiné aussi bien aux résidents palestiniens de Gaza qu'aux Israéliens autour du mochav.

Sur les sept cent six habitants de Netiv HaAsara, seuls soixante-quinze ont voté pour des partis ouvertement de gauche, les Travaillistes ou Meretz, aux élections de novembre 2022. Deux d'entre eux étaient le fils et la belle-fille du député Guershouni. Malgré l'insistance de leurs enfants pour qu'ils déménagent vers le centre d'Israël afin d'échapper à l'escalade des guerres et des attaques terroristes contre le mochav, ils refusaient de partir. Ils se pensaient en sécurité. Ils croyaient que la paix finirait par venir.

Leur unique concession a été d'ajouter une pièce sécurisée à leur maison en bois, où Bilha a créé de larges mandalas et inscrit sur le mur ce qu'elle appelait « des mots qui donnent de la force et du courage ». « J'ai transformé ce lieu de guerre et de missiles en un havre de paix pour l'art », a-t-elle expliqué.

Le vendredi 6 octobre était un jour typique pour Yakovi Inon. Chaque vendredi après-midi depuis 1992, Yakovi assistait à des réunions « parlementaires » informelles dans un restaurant de viande d'Ashkelon. Le groupe était composé d'une dizaine de membres venus de différents kibboutz et de mochavs situés le long de la frontière entre Israël et Gaza. Ce vendredi-là, Yigal Flash, de Kfar Aza, a retrouvé le « parlement » après une longue absence. Il avait été occupé par des rénovations dans sa maison au kibboutz et il a fièrement partagé les dernières photos du travail accompli.

Après le « parlement » – qui ressemblait en réalité davantage à un club où se retrouvent les hommes –, Yakovi et Bilha sont allés à Tel Aviv pour dîner avec leurs cinq enfants et onze petits-enfants, qui avaient tous quitté le mochav. Maoz Inon, autrefois cavalier, était devenu entrepreneur en projets touristiques promouvant le changement social et la coexistence judéo-arabe. Il a ouvert l'auberge de Fauzi Ezer à Nazareth en partenariat avec une famille palestinienne – une rare société judéo-arabe. Il a également établi le groupe hôtelier populaire Abraham Hostel, qui vise à renforcer la tolérance et construire des ponts à travers le tourisme durable et l'accueil de nombreux chercheurs d'asile d'Érythrée et du Soudan. Il a également récemment lancé Abraham Tours, dont les visites offrent des perspectives à la fois palestinienne et israélienne.

Fiers de leur fils, Yakovi et Belga séjournaient parfois dans l'une de ses auberges durant les guerres et les opérations militaires – ces rares occasions au cours desquelles ils acceptaient d'abandonner quelques jours le mochav. Le dîner à Tel Aviv a fini tard, et bien que leurs enfants leur aient suggéré de rester pour la nuit, ils ont préféré, comme à leur habitude, aller retrouver leur lit dans le Néguev.

Vers 7 h 30 le lendemain matin, un terroriste du Hamas a tiré un missile RPG sur le domicile de Yakovi et Bilha. La structure en bois a aussitôt été ravagée par les flammes qui atteignaient une hauteur de vingt mètres. C'est la seule maison de Netiv HaAsara qui ait été complètement détruite lors de l'attaque, dans laquelle vingt résidents ont été assassinés. Yakovi et Bilha Inon ont été brûlés vifs.

Des années plus tôt, ils avaient exprimé le souhait de ne pas être enterrés selon la tradition juive mais plutôt d'être incinérés, estimant que la terre était faite pour l'agriculture et non pour les tombes. Après avoir trouvé deux squelettes calcinés l'un à côté de l'autre dans les ruines de la maison de leurs parents, les enfants ont commencé à observer les sept jours de deuil rituel, la shiva, dès le lendemain matin – sans attendre l'annonce officielle de leur décès.

Pendant la shiva pour Yakovi et Bilha Inon, Maoz Inon a appris qu'une bonne partie des membres du « parlement » de son père avaient également subi des pertes : Yigal Flesh et sa femme Cindy ont été tués dans leur maison nouvellement rénovée ; Yonatan, le petit-fils de Dodo Elazari du kibboutz de Beit Nir, a été assassiné à Ofakim durant une permission de sa formation militaire ; Eshel Gat, du kibboutz de Be'eri, a survécu à l'attaque car il était dans la salle de bains à ce moment-là, mais sa famille, qui s'était réunie à Be'eri pour les vacances, n'a pas eu cette chance. Sa femme Kinneret, sa fille Carmel, son fils Alon, sa belle-fille Yarden et sa petite-fille Gefen ont été kidnappés durant l'assaut. Kinneret a été assassinée, et Yarden et Carmel ont été emmenées à Gaza.

Douze jours après le meurtre de ses parents, Maoz Inon était chez lui à Binyamina lorsqu'un officier en charge des relations avec les familles est arrivé pour l'informer de la mort de son père, confirmée par l'analyse des restes calcinés. À cette date, le corps de Bilha n'avait toujours pas été identifié. « OK, OK », a répondu Maoz – mais il avait quelque chose à ajouter. « Je donne au Premier ministre vingt-quatre heures pour démissionner, en raison de l'incapacité du gouvernement à assurer la paix et la sécurité. » L'officier a écouté en silence avant de prendre congé.

Un mois plus tard, Maoz Inon a établi un camp de protestation devant la Knesset. Réunissant des proches de victimes et des familles d'otages, Maoz appelle à la fin de la guerre et à la démission de Nétanyahou. Il pense que ses parents auraient voulu qu'il pardonne et non qu'il cherche à se venger.

*

Le 8 octobre, Isaac Herzog, président d'Israël et ancien membre du Parti travailliste, s'est adressé à la nation :

« Mes frères et sœurs israéliens, je vous parle aujourd'hui en plein milieu d'une guerre féroce [...] Nous avons tous

été témoins de la cruauté inhumaine de nos ennemis – ils s'en sont pris aux personnes âgées, aux femmes, aux enfants, à des familles entières ; des gens d'origines et d'obédience diverses, dans des kibboutz, des mochavs, des villes et des villages. Ces monstrueux animaux humains n'ont fait preuve d'aucune distinction dans leur choix de victimes, visant des jeunes gens innocents qui faisaient la fête et dont le seul "péché" était d'être israéliens et de chercher la joie et le bonheur. »

Plus loin dans son discours, Herzog a cité un extrait de l'éloge funèbre que Moshé Dayan avait prononcé pour Roy Rosenberg en 1956 : « *Tel est le choix de nos vies : être prêts et armés, forts et déterminés, sans quoi l'épée nous glissera des mains et nos vies seront tranchées net.* »

Le président Herzog, cependant, a omis certaines des paroles de Dayan : « *En cette heure, ne blâmons pas ses meurtriers. Pourquoi s'insurger de la haine viscérale qu'ils nous portent ? Depuis maintenant huit ans, ils languissent dans les camps de réfugiés à Gaza, et sous leurs yeux nous avons fait nôtres les terres et les villages où eux et leurs pères résidaient.* »

En 2023 encore plus qu'en 1956, les origines du conflit israélo-palestinien sont niées par les deux parties, chacune submergée par le chagrin et la colère qu'elle porte envers l'autre. Personne n'a été épargné par le 7 octobre, ni les fondateurs des kibboutz et mochavs, ni leurs familles ; ni les pères ni les fils.

III.

De Katmandou au kibboutz Aloumim

Au milieu des citronniers et des orangers, des dizaines de terroristes du Hamas infiltrés dans le kibboutz Aloumim tiraient sur tout ce qui bougeait. Ils ont tué vingt-deux citoyens thaïlandais et népalais, en ont kidnappé huit, et blessé d'autres encore. Aucun agriculteur israélien ne fait partie des victimes. La veille de l'attaque, il n'en restait d'ailleurs presque aucun sur place ; cette situation reflète parfaitement les transformations profondes survenues dans le pays, passé d'une société socialiste dédiée au travail de la terre à un système capitaliste privatisé reposant sur de la main-d'œuvre étrangère.

Au cours des deux premières décennies de l'existence d'Israël, un esprit de retour à la terre et d'auto-suffisance a joué un rôle crucial dans la construction du pays et de son identité. À l'époque, la population israélienne était constituée à 15 % de jeunes agriculteurs fiers de cultiver leurs propres récoltes. Aujourd'hui, seul 0,5 % de la population travaille la terre, avec une moyenne d'âge de 65 ans.

Le tournant a été opéré après la guerre des Six Jours : les agriculteurs israéliens ont alors commencé à employer des Palestiniens venus de Gaza, des territoires occupés de Cisjordanie et de Jérusalem-Est pour venir dans les champs. Le gouvernement a partiellement encouragé ce flux, espérant ainsi éviter des vagues de révoltes en proposant différentes incitations économiques. Au milieu des années 80, plus de 100 000 Palestiniens travaillaient sur le territoire israélien, dont beaucoup dans le domaine agricole.

La première intifada a mis fin à vingt ans de présence palestinienne dans les terres agricoles israéliennes : Israël a commencé à limiter les mouvements de ces travailleurs dans la crainte de nouveaux attentats, ce qui l'a amené à se tourner vers une main-d'œuvre bon marché venant de pays extérieurs au conflit.

La solution a été trouvée en Thaïlande ; elle est devenue la principale source d'ouvriers agricoles, fournissant environ 30 000 de ses citoyens. Ils ont été rejoints par 2 500 étudiants en filières agricoles dans des pays en voie de développement, comme le Népal, quand près de 20 000 Palestiniens ont continué de recevoir des permis de travail. Parmi eux, environ 7 000 travaillaient près de la frontière avec Gaza.

Cellule d'interrogatoire du renseignement militaire de Tsahal, Unité 504, 15 octobre

Le jeune homme a répondu aux questions des enquêteurs de façon très calme, accompagnant ses propos de gestes de la main.

Il avait une barbe, les cheveux courts, et il portait un pull blanc fourni par les autorités israéliennes. Il avait sans doute 30 ans ou presque, à peine plus que ses victimes. Né à Gaza, il y travaillait comme ingénieur militaire et soldat dans l'un des bataillons d'infanterie du Hamas. Le 7 octobre, lui et plus de vingt autres hommes ont reçu l'ordre de « s'infiltrer dans le kibboutz Aloumim » avec comme mission explicite de « tuer tous ceux que vous y verrez ».

Il avait obéi aux ordres.

Une semaine plus tard, assis sur une chaise en bois face à un enquêteur, il a raconté ses souvenirs de ce qu'il appelait « le raid », le massacre.

Prisonnier : Tous les bataillons devaient participer au raid. Le plan prévoyait que des jeeps attaqueraient le kibboutz. On est sortis des voitures, les portes du kibboutz étaient déjà ouvertes car des membres [du Hamas] étaient venus les ouvrir en avance. Tout était bien coordonné. On est arrivés au kibboutz, on a ouvert chaque porte, on est entrés dans chaque maison, et on les a retournées les unes après les autres, jusqu'à ce qu'on ait fini.

Enquêteur : Mais qu'avez-vous fait dans les pièces de ces maisons ?

Prisonnier [*mimant des tirs avec les mains*] : On a balancé des grenades et on a ouvert le feu.

Enquêteur : Mais dans quel but ?

Prisonnier : Tuer.

Enquêteur : Tuer qui ?

Prisonnier : Tous ceux qui étaient dans la pièce.

Enquêteur : Je ne comprends pas.

Prisonnier : Les femmes, les enfants, tout le monde. Tous ceux qui se trouvaient dans la maison à ce moment-là.

Enquêteur : Vous m'avez expliqué que quelqu'un [un autre terroriste du Hamas] a demandé comment vous étiez censés rentrer à Gaza, c'est ça ?

Prisonnier : C'est ça.

Enquêteur : Et que lui a-t-on répondu ?

Prisonnier : Débrouille-toi tout seul. Ce qui veut dire que tu y vas, sans forcément revenir.

Enquêteur : Le prêche de votre Sheikh stipulait que vous deviez tuer tout le monde ?

Prisonnier : Le commandant d'unité nous a dit de les tuer, de leur écraser la tête à coups de botte, de leur couper les jambes, ce genre de choses.

Ces ordres n'avaient pas été transmis qu'à l'oral, ils figuraient aussi dans des documents. Ils étaient clairs et concis, imprimés sur une page blanche à l'en-tête vert et orange. Des cartes détaillées du kibboutz Aloumim y étaient agrafées.

L'ordre de mission stipulait la chose suivante : « Attaquez le kibboutz Aloumim dans le but d'y faire un maximum de victimes, de prendre des habitants en otage, et de défendre les positions dans le kibboutz jusqu'à ce que de nouvelles instructions vous soient transmises. »

Les tâches une fois sur place étaient les suivantes : « Neutralisez les personnes en charge de la sécurité de la zone, et prenez des otages. Établissez un périmètre de sécurité à l'extérieur, et protégez le kibboutz contre toute tentative de Tsahal d'y pénétrer. »

Cuisine du kibboutz Aloumim, 7 octobre

Quand la soif est devenue plus forte que la douleur, ils se sont mis à boire de l'urine.

Ils souffraient d'une soif atroce.

« Comment va ta jambe, Prabin ?

— Mal. Je la sens presque plus. Et toi, Himanchal ?

— Tu vois les trous dans mon torse et mon épaule, pas vrai ? J'ai de plus en plus de mal à respirer.

— Il nous faut de l'eau. J'en peux plus. »

Himanchal s'est péniblement relevé de leur cachette sous la petite table où ils s'étaient abrités pour chercher de l'eau. En bougeant, il a aggravé sa blessure au torse, ce qui lui a fait perdre plus de sang encore. Il est parvenu à récupérer un peu d'eau dans une assiette creuse, mais il en a renversé la moitié en revenant auprès de Prabin assis à même le sol de la cuisine.

Ça n'a pas suffi. Prabin, totalement déshydraté, se tordait de douleur.

« Pramod, tu as de l'eau toi ? Je t'en supplie. »

Pramod n'a rien répondu. Caché dans le meuble sous un évier, les terroristes du Hamas ne l'avaient pas vu : il était le seul étudiant encore indemne.

« Pramod, il y a de l'eau dans l'évier au-dessus de ta tête. Je t'en supplie, je ne peux pas bouger. J'ai tellement soif que je risque de crier, et alors ils reviendront terminer le travail. »

Il l'a imploré encore et encore, jusqu'à ce que Pramod perce un petit trou dans le tuyau sous l'évier pour récupérer un peu d'eau boueuse dans un pot. Il a alors tendu la main en chuchotant : « Tiens, c'est tout ce qu'on a. »

Prabin s'est mis à laper le mélange d'eau et d'urine à même le pot, comme un chien.

Ses colocataires, Rajan et Prabesh, étaient aussi allongés sous la table, morts. Les terroristes les avaient directement tués. Padam, un quatrième colocataire, a pris plus de temps pour s'éteindre. « Je suis en train de mourir, *bhauju* », a-t-il écrit à sa belle-sœur dans un bref message, avant d'implorer ses amis de l'aider : « Tuez-moi. Je n'en peux plus, prenez un couteau et tuez-moi, si vous y arrivez.

— S'il te plaît, tiens le coup. La police va venir nous sauver », a répondu Himanchal, même s'il était aussi persuadé que c'était la fin. Sous la table, il a remarqué que sa respiration devenait plus lourde, comme celle de Padam et Parbin.

Au moment où il s'est fait tirer dessus, Himanchal n'a rien senti. Tout son corps s'est engourdi. Il a bien vu les balles lui déchirer la chair, mais il a vécu un instant de dissociation entre ce que ses yeux ont perçu et ce que son corps a ressenti. Il a fallu une longue minute avant que la douleur ne s'empare de lui. Elle est montée tout doucement, s'intensifiant peu à peu, jusqu'à envahir son corps tout entier.

Couvert de sang et de sueur, Parbin s'est enregistré dans une courte vidéo : « Ma mère est très malade. Sauvez-la s'il vous plaît. Je vais mourir. »

Ils étaient les derniers étudiants de leur promotion encore en vie, à 4 500 kilomètres de chez eux, au Népal.

Aéroport international Tribhuvan, Katmandou, 13 septembre

Himanchal Kattel, un jeune de 25 ans originaire d'un petit village dans les montagnes de Gorkha, arborait un grand tika rouge sur le front à l'aéroport international Tribhuvan de Katmandou. C'était un signe de bénédiction venant de sa grande sœur, Niruta. Il était le plus jeune d'une fratrie de quatre.

Les dix-sept étudiants qui attendaient leur vol de minuit portaient tous un tika, symbole de fierté et de bonne fortune offert par leur famille. Dans la culture népalaise, les tikas servent de porte-bonheur et de protection pour les longs voyages. Beaucoup de parents étaient venus les accompagner à l'aéroport ; certains pleuraient, d'autres leur offraient des cadeaux. Si ce n'était qu'un au revoir, il était long malgré tout : leurs enfants partaient pour onze mois.

Ils faisaient le voyage pour l'argent et l'éducation : ils étaient censés gagner plus en un an en Israël qu'en plusieurs années au Népal, tout en acquérant des compétences qui leur serviraient dans leur carrière.

Ils avaient tous été acceptés dans un programme universitaire très sélectif appelé « Apprendre, ça paie », qui combinait de hauts salaires selon les standards népalais et des cours en haute technologie pour l'agriculture. La plupart des étudiants, tous âgés de 22 à 25 ans, avaient grandi dans la pauvreté. Prabin Dangi, 24 ans, espérait aider sa mère souffrant de maladie chronique ; malgré ses diplômes, il trouvait peu d'emplois bien payés au Népal. Il faisait face à un dilemme désormais classique dans sa famille, l'un de ses frères était parti travailler à Dubaï et en Arabie saoudite pour les mêmes raisons. Sa mère avait imploré son benjamin de ne pas partir, mais il était déterminé à lui offrir les meilleurs soins possible. Prabesh Bhandari, 24 ans, voulait quant à lui mettre assez d'argent de côté pour se construire une ferme au Népal, où il emploierait toute sa famille. Rajan Phulara, 23 ans, comptait utiliser l'argent et l'expérience qu'il s'apprêtait à gagner pour passer le concours de fonctionnaire. Ashish Chaudhary, 25 ans, voulait devenir agriculteur et ouvrir sa propre ferme. Ananda Sah, 25 ans, avait promis à sa grand-mère qu'il lui offrirait une maison. Dipesh Raj Bista, 24 ans, prévoyait de financer les études de médecine de son petit frère ; il était le seul membre de la famille à même de le faire depuis la mort de leur père. Bipin Joshi, 23 ans, voulait en apprendre plus sur des techniques agricoles qu'il pourrait utiliser au Népal. Pendant des mois après l'obtention de sa licence, il avait hésité entre plusieurs options. Quand il s'est engagé dans le programme « Apprendre, ça paie », il n'était pas censé être envoyé à la frontière avec Gaza. Malgré tout, il a été rassuré d'être mis en binôme avec Himanchal, son meilleur ami et colocataire à l'université.

Le groupe a été envoyé dans un kibboutz traditionnel appelé Aloumim, où ils se partageaient les tâches et vivaient en communauté. Sa population était un mélange de Juifs pratiquants ayant immigré de pays arabes, de membres du plus grand mouvement de jeunesse juif orthodoxe du Royaume-Uni, d'environ 500 employés agricoles venus de Thaïlande, et d'eux aussi maintenant.

Ils étaient arrivés en Israël mi-septembre : les journées étaient chaudes, le soleil brillait.

Kibboutz Aloumim, du 14 septembre au 6 octobre

Peu après leur venue en Israël, les étudiants se sont confrontés à la dure réalité, revoyant ainsi leurs espoirs à la baisse. Les principes socialistes de vie commune dont ils avaient tant entendu parler ne semblaient pas s'appliquer à eux.

Leur logement était composé de petites chambres étroites meublées de lits superposés pour optimiser l'espace.

Leur journée commençait à 4 heures du matin ; ils se réunissaient d'abord dans la petite cuisine grise où ils préparaient le déjeuner qu'ils mangeraient ensuite dans les champs, avant de sortir effectuer des travaux physiques éprouvants sous un soleil de plomb, qui s'arrêtait en général de taper vers 16 heures.

Prabin, Padam et Rajan étaient en charge du système d'irrigation du kibboutz. Ils devaient porter de lourds tuyaux jusque dans les cultures, les assembler et les relier au système d'irrigation, en plus de réparer tout dysfonctionnement éventuel.

Himanchal et Bipin travaillaient ensemble dans les vergers : ils taillaient les arbres, cueillaient puis emballaient les pomelos et les oranges. Leurs tâches étaient simples, sans aucune difficulté technique. Ils avaient du mal à ne pas se sentir déçus.

Pendant les trois semaines que la promotion népalaise a passées au kibboutz, beaucoup d'étudiants appelaient leur famille chaque soir, leur assurant que le temps passé en Israël était certes éprouvant, mais qu'il représentait un investissement solide pour leur avenir.

Ils s'accrochaient à l'espoir de voir leur situation s'améliorer une fois que l'université ouvrirait en octobre : la partie « études » du programme impliquait de suivre des cours à l'université Ben Gourion du Néguev une fois par semaine.

Le 3 octobre, un tremblement de terre a frappé le Népal ; ils étaient nombreux à se faire du souci pour leur famille.

Padam Thapa, qui était très inquiet, a appelé ses proches le 6 octobre. Sa belle-sœur, Mekhu Adhikari, lui a raconté la violence du séisme et de ses répliques. Ganesh Nepali a fait promettre à son grand frère de s'occuper de leurs parents et d'aller se mettre en sécurité, dans la mesure où leur maison avait subi des dégâts structurels importants.

Kibboutz Aloumim, dans la zone réservée aux travailleurs étrangers, 7 octobre

Himanchal était encore debout à 3 heures du matin ; il ne décrochait pas de la dernière saison de *Vikings* sur Netflix. Le samedi ils pouvaient faire la grasse matinée.

Comme il s'est endormi les écouteurs encore sur les oreilles, il n'a pas entendu les sirènes.

À 6 h 30 du matin, Bipin est venu le réveiller : « Dépêche-toi, on doit tout de suite aller dans l'abri. »

Dans la pièce d'à côté, Prabin, à moitié habillé seulement, a également couru jusqu'au bunker, remarquant alors les roquettes qui traversaient le ciel juste au-dessus de leur tête.

Les dix-sept étudiants sont restés confinés dans l'abri extérieur pendant plus d'une heure, attendant de recevoir des instructions. C'était la première attaque de missiles de leur vie. Pour les rassurer, on leur avait dit que les tirs depuis Gaza étaient fréquents mais rarement dangereux, et qu'ils seraient en sécurité s'ils restaient dans les abris. Afin de s'occuper, ils se sont répartis en équipes pour jouer aux petits chevaux sur leur téléphone.

Pendant ce temps, Rafi Babian, un habitant du kibboutz qui était aussi officier de sécurité du conseil régional de Sdot Negev, commençait à s'inquiéter : le nombre de missiles tirés depuis Gaza était anormalement élevé. Il s'est rendu dans les bureaux du conseil régional pour activer le dispositif d'urgence. En chemin, alors qu'il était au croisement avec Réïm, on l'a informé de la présence de terroristes dans les environs ; peu après, il a reçu une alerte affirmant qu'ils se dirigeaient vers le kibboutz Aloumim. Il a prévenu les habitants sur place quelques minutes avant que le Hamas n'arrive. À 6 h 45, toute l'équipe d'intervention d'urgence du kibboutz, composée d'une dizaine de membres, était armée et prête à intervenir. À 7 heures, environ vingt membres du Hamas se tenaient aux portes.

Toutefois, personne n'avait prévenu les étudiants népalais. Ils ont supposé que les bruits qu'ils entendaient provenaient des tirs de missiles. Ils ne savaient pas que des terroristes à moto avaient déjà commencé à lancer des grenades.

L'équipe d'intervention a réussi à les empêcher d'atteindre la partie résidentielle du kibboutz ; quelques civils volontaires et des soldats ont été tués dans la bataille, mais aucun habitant n'a été blessé.

Repoussés de leur cible initiale, les terroristes en ont cherché une autre. Ils sont tombés sur le quartier des travailleurs étrangers, situé près des vergers et de l'enclos des vaches. Cachés dans leur abri, les étudiants ont entendu des voix parler fort en arabe. Pensant que cette langue était en fait de l'hébreu, ils se sont sentis soulagés : on venait enfin à leur rescousse.

Dipesh Raj Bista est alors sorti de l'abri, suivi de Ganesh Nepali, qui voulait juste aller aux toilettes.

Une fois à l'extérieur, ils sont tombés sur deux hommes vêtus de noir qui pointaient une arme sur eux.

Comprenant que ce n'étaient pas des résidents du kibboutz, Dipesh Raj Bista a crié : « Nous sommes népalais ! »

Des tirs de mitraillette ont fait office de réponse.

Dipesh et Ganesh ont été tués sur le coup.

Peu de temps après, une grenade a été lancée dans l'abri où les quinze autres étudiants se cachaient. Bipin a immédiatement compris ce qui se passait, et a réussi à renvoyer la grenade à l'extérieur. Toutefois, il n'est pas parvenu à attraper la suivante, qui a blessé cinq d'entre eux. Ananda Shah, qui saignait abondamment, se cachait la tête dans un oreiller pour étouffer ses hurlements. Lokendra Singh Dhami, qui saignait également, parlait en chuchotant de sa femme, de sa fille de 5 ans, et de son fils de 2 ans.

Parbin, Himanchal et Bipin étaient indemnes. Ils avaient réussi à se cacher dans un coin de la pièce, se serrant tellement fort les uns contre les autres qu'ils avaient du mal à respirer.

Ils ont alors appelé leur supérieur, l'implorant de leur venir en aide.

La réponse a été lapidaire : « Désolé, je ne peux pas vous aider. Les terroristes nous attaquent de toute part, je suis aussi parti me cacher. » Le responsable de la récolte des avocats avait déjà tenté de venir en aide à des travailleurs thaïlandais blessés, mais il s'était fait tuer par le Hamas.

Narayan Prasad Neupane n'avait pas été aussi gravement blessé que les autres : bien qu'il ait perdu trois orteils, il arrivait encore à marcher. Il se trouve qu'il avait mémorisé les numéros d'urgence israéliens, ce qui lui a permis d'appeler une ambulance. L'opérateur, qui parlait anglais, lui a garanti que de l'aide leur arriverait très bientôt.

Peu de temps après, deux hommes en uniforme bleu sont entrés dans l'abri.

« Ne nous faites pas de mal, s'il vous plaît, ont imploré les quelques étudiants encore en vie.

— Nous sommes de la police, la police israélienne, ont répondu les deux hommes d'un ton rassurant.

— Par pitié, amenez-nous à l'hôpital… ils sont en train de mourir… sortez-nous de là.

— Il y a encore des terroristes dehors, a répondu la police. Il nous est impossible de vous évacuer, mais nous allons bientôt revenir vous chercher. Que tous ceux qui peuvent encore marcher changent d'endroit ; vous n'êtes plus en sécurité dans cet abri. Allez à la cuisine ou dans vos chambres.

— En laissant les blessés ici ? »

Ils n'avaient pas le choix.

Bipin, Himanchal, Rajan, Prabin, Prabesh et Padam, enjambant les cadavres et les corps de leurs amis blessés, se sont dirigés vers la salle à manger.

Ils y ont retrouvé quelques travailleurs thaïlandais qui étaient aussi venus se cacher. Plusieurs de leurs amis s'étaient fait assassiner dans leur sommeil.

Narayan, Lokendra et Dhan ont décidé d'aller jusqu'à la zone résidentielle. Entendant un bruit de moteur à l'extérieur, Narayan est allé voir s'il s'agissait de l'ambulance qu'il attendait.

Il s'est fait tirer deux fois dessus par un terroriste qui passait.

Il est revenu à l'intérieur en rampant, couvert de sang ; sa dernière demande a été d'avoir de l'eau.

Kibboutz Aloumim, dans la cuisine, 7 octobre

Une muraille faite de sacs de riz.

C'est ce qu'ils sont parvenus à construire pour se protéger de futures attaques de grenades, sur une idée de Prabin. Ils ont alors rapidement empilé les sacs les uns sur les autres.

La cuisine étant petite, elle offrait peu d'options pour se cacher. La plupart des employés népalais et thaïlandais sont allés s'accroupir derrière le « mur de riz », sous une table en bois, pendant que Pramod se réfugiait sous l'évier. Bipin, resté totalement à découvert au milieu de la pièce, s'inquiétait de plus en plus pour leurs amis restés dans l'abri.

Comme les heures passaient sans qu'aucune aide ne semble venir, Bipin a songé à retourner leur porter assistance. « On doit réfléchir aux prochaines étapes. Tu veux bien m'aider à les ramener ici ? » a-t-il proposé à Himanchal.

Ils ont demandé son avis à un employé thaïlandais venu se cacher dans la cuisine avec eux. Il s'appelait Phonsawan Pinkalo, c'était un conducteur de tracteur de 30 ans arrivé en Israël quatre années plus tôt, il gagnait un salaire quatre fois supérieur à ce qu'il aurait pu espérer en Thaïlande. Ils communiquaient grâce à Google Traduction, alternant entre népalais et thaïlandais. La réponse de Phonsawan a été sans équivoque : « N'y allez pas. Si vous sortez, vous allez mourir. On entend des terroristes juste à côté depuis des heures. »

À l'autre bout de la table, Rajan tentait de rassurer Prabin, Prabesh et Padam. « Ne vous en faites pas, tout ira bien. On va venir nous aider très bientôt. »

Épuisé par le supplice qu'ils vivaient en Israël, Prabesh a déclaré : « Si on survit, on rentre directement au Népal. »

Une heure et demie plus tard, des terroristes du Hamas ont fait irruption dans la cuisine en criant « Allahou Akbar », avant d'ouvrir le feu à l'aveugle. Les sacs de riz érigés en mur n'ont été d'aucun secours.

Les balles, qui traversaient les sacs, ont touché les étudiants. Du riz teinté de sang jonchait le sol.

Tous ont été tués, à l'exception de Prabin, Himanchal, Pramod, et Dhanbahadur Chaudhari, qui s'était caché dans un autre coin de la pièce.

Bipin a survécu, mais il s'est fait prendre en otage.

Les terroristes l'ont capturé en même temps que Phonsawan, qui saignait de la tête ; ils les ont forcés à sortir de la cuisine en les menaçant de leur mitraillette.

De leur cachette dans la cuisine, Himanchal et Prabin ont entendu les terroristes poser la question de leur religion aux otages. Phonsawan leur a répondu : « Bouddhiste, bouddhiste, Thaïlande, Thaïlande. »

Deux heures plus tard, Bipin et Phonsawan étaient vus poussés par leurs ravisseurs à l'intérieur de l'hôpital Al-Shifa de la ville de Gaza.

Himanchal et Prabin, en sang, ont attendu encore sept heures avant que l'armée israélienne ne les transporte à l'hôpital. Les autres étudiants de l'abri ne pouvaient plus être aidés.

*Cellule d'interrogatoire du Chabak,
services de Sécurité intérieure d'Israël,
20 novembre*

Un mois et une semaine plus tard, Adham Housa, identifié comme soldat de la « police militaire du Hamas », et Ismaïl Housa, de la division « police militaire et relations publiques », ont été arrêtés par l'armée israélienne à Gaza, en raison de leur implication dans le massacre du kibboutz Aloumim.

Ils apparaissaient distinctement sur les caméras de sécurité pendant le kidnapping de Bipin Joshi et Phonsawan Pinakalo.

On les voyait aussi dans des vidéos de l'hôpital Al-Shifa, où Adham tenait Bipin par la tête pour lui cacher les yeux et le visage. À côté de lui, d'autres terroristes du Hamas allongeaient Phonsawan, torse nu, la tête et la main en sang, sur un lit d'hôpital avant de l'amener dans l'une des chambres.

Les deux terroristes capturés ont été interrogés par les services de Sécurité.

Enquêteur : Racontez-moi ce qui s'est passé le 7 octobre, à partir du moment où vous avez traversé la clôture à la frontière, d'accord ?

Adham Housa : On est allés jusqu'aux portes du kibboutz, qui étaient fermées. On les a escaladées pour entrer. Tout le monde s'est dirigé vers la zone où les agriculteurs habitent. Deux des personnes avec lesquelles je me trouvais ont capturé quelqu'un et sont reparties avec.

Enquêteur : Ils l'ont kidnappé ?

Adham Housa : Voilà, ils l'ont kidnappé. Il était blessé à la tête. Ils l'ont capturé en premier... On est sortis avec deux autres otages pour rejoindre la clôture, où une ambulance [du Hamas] nous attendait... Dans l'ambulance, il y avait un type en train de poser un bandage sur la tête de l'otage blessé...

Enquêteur : Les otages étaient thaïlandais ?

Adham Housa : Une fois dans l'ambulance, ils lui ont demandé : « Comment tu t'appelles ? » mais il ne comprenait pas quand on parlait. Le deuxième otage a répondu « Thaïlande ». On a alors compris qu'ils étaient de la même nationalité et qu'ils étaient sans doute des travailleurs étrangers…

Enquêteur : Et ensuite, où est allée l'ambulance ?

Adham Housa : On nous a dit de nous rendre à l'hôpital Al-Shifa.

Ismaïl Housa : [À l'hôpital] Le premier otage arrivait à marcher tout seul… Le deuxième a été allongé sur un lit dans l'ascenseur… Ils l'ont installé dans une chambre ; il y avait un membre armé de la brigade al-Qassam à l'intérieur, et deux à l'extérieur de la chambre. Ils ont pris le type qui arrivait à marcher, et lui ont couvert la tête avec une capuche pour qu'il ne puisse pas être reconnu.

Personne n'a vu ou eu de nouvelles de Bipin Joshi, depuis.

Ceux qui étaient arrivés en Israël pour assurer des remplacements « neutres » de travailleurs palestiniens et qui ont vécu l'escalade du conflit sont rentrés dans leur pays d'origine les mains vides, ou dans un cercueil.

Sur les dix-sept étudiants népalais, dix ont été tués, quatre ont été blessés, deux ont survécu, et Bipin a été pris en otage. Alors que d'autres citoyens thaïlandais qui avaient été pris en otage, dont Phonsawan, ont été relâchés par le Hamas au bout de quelques semaines, Bipin est resté en captivité pendant des mois. Sa famille a organisé des manifestations au Népal pour demander sa libération, implorant de recevoir des informations sur son état.

Tikarama, le père de Padam, souffrait d'hypertension ; il a dû être hospitalisé tout de suite après avoir appris la mort de son fils.

Quand on a informé Ghyanshyam, le père de Rajan, du sort de son fils, il s'est évanoui ; il avait contracté d'importantes dettes pour assurer son éducation.

Kanaiyalal, le grand-père d'Ashish, a crié qu'il aurait préféré que Dieu le prenne lui plutôt que son petit-fils.

Avec le début de la guerre, les milliers de travailleurs thaïlandais et népalais en Israël ont quitté le pays, provoquant l'effondrement du secteur agricole israélien.

En pleine saison des récoltes, Israël cherchait désespérément, une fois de plus, des travailleurs étrangers. En décembre, le gouvernement du Malawi, l'un des pays les plus pauvres du monde, a annoncé qu'il allait envoyer près de cinq mille jeunes ouvriers agricoles en Israël. Des centaines de Sri Lankais les ont rejoints, préférant l'argent à la sécurité.

Himanchal et Prabin sont restés plusieurs mois dans des hôpitaux israéliens, seuls, incapables de communiquer correctement, confrontés à toute une série d'opérations et de procédures médicales complexes. Leurs familles n'avaient pas les moyens de voyager pour être à leurs côtés. La nuit, les deux étudiants faisaient souvent des cauchemars, au cours desquels ils revivaient l'assassinat de leurs amis. Au réveil, ils indiquaient souffrir d'une soif intense, comme s'ils avaient la gorge désespérément sèche.

IV.

La rave

« Combien de temps un cadavre met-il à pourrir ? »
Le téléphone de Haïm Utmazgin a sonné vers 19 h 30.

Orthodoxe et père de six enfants, Haïm accueillait une vingtaine d'invités, dont ses gendres et belles-filles, dans sa maison de Petah Tikva. C'était un jour de fête – pas le moment idéal pour un appel.

La personne à l'autre bout du fil était un jeune rabbin qu'il connaissait à peine ; ils ne s'étaient croisés qu'une ou deux fois.

« Je ne suis pas sûr de bien comprendre – pouvez-vous répéter ? a répondu Haïm.

— Combien de temps, combien d'heures faut-il pour qu'un corps pourrisse ?

— Et pourquoi me posez-vous la question ?

— Je suis actuellement devant environ cent vingt-cinq cadavres… peut-être plus… je ne peux pas vraiment les compter dans l'immédiat… Ils ont été assassinés il y a quelques heures au festival… on m'en a confié la responsabilité et je ne sais pas trop quoi faire. Peut-être avez-vous un conseil ?

— Vous êtes au festival ? Le festival de musique près du kibboutz de Réïm ? Aux nouvelles on parle de trente à cinquante victimes seulement. Êtes-vous certain des chiffres ?

— Je n'ai pas regardé les infos. Je suis là, en personne, et je peux vous le dire : c'est un massacre, un holocauste, des corps poignardés et brûlés partout où je regarde.

— Pouvez-vous activer la vidéo ? » a demandé Haïm, qui avait besoin de voir cela de ses propres yeux.

Il faisait sombre mais les images étaient claires : des corps de jeunes festivaliers empilés près d'un bar et de réfrigérateurs ; des corps près du stand du DJ ; des corps près des enceintes ; des corps dans l'espace yoga ; des corps de femmes à moitié nues près de la zone de camping ; des corps près d'une statue géante de Bouddha. Certains d'entre eux étaient tellement calcinés, à un niveau de température si élevé, qu'ils avaient fusionné les uns avec les autres.

« Êtes-vous seul ou avec votre équipe ?

— Je suis seul. Les terroristes du Hamas sont toujours dans le coin, ils tirent. Tout le monde est en train de se battre, donc ils ont demandé au rabbin de s'occuper des corps.

— OK. J'arrive. »

Haïm Utmazgin est le fondateur et président des unités spéciales de ZAKA, l'Organisation nationale pour l'identification et l'enterrement, une organisation d'aide non gouvernementale responsable de collecter les dépouilles et d'assurer leur enterrement selon la loi juive, qui requiert que toutes les parties du corps humain, y compris les dents et même le sang, soient mises en terre. ZAKA a été créée en réponse à la recrudescence des attentats suicides palestiniens contre les bus israéliens durant la première intifada, souvent responsables de scènes macabres de corps mutilés et de membres sectionnés.

Les « unités spéciales » de Haïm Utmazgin, principalement composées – comme la majorité de ZAKA – d'hommes juifs orthodoxes, étaient expertes dans la reconnaissance et la récupération de cadavres. Dès qu'un de ses bénévoles réguliers rencontrait un cas difficile, comme la collecte de corps dans la mer, la montagne, la forêt ou le désert, Haïm créait une nouvelle unité spéciale : une unité de plongeurs, une unité canine, etc. Pour cette tâche-là, il a appelé toutes ses équipes.

Ayant pris congé de ses invités, il a quitté Petah Tikva et commencé à coordonner l'intervention sur le trajet. Soucieux de saisir l'ampleur exacte des événements, il a rappelé le jeune rabbin : « Combien d'ambulances nous faut-il ?

— Combien ? Je ne peux même pas faire un pas sans marcher sur des cadavres. Dès que des roquettes sont tirées, je suis obligé de m'allonger sur les corps pour me mettre à l'abri. Voilà combien d'ambulances il nous faut. »

Haïm s'est mis à passer un appel après l'autre, essayant de dénicher des camions réfrigérés pour le transport. L'un des bénévoles a proposé le van qu'il utilisait pour distribuer le pain et qui pouvait contenir au moins cinquante corps.

Sur la route 232, près de la ville de Netivot, deux hommes vêtus de noir lui ont fait signe de ralentir. Haïm a baissé lentement la vitre et leur a demandé ce qui était urgent au point d'arrêter une ambulance.

« Aidez-nous, s'il vous plaît ; on a deux corps dans le coffre.

— Pardon ?

— On était au festival et on a voulu aider à ramasser tous les corps qui gisaient par terre. »

En des circonstances normales, Haïm aurait appelé la police – cette fois-ci, il les a simplement priés d'ouvrir le coffre. Deux jeunes femmes, chacune ayant reçu une balle dans la tête, s'y trouvaient étendues, les corps l'un sur l'autre.

À partir de là, la police l'a escorté à travers les vergers jusqu'à la zone du festival, les routes principales étant trop dangereuses. Ils ont dépassé une voiture de police qui avait été percutée par un missile. Le véhicule était brûlé et le corps à l'intérieur était si calciné qu'il avait fusionné avec le siège. Haïm a fourni des sacs aux policiers et leur a donné des instructions sur la façon de manipuler et transporter les restes humains.

Il était environ 21 heures lorsque Haïm est enfin arrivé sur les lieux de la rave. Les étoiles brillaient dans l'obscurité, sans les lasers ni les projecteurs des pistes de danse pour leur faire de l'ombre.

Quelques heures plus tôt, le site vibrait encore de la présence de quatre mille jeunes festivaliers dansant au rythme soutenu de la musique trance. Les policiers ayant expliqué à Haïm que la moindre lumière pourrait attirer les tirs du Hamas, le travail de ZAKA a dû se faire dans le noir total. « Vous avez jusqu'au lever du soleil pour évacuer tous les corps ; ensuite, on s'attend à ce que les combats reprennent. »

Une quarantaine de bénévoles de ZAKA sont arrivés sur les lieux, répondant à l'appel de Haïm. Ils ont commencé à disposer tous les corps sous deux larges tentes, créant une sorte de piste de danse macabre pour cadavres. Les volontaires ont été divisés en équipes, chacune en charge de deux colonnes composées de dix à quinze corps qu'elles traitaient les uns après les autres : elles les photographiaient, les lavaient puis les emballaient. Haïm ne leur accordait que six minutes par cadavre. Lors des attaques terroristes précédentes, ils avaient l'habitude d'y consacrer au moins une heure.

De son côté, Haïm était lui-même responsable de la zone de camping.

Près de l'une des tentes, il a trouvé une jeune femme d'une vingtaine d'années, la jupe remontée jusqu'au ventre. Elle avait reçu au moins une balle dans les parties génitales et une autre au milieu de la tête. Haïm, un homme pratiquant, a ajusté la jupe avant de s'occuper soigneusement de son corps : il l'a photographié, lavé, emballé et mis dans un sac. Non loin de là, il a trouvé une autre jeune femme, également une balle dans la tête ; sa gorge avait été tranchée et elle était torse nu. Haïm l'a couverte.

À mesure que les équipes trouvaient de nouveaux corps, Haïm adaptait le protocole : elles ne pouvaient consacrer plus d'une minute et demie à chacun. À 4 heures du matin, ils avaient déjà ramassé deux cent cinquante-sept cadavres – uniquement ceux qui étaient les plus faciles à identifier.

Céline Ben-David Nagar

C'était le dernier week-end du congé maternité prolongé de Céline Ben-David Nagar, qui avait duré six mois. Elle voulait marquer le coup avant de retourner à son intense routine d'office manager de Kasuto & Co, un petit cabinet d'avocats de Tel Aviv.

L'idée était loin d'enchanter son mari, Ido Nagar, avocat dans la même société.

On pouvait lire sur l'invitation :

« Nous sommes heureux d'annoncer la nouvelle édition du festival Nova – deux jours de rave trance… Le concept central repose sur un ensemble de valeurs humaines fondamentales : un amour et un esprit libres, ainsi que la protection de l'environnement. »

« Et que va devenir le lait que tu es en train de tirer ? Il ne va pas périmer ? » a demandé Ido. Le couple voulait congeler autant de lait maternel que possible avant que Céline retourne au travail et qu'Ellie entre à la crèche. C'était leur premier bébé – chaque goutte comptait. « Peut-être pourrions-nous célébrer d'une autre façon ? » a-t-il suggéré. Fin négociateur, Ido s'est aperçu que sa femme était plus difficile à convaincre que la majorité des juges. « Ce n'est pas un débat. Je – vais – à – cette – soirée », a insisté Céline.

Ido ne savait même pas vraiment pourquoi la perspective de passer quelques heures seul avec leur bébé le dérangeait tellement. Pourquoi ne la soutenait-il pas ? Qu'est-ce qui lui faisait résister aux désirs de la femme aux boucles noires et à l'accent français qui l'avait rendu si heureux depuis qu'il lui avait confié son attirance pour elle, un soir où ils travaillaient tard au bureau ?

« Ton bonheur est le mien », avait-il fini par concéder.

La première série de billets pour le festival s'est vendue en onze heures à peine. Céline faisait partie des premiers acheteurs. Shiraz Tamam, la secrétaire du cabinet Kasuto & Co de Tel Aviv, ainsi que son mari, Adir Tamam, l'instructeur du cours de bébés nageurs que fréquentait Ellie, ont décidé de se joindre à Céline pour l'événement.

Ils sont partis le samedi matin à 5 h 40 – une fois le bébé allaité.

Raz Perry

À cette même heure matinale, toujours à Holon, Raz Perry, 23 ans, est parti de chez lui pour se rendre au festival. « Nova est une fête guérisseuse », a-t-il dit à sa mère. Ses médecins avaient recommandé la musique comme échappatoire à la chimiothérapie. Il était en cours de traitement d'un lymphome de Hodgkin.

Shani Louk et Orión Hernández Radoux

Ricarda Louk avait ses propres projets pour le week-end.

Elle venait non seulement d'apprendre que sa fille de 22 ans, Shani, était à nouveau en couple avec son petit ami franco-mexicain, mais que celui-ci était de passage en Israël.

Elle a décidé de profiter de ce vendredi soir de fête pour enfin rencontrer Orión.

« Tu veux venir dîner ce soir ? a-t-elle demandé à Shani. Amène donc Orión. »

Ricarda n'était pas le genre de mère à s'immiscer dans la vie de sa fille ni à la juger ; de toute façon, Shani ne l'aurait pas écoutée. Depuis sa plus tendre enfance, Shani Louk avait les idées bien tranchées. Elle changeait sans arrêt d'école et refusait d'accomplir son service militaire obligatoire en Israël. Faisant l'impasse sur l'université, elle apprenait par elle-même tout ce qu'elle trouvait intéressant – parfois le bouddhisme, ou encore la musique, et souvent l'art. Ricarda n'avait dicté qu'une seule règle ferme à sa fille : pas de tatouages. Shani est donc devenue tatoueuse. Elle-même n'en avait qu'un : un dessin qu'elle avait réalisé, gravé par l'un de ses tatoueurs préférés – cadeau d'Orión pour ses 22 ans.

Shani Louk et Orión Hernández Radoux étaient ensemble depuis environ huit mois, avec quelques ruptures en cours de route. Ils aidaient à organiser des soirées techno à travers l'Europe et l'Amérique du Sud en compagnie d'un groupe d'amis ; ils dormaient dans des auberges de jeunesse et campaient sous des tentes. Ils s'étaient rencontrés à un festival en Croatie et, depuis, ils avaient voyagé en Suisse, en France, en Hongrie, en République tchèque, au Guatemala et au Mexique – où ils avaient rendu visite à la famille d'Orión à Tulum. Elle avait également rencontré son ex-petite amie et sa petite fille, Iyana. Orión avait un tatouage de son prénom en arabe gravé sur sa poitrine.

Au cours des deux dernières semaines de septembre, Orión a organisé un festival trance de trois jours en Grèce ; Shani a décoré les lieux et conçu les invitations. À la fin du séjour, cependant, ils avaient rompu, et Shani est retournée seule en Israël en affirmant que leur histoire était terminée. Elle envisageait de quitter le quartier de plus en plus cher et hipster de Florentin, à Tel Aviv, pour trouver un village tranquille où lancer sa société de conception de soirées.

En l'absence de Shani, Orión s'est rendu compte qu'elle lui manquait. « Elle me rend heureux », confiait-il à ses amis début octobre avant d'embarquer vers Israël pour lui faire une surprise et tenter de recoller les morceaux.

Quand sa mère l'a invitée à dîner, Shani a répondu : « Disons plutôt la semaine prochaine ? Ce week-end il y a une fête où nos amis seront DJ. »

Le couple a acheté certains des derniers billets encore en vente, se joignant aux quatre mille quatre cents autres jeunes participants pour deux jours de rave *peace and love*.

Matan Elmalem et Alexandra Korobka

L'artiste sélectionné pour l'ouverture de la scène principale du festival le vendredi soir s'appelait DJ Kido.

« Kido » était sa façon de transcrire ou d'épeler *kiddo* (« gamin » en anglais), un surnom dont il avait hérité à l'âge de 10 ans lorsqu'il avait transformé l'abri antiaérien de son quartier en discothèque pour enfants. À 20 ans, il est parti au Japon pour enregistrer des morceaux en compagnie de DJ bien plus expérimentés et reconnus. Désormais âgé de 42 ans, Matan Elmalem s'était produit dans la plupart des principaux festivals à travers l'Europe, l'Amérique du Sud et l'Inde ; il était devenu une figure importante de la scène trance méditerranéenne et avait contribué à former une nouvelle génération de DJ.

En réalité, il était si demandé qu'il était attendu à deux fêtes trance consécutives dans la même région désertique, à quelques kilomètres à peine de la frontière avec Gaza. La première, UNITY, était prévue jeudi soir ; vendredi et samedi seraient pour Nova, où il devait assurer deux prestations : la session d'ouverture et celle du lever du soleil, présentée comme le clou du festival.

« Joue bien mon amour, lui a écrit sa petite amie Alex le vendredi soir.

— Je t'aime », a-t-il répondu tandis qu'il préparait sa liste de morceaux.

Alex avait dit à Matan qu'elle ne pourrait pas venir à l'événement – c'était trop loin, et elle devait travailler – mais elle avait en réalité prévu de lui faire une surprise au festival dans la matinée. Ils ne s'étaient pas vus depuis des semaines.

Deux ans plus tôt, Matan avait rencontré Alex Korobka lors d'une soirée. Elle avait un rire sonore, de longs cheveux blonds et un tailleur rouge. Matan, en revanche, s'habillait toujours en noir, portait une bague ornée d'une pierre violette ainsi qu'un bracelet où figurait une tête de mort. Ils avaient vécu ensemble pendant deux ans et envisagé de se marier avant de décider de vivre séparément un moment – être DJ n'est pas idéal pour la vie de couple.

Matan était retourné dans sa maison d'enfance à Dimona, où il passait du temps avec ses parents âgés, Sherry et Shimon, et sa petite sœur Lin.

À 42 ans, DJ Kido était redevenu un gamin.

*Maya Haïm, Karina Pritika, Maayan Tzubri
et Raz Cohen*

Maya Haïm, cheveux bruns, arborait un haut de maillot blanc et un pantalon baggy assorti. Karina Pritika, cheveux blonds, avait choisi un *crop top* et un jogging noirs. Maayan Tzubri, un ami gay et maquilleur du groupe, portait un short en jean et un débardeur.

Après avoir passé des heures à essayer différentes tenues, ils avaient finalement décidé d'en apporter une deuxième pour se changer au lever du soleil.

Les deux femmes avaient 22 ans et vivaient toujours chez leurs parents. Maya était la fille unique d'une mère polonaise et d'un père yéménite, tandis que Karina était née d'immigrés russes. Maayan et elles travaillaient ensemble comme serveurs dans un petit restaurant de plage à Tel Aviv. Ils mettaient de l'argent de côté pour leur voyage en Amérique du Sud, prévu pour le mois de novembre.

Maya sortait depuis deux mois avec Raz Cohen, 24 ans, et l'avait invité à les accompagner au festival. Pendant la semaine précédant l'événement, ils avaient passé beaucoup de temps ensemble : lui venait de rentrer d'un voyage professionnel en Afrique tandis qu'elle était dans les préparatifs pour l'Amérique du Sud. Conscients qu'ils seraient bientôt sur deux continents différents, ils ont décidé de ne pas entamer de relation sérieuse et se sont mis d'accord pour que Nova marque leurs adieux.

À 2 heures du matin, Maya, Karina et Maayan étaient déjà en train de danser devant la scène principale.

Raz Cohen est arrivé aux alentours de 4 heures.

Il a fallu du temps pour qu'ils se retrouvent dans le vaste désert : le lieu comprenait deux larges esplanades, une zone de camping, des bars interminables, des coins pour manger, des espaces pour le yoga et la méditation, ainsi qu'une « zone de sécurité » avec du personnel en cas de *bad trip* (les drogues étaient en majorité de l'ecstasy et du LSD).

Quand Raz Cohen a rejoint les filles, elles étaient en train de danser, de s'embrasser, en symbiose musicale et physique.

Shani Louk, Orión, Jose, Danny, Sacha et Keshet

Shani Louk et Orión dansaient devant la scène principale. Ils avaient pris beaucoup de drogue ; ils planaient.

« C'est la meilleure teuf de ma vie ! » criait Jose Soto Grotewold. Jose était l'un de leurs plus proches amis ; il était producteur de soirées en Amérique du Sud. « Tout le monde est beau, tout est beau, je vous aime tous ! »

Jose venait du Guatemala, Sacha de France et Danny d'Argentine. Les trois voyageaient ensemble depuis des mois.

Ils étaient venus en Israël pour rejoindre Shani et Orión – le festival Nova n'était qu'un arrêt de plus dans leur tournée mondiale d'une rave à l'autre, qui semblait ne jamais prendre fin.

Orión et Jose s'étaient rencontrés quatre ans plus tôt lors d'une soirée au Guatemala. Deux ans après, dans un festival en Croatie, Jose et Shani s'étaient rapprochés en dansant. Puis, un an plus tard, Orión avait présenté Jose à sa nouvelle petite amie – Shani. En juillet, lors d'un festival en Suisse, ils avaient rencontré Keshet Casarotti du kibboutz Samar, un homme à femmes et le centre d'attention de toutes les soirées auxquelles il se rendait. Le groupe avait passé le mois de septembre précédent en Grèce. Après le festival Nova, ils avaient prévu de séjourner quelques jours dans le désert, au sein du kibboutz où Keshet avait grandi. Sa mère, Natalia, avait préparé des lits pour tout le monde. Ensuite, le groupe avait réservé un emplacement dans un camp bédouin près de la mer, dans le Sinaï égyptien. Jose avait envie de voir des chameaux.

L'arrivée de Keshet au festival avait été retardée. Il était allé à la synagogue à Tel Aviv pour célébrer la fête de Simhat Torah, et n'a rejoint Nova qu'au moment où le soleil commençait à se lever, vers 5 h 30. « Les amis, on est tous ensemble à présent, il faut qu'on trinque », a dit Jose. « J'ai une bouteille de tequila dans la voiture. » Il a ensuite emmené tout ce petit groupe vers le parking tandis qu'ils chantaient et se prenaient dans les bras les uns des autres.

Ils ont levé leur verre sous le ciel rougissant du matin, lançant ensemble un « *lehaïm* ! » – « à la vie ».

Matan Elmalem et Alexandra Korobka

Alex est arrivée dans le parking du festival à peu près au même moment – juste avant que Matan ne commence sa prestation.

« Matan, ma copine Shani Hadar est à l'entrée, elle a une surprise pour toi, retrouve-la dans le parking », lui a-t-elle envoyé par message, sans préciser que la surprise n'était autre qu'elle-même.

« J'arrive », a-t-il répondu.

Les premières roquettes ont été lancées avant que Matan ne la rejoigne.

À 6 h 22, le ciel s'est illuminé de missiles que bon nombre des non-Israéliens ont interprétés comme de nouveaux genres de feux d'artifice locaux. Les équipes de production ont immédiatement arrêté la musique et la foule déçue s'est mise à huer. Même certains Israéliens étaient désorientés. À leur connaissance, la zone frontalière avec Gaza était calme depuis des mois, l'armée avait approuvé la tenue du festival et des dizaines de policiers surveillaient la zone.

« Dispersez-vous… protégez-vous… alerte rouge ! » ont annoncé les organisateurs, donnant l'ordre à tous de « s'allonger par terre, les mains sur la tête ». À 6 h 25, la police a pris la décision de mettre fin aux festivités : « La fête est finie… que tout le monde se dirige vers la sortie. »

Alex se moquait aussi bien des sirènes que des instructions du commandement du Front intérieur ; tout ce qu'elle voulait, c'était retrouver Matan. Quittant la voiture, elle est partie à la recherche d'un homme barbu habillé en noir.

C'est lui qui l'a trouvée en premier. Ils se sont pris dans les bras, mais Matan lui a dit de partir immédiatement – de partir seule.

« La fête est terminée, il n'y a rien à faire ici. Retourne dans la voiture et tire-toi d'ici. Je ne veux pas avoir à m'inquiéter pour toi.

— Je n'y crois pas : je viens de conduire trois heures et au moment où j'arrive, la fête est finie. »

Non loin de là, quelques jeunes femmes faisaient des crises de panique. Matan leur a donné de l'eau et les a aidées à se calmer. « Les missiles, ça rigole pas. Mettez-vous en route avant que le trafic soit ingérable. »

« Viens avec nous », l'a supplié Alex.

Matan a refusé. Il se sentait responsable, a-t-il dit, d'aider à ce que tout le monde puisse évacuer les lieux.

Maya Haïm, Karina Pritika, Maayan Tzubri et Raz Cohen

Raz Cohen a cherché Maya partout – dans le parking, près de la scène. Ils s'étaient séparés juste avant que les sirènes signalant un raid aérien ne commencent à retentir. Il l'a retrouvée avec Maayan au bout d'une quinzaine de minutes. Il l'a embrassée et leur a demandé s'ils comptaient partir en voiture ou plutôt rester se cacher. Maya voulait partir sans tarder, mais

Raz pensait que les tirs de roquettes allaient bientôt cesser. Il voulait lui proposer de rester avec lui, mais n'a rien dit. Il ignorait quelle était l'option la plus sûre.

Céline Ben-David Nagar, Shiraz et Adir Tamam,
Raz Perry

Céline, Shiraz et Adir ne sont jamais arrivés au festival.

Quand les attaques de roquettes ont commencé, ils ont décidé de s'arrêter dans un abri sur la route, à l'entrée du kibboutz Mefalsim.

Un autre jeune homme, Raz Perry, les a rejoints. Il était aussi en chemin pour le festival et a choisi de se réfugier à cet endroit. Après une brève conversation, ils se sont aperçus qu'ils étaient tous voisins.

Ido, l'avocat resté chez lui avec son bébé, avait été réveillé par les sirènes et a aussitôt écrit à sa femme Céline.

« On est dans un abri, je suis sous le choc… il y a des missiles…, a-t-elle répondu.

— Je savais que tu n'aurais pas dû y aller.

— Shiraz fait une crise d'angoisse.

— Est-ce que je réveille Ellie ?

— N'y pense même pas. Dès que les missiles s'arrêtent je retourne dans la voiture et je rentre à la maison.

— Tu ne veux pas essayer d'aller à la soirée ?

— On est déjà à une soirée. Une soirée roquettes !

— Tu veux que je vienne te chercher ?
— Même pas en rêve ! On va attendre encore un peu dans l'abri et on s'en va. »

Shani Louk, Orión, Jose, Danny, Sacha et Keshet

Shani Louk pleurait, criait, hurlait à ses amis de se dépêcher sous le son strident des sirènes. Orión essayait de la réconforter, lui disant qu'ils seraient bientôt à la maison, mais Keshet les retenait : il était toujours sur les lieux de la fête et restait introuvable.

Le groupe a décidé de se séparer ; Jose, Danny et Sacha tenteraient de localiser Keshet tandis que Shani et Orión prendraient la route de Tel Aviv, en espérant devancer les énormes embouteillages causés par le départ soudain de milliers de personnes.

À peine partis, cependant, Shani et Orión sont tombés sur Keshet qui boitait dans le parking. Il avait été touché à la jambe par un véhicule qui se ruait vers la sortie. Ils l'ont aidé à claudiquer jusqu'à leur voiture et ils ont réussi à s'en aller – ou du moins à rejoindre la file. Keshet a appelé Jose : « Partez sans moi, je suis avec Shani. On se voit à Tel Aviv. » Il était 6 h 37.

Céline Ben-David Nagar et Raz Perry

Céline était toujours au téléphone avec Ido, discutant du meilleur moment pour nourrir Ellie, quand le groupe réfugié dans l'abri à l'entrée du kibboutz

Mefalsim a commencé à entendre des coups de feu. Céline a raccroché et tout le groupe s'est rassemblé, tremblant, apeuré.

« Qu'est-ce qui se passe ? a envoyé Ido une minute plus tard.

— Tout va bien, on est en sécurité.
— Ça tire toujours ?
— Oui.
— Ouah.
— On dirait que des soldats sont arrivés », a écrit Céline quand les tirs ont semblé se rapprocher. « Je rêve de partir d'ici. »

Alexandra Korobka et Shani Hadar

Alex et l'amie qui l'avait accompagnée, Shani Hadar, ont fait partie des premiers à quitter le festival, parcourant une vingtaine de kilomètres vers le nord sur la route 232.

Alors qu'elles dépassaient un abri sur le côté de la route, une salve de roquettes a frappé la zone. Alex a suggéré qu'elles s'arrêtent mais Shani Hadar a refusé : « J'ai une petite de 13 ans – il faut que je rentre le plus vite possible. » Il lui semblait peu probable qu'une roquette atterrisse directement sur la voiture en mouvement.

À peine quelques minutes plus tard, vers 6 h 55, elles ont vu une voiture se désintégrer juste devant elles, le métal volant de toute part.

« Stop ! a crié Alex. Arrête la voiture ! La prochaine roquette va nous tomber dessus ! »

Elles se sont réfugiées sur le bas-côté de la route, allongées face contre terre, les mains sur la tête, comme le voulait le protocole.

Shani Hadar a alors remarqué deux jambes qui s'approchaient – deux jambes et une arme. Elle s'est ruée vers sa voiture, pressant Alex de la suivre, et bien qu'elle soit parvenue à fermer la porte, elle a reçu deux balles dans le bras.

Un large groupe d'hommes armés était positionné le long de la route, tirant sur tous les véhicules qui passaient. « Je saigne ! Ils m'ont touchée ! » hurlait Shani qui avait démarré, conduisant à pleine vitesse, une main sur le volant.

« Ne t'arrête pas, quoi qu'il arrive… Si on s'arrête, on meurt ! » criait Alex. Shani Hadar a fait une embardée vers un champ à gauche de la route avant de poursuivre son chemin sur une colline de broussailles, à travers les sables du désert.

Elles ont alors examiné les blessures de Shani. Elle avait reçu plusieurs balles et perdait beaucoup de sang.

Alex a retiré le châle de Shani et l'a utilisé en guise de garrot.

Après avoir contacté les urgences, qui leur ont dit qu'elles ne pourraient pas envoyer de secours dans l'immédiat, Alex a appelé Matan. « Shani a été touchée. Il n'y a pas que des roquettes. Est-ce que tu peux transmettre notre localisation à la police qui est au festival ? Peut-être qu'ils pourront nous venir en aide. »

Matan s'est précipité vers le personnel de sécurité de la fête pour leur transmettre les coordonnées GPS d'Alex, les suppliant de faire quelque chose. Il la rappelait frénétiquement mais le réseau était capricieux et la ligne coupait sans arrêt. « Alex, je t'en supplie, réponds-moi. »

Shani Hadar était allongée sur le tapis de la voiture, s'accrochant à la petite poupée de sa fille, essayant d'ignorer la douleur et de se concentrer sur sa respiration.

Shani Louk, Orión, Jose, Danny, Sacha et Keshet

Shani Louk conduisait avec Orión à ses côtés et Keshet à l'arrière.

Ils ne suivaient Alex et Shani Hadar que de quelques minutes. À une vingtaine de kilomètres du festival, ils ont atteint les environs du kibboutz Mefalsim.

C'est là qu'une voiture, israélienne, les a percutés : elle faisait partie d'un carambolage entre une dizaine d'automobilistes qui tentaient d'échapper aux roquettes. Beaucoup des conducteurs n'étaient pas en pleine possession de leurs moyens.

« Je suis à la frontière avec Gaza, il nous faut une ambulance, mon amie a été blessée, sa jambe est touchée. »

Keshet, toujours souffrant, a réussi à appeler les urgences nationales et à leur transmettre leur localisation à 6 h 59, demandant qu'une ambulance soit envoyée pour Shani Louk. Elle avait été blessée dans l'accident et ne pouvait pas quitter la voiture. Elle avait besoin de soins en toute urgence.

« Il faut que vous envoyiez une ambulance... vous ne comprenez pas ce qui est arrivé à sa jambe... on a besoin d'une ambulance ici, tout de suite. On est dans une voiture, elle ne peut pas sortir, il y a des véhicules accidentés partout, s'il vous plaît, envoyez quelqu'un. »

Il a rappelé à 7 h 06 pour demander où était l'ambulance. On lui a dit qu'elle n'était plus qu'à quelques minutes.

Mais l'ambulance n'est jamais arrivée.

Une trentaine de terroristes lourdement armés étaient positionnés le long de la route 232, tirant sur toutes les voitures qui approchaient. Un résident de Mefalsim a regardé par la fenêtre et vu des militants se réjouir et se congratuler les uns les autres chaque fois qu'ils tuaient quelqu'un.

« Salut Papa, je t'appelle de Mefalsim », a dit un terroriste à son père, utilisant le téléphone d'une des victimes. « Ouvre mon message sur WhatsApp et regarde combien j'en ai tué. Regarde combien j'en ai tué de mes propres mains ! Ton fils a tué des Juifs !

— Que Dieu te protège, a répondu son père.

— Papa, j'ai tué dix personnes de mes propres mains ! Papa, dix de mes propres mains ! Ouvre WhatsApp et regarde combien j'en ai tué ! »

Keshet a réussi à passer un dernier appel, à Jose, pour le mettre en garde : « Ne venez pas par ici, ne continuez pas votre route, ils canardent les voitures… descendez et partez en courant… »

Jose a alors entendu les coups de feu à travers le téléphone et les cris de Shani Louk. L'appel a été coupé.

Shani et Orión ont été kidnappés dans leur voiture et emmenés à Gaza.

Maya, Karina, Maayan et Roy

Maya, Karina, Maayan et un autre ami, Roy, conduisaient dans la direction opposée sur la route 232.

Karina, assise à l'avant, avait alternativement trop chaud et trop froid, enlevait et remettait des couches de vêtements. Maya, assise derrière elle, a fait part au groupe de rumeurs d'une potentielle attaque terroriste. « Les gens disent qu'il y a des terroristes – vous en pensez quoi ? » Maayan, assis à côté d'elle à l'arrière, l'a rassurée : « À mon avis c'est n'importe quoi. »

Au moment où il lui donnait une tape sur l'épaule, la voiture a été la cible de coups de feu. Un groupe de terroristes du Hamas leur tirait dessus depuis plusieurs endroits ; le pare-brise a volé en éclats ; Karina a reçu une balle dans la tête. Maayan, se recroquevillant à l'arrière, a senti Maya s'effondrer sur lui et mordre fort son épaule, essayant peut-être d'étouffer un cri. Elle avait été touchée à la poitrine. Maayan lui-même a été atteint au niveau du pelvis, et Roy dans la jambe par des balles qui avaient traversé le métal du véhicule. Il a fait une embardée vers la droite, près d'un ravin qui surplombait un ruisseau. Le « côté filles » de la voiture a été criblé de balles par dizaines, tandis que le « côté garçons » en a reçu beaucoup moins. Les deux filles sont mortes, les deux hommes ont survécu.

Maayan et Roy, en sang, se sont traînés hors du véhicule, laissant derrière eux les corps de Karina et de Maya. Ils ont trouvé des buissons, s'y sont cachés et ont essayé d'appeler les secours.

Raz Cohen

Raz Cohen s'était réfugié sous un arbre sur les lieux du festival, écoutant tomber les missiles et échangeant des blagues avec son ami Shoham. Quand sa mère l'a appelé pour le mettre en garde contre l'attaque terroriste, il a répondu en riant : « Tu es folle. »

Deux minutes plus tard, il a reconnu le bruit d'une Kalachnikov en train d'être chargée. Le son provenait de la route.

« Attaque ! Attaque terroriste ! » Deux policiers répétaient soudain l'avertissement de sa mère. « Cachez-vous ! Cachez-vous tous ! »

Les festivaliers ont couru dans toutes les directions. Certains se sont cachés dans des réfrigérateurs et des congélateurs dans la zone du bar ; d'autres se sont enfermés dans les toilettes mobiles ; d'autres encore se sont enfuis dans les champs. Raz et son ami Shoham se sont dissimulés sous la scène, en compagnie de beaucoup d'autres. Ils sont restés allongés, immobiles, essayant de reprendre leur souffle.

Une vingtaine de minutes plus tard, ils ont entendu des cris. « Les terroristes arrivent, ils sont là ! Courez ! » Raz et Shoham se sont précipités sur la scène et se sont mis à courir aussi vite que possible tandis que les coups de feu se rapprochaient. La zone grouillait d'hommes lourdement armés qui tiraient en rafale sur les festivaliers sans défense et enivrés qui tentaient de s'échapper. Les balles sifflaient dans toutes les directions ; personne ne savait où courir.

Un tir.
Un cri.
Une chute.
Un éclat de rire.

Les terroristes riaient pendant qu'ils tiraient.

Céline Ben-David Nagar, Shiraz et Adir Tamam, Raz Perry

Dans l'abri, Raz Perry, Céline, Shiraz et Adir se sont aperçus que les tirs qu'ils entendaient ne provenaient pas de soldats de Tsahal.

Raz a exhorté tout le monde à rester près du mur et à ne pas faire de bruit.

Lorsqu'une Kalachnikov est lentement apparue dans leur champ de vision, Shiraz n'a pas pu contenir sa peur.

Elle a crié et le terroriste est entré dans l'abri pour les mettre en joue.

En une fraction de seconde, Raz Perry, non armé, a attrapé le terroriste par les testicules, l'obligeant à se recroqueviller sous la douleur. Il lui a alors porté un coup et l'homme est tombé à genoux. Dans sa chute, il a déclenché son arme. Raz a tenté de lui arracher sa mitraillette mais il a été entraîné en dehors de l'abri pour se retrouver entouré de dizaines de terroristes.

« Un Juif, un Juif ! » hurlait le terroriste tandis qu'il luttait avec Raz. Les autres ont ouvert le feu et Raz s'est précipité dans l'abri, alors que les balles touchaient le terroriste lui-même.

De retour parmi ses compagnons, Raz Perry leur a crié de se baisser, de ne pas rester debout, tandis que trois terroristes le suivaient à l'intérieur et lançaient quatre grenades.

Adir est sorti en courant et a reçu trois balles dans la tête. Shiraz, assistant au meurtre de son mari, a laissé échapper un nouveau cri, attirant l'attention d'autres terroristes qui ont jeté des grenades supplémentaires. L'une d'entre elles a frappé Shiraz de plein fouet.

Céline a vu son amie exploser devant elle. Elle s'est raidie.

« Céline, Céline, calme-toi, tu es vivante », essayait de lui dire Raz Perry – mais il ne pouvait pas lui parler. Elle était mortifiée. Il les a couverts elle et lui du corps de Shiraz, espérant l'utiliser comme un bouclier contre de nouvelles grenades.

Raz Cohen

Raz Cohen est parvenu à esquiver les balles.

Il a repéré un cours d'eau asséché et un buisson le long de la route, et s'y est réfugié en compagnie de Shoham.

Trois autres jeunes hommes les y ont rejoints, au moment où il criait au téléphone : « Je l'ai vu, ils l'ont assassiné, ils l'ont assassiné ! » Les trois hommes lui ont demandé de rester silencieux ; s'il continuait ainsi, il allait tous les faire tuer.

À travers le buisson, ils ont vu une camionnette blanche approcher. Cinq hommes habillés en civil en sont sortis, à une quarantaine de mètres de là. Ils portaient tous des poignards et l'un d'entre eux un marteau.

Ils ont attrapé une jeune femme aux cheveux blonds et l'ont tenue fermement. Ils ont déchiré ses vêtements et l'ont traînée, nue et hurlant, avant de former un demi-cercle autour d'elle.

Raz Cohen voulait intervenir mais il savait que c'était la mort assurée. Les terroristes avaient des armes ; il n'avait que des branches.

L'un des hommes a attrapé la femme par le cou et un autre lui a placé les mains sur le van, l'a penchée vers l'avant et l'a violée. Les autres regardaient. Raz Cohen a vu le terroriste la poignarder à plusieurs reprises. La femme a cessé de bouger et de crier mais le terroriste a continué de faire des va-et-vient dans son corps sans vie.

Jose, Sacha et Danny

« On doit s'enfuir à pied ! » a crié Jose à Sacha et Danny en entendant les coups de feu et les cris de Shani Louk à travers le téléphone.

Ils sont sortis de la voiture et se sont mis à courir, ne sachant pas où aller. Ils étaient toujours sous l'influence des substances mais pleins d'adrénaline ; ils n'arrivaient pas à saisir les avertissements qu'on leur criait en hébreu. Un Israélien, remarquant leur confusion, leur a dit de le suivre dans un abri. Ils se sont exécutés, mais alors que de plus en plus de gens s'y amassaient, Jose a commencé à se sentir vulnérable. Il pensait préférable de rejoindre une zone à découvert. Quelques minutes après leur départ, les terroristes ont assassiné tous les festivaliers réfugiés dans l'abri.

Sacha a suggéré qu'ils se séparent pour éviter d'attirer l'attention en tant que groupe. Il a décidé de se cacher dans un arbre. Jose et Danny ont fui vers un champ, se ruant d'une cachette à l'autre tout en esquivant les balles. Ils ont atteint un bosquet d'oliviers rempli de gens qui se dissimulaient sous les arbres. Ils se serraient entre les troncs, parmi les branches, à l'affût des pas et des coups de feu qui semblaient se rapprocher, écoutant leur propre respiration et les battements de leur cœur.

Matan Elmalem et Alexandra Korobka

La batterie du téléphone de Matan était presque épuisée lorsqu'il a composé le numéro d'Alex. Il l'a appelée à vingt-six autres reprises depuis un téléphone emprunté à un membre de l'équipe de production du festival. Il refusait de quitter les lieux tant qu'il ne lui aurait pas trouvé de l'aide. En même temps, il essayait aussi d'assister et de réconforter les festivaliers sous l'influence du LSD et de l'ecstasy qui traversaient des épisodes psychotiques. Matan les apaisait, lavait leur visage, leur parlait doucement et les guidait vers une voie sécurisée en leur enjoignant de courir. Pendant plus de deux heures, il a calmé et secouru les gens sous les tirs. C'est seulement lorsque les coups de feu sont devenus extrêmement proches qu'il a cherché à se mettre lui-même à l'abri. « Luna, ils nous tirent dessus », a-t-il dit à sa petite sœur. Il a trouvé refuge sous une ambulance abandonnée non loin de là et il a rappelé Alex depuis le téléphone emprunté : « Ça se rapproche trop, je me suis caché moi aussi, peux plus parler, je t'aime. »

Shani Louk

Ricarda Louk n'arrêtait pas d'écrire à sa fille.
« As-tu rejoint une zone protégée ? »
Pas de réponse.
« Donne-nous des nouvelles. »

Pas de réponse.
« Shani, donne-nous des nouvelles. On est inquiets. »
Pas de réponse.

C'est Amit, le grand frère de Shani âgé de 20 ans, qui a reçu une vidéo de la part de l'ex de Shani.

Amit Louk a poussé un cri ; ses parents et sa sœur se sont précipités pour regarder son téléphone sur lequel ils ont vu Shani, à l'arrière d'une jeep à Gaza, à moitié nue, la tête ensanglantée, entourée de terroristes armés. Une foule de Palestiniens les acclamait et lui crachait dessus.

Céline Ben-David Nagar et Raz Perry

Raz Perry était blessé au ventre après que de nouvelles grenades et de nouveaux coups de feu les avaient atteints. Une fois le terroriste parti, Raz a décidé de fuir l'abri mais Céline était toujours sous le choc et ne répondait pas à ses supplications : « VIENS AVEC MOI ! »

En tongs, avec des fragments de grenade dans la jambe et deux balles dans le ventre, Raz a couru tout seul à travers un champ en flammes. Il s'est dirigé vers les maisons du kibboutz Mefalsim en priant pour ne pas recevoir de balle dans le dos.

Il a atteint un bâtiment et s'est mis à frapper à une porte après l'autre, mais en vain : personne ne le laissait rentrer. Tous les habitants du kibboutz s'étaient réfugiés dans leur pièce sécurisée. Raz est entré par effraction dans une maison et s'est effondré par terre, en sang. Le propriétaire est sorti de son abri et lui a demandé en arabe : « Comment tu t'appelles ?

— Raz Perry. Je suis israélien, je suis juif », a-t-il répondu en hébreu.

L'homme l'a aidé à rejoindre la pièce sécurisée et lui a donné une serviette pour éponger le saignement.

Alexandra Korobka et Shani Hadar

Pendant neuf heures, Alex Korobka et Shani Hadar sont restées allongées sur un tapis de voiture dans un champ près du kibboutz Mefalsim, entourées de coups de feu. Shani Hadar avait déjà perdu une grande quantité de sang et Alex n'avait pas réussi à joindre Matan depuis plusieurs heures. Personne n'était en chemin pour leur porter secours.

Alex essayait de maintenir Shani Hadar éveillée, comptant avec elle jusqu'à cent. Elle insistait auprès des urgences pour obtenir une assistance, demandant à l'opérateur : « Combien y a-t-il de terroristes ? Soyez honnête avec moi !

— On parle de 2 000 à 2 500 terroristes. Je suis désolé, mais nous n'avons pas d'ambulance pour l'instant. Mais je peux rester en ligne avec vous.

— Non merci, a répondu Alex. Il faut que j'économise ma batterie. »

Quand elles ont repéré un drone dans le ciel, elles lui ont fait signe, mais elles se sont aussitôt retrouvées sous des tirs nourris. Alex s'est cachée sous la voiture alors que Shani feignait d'être morte, fermant les yeux tandis que les balles sifflaient autour d'elle.

Puis le silence s'est fait à nouveau.

Alex a rappelé les urgences mais l'opérateur a affirmé sans détour : « Personne ne va venir. Vous devez vous en sortir toutes seules. Montez dans la voiture et conduisez aussi vite que possible, en évitant toutes les routes principales. » Tandis qu'ils parlaient, Alex a remarqué qu'une silhouette s'approchait d'elles – un homme qui traversait le champ. Sentant qu'elle n'avait pas d'autre choix, Alex s'est efforcée de soulever Shani, pâle et affaiblie, avant de la placer dans la voiture et de démarrer.

Sa décision de tourner à gauche en direction d'une colline où elle avait repéré des gens s'est révélée judicieuse. Il s'agissait de festivaliers et non du Hamas. Alex et Shani se sont arrêtées près d'une ambulance israélienne et de véhicules de l'armée.

Raz Cohen

Raz Cohen a attendu dans les buissons pendant une dizaine d'heures jusqu'à ce que douze soldats israéliens arrivent en criant : « Des Israéliens par ici ? » Il a été emmené dans la maison d'un policier d'Ofakim, alors que la ville était également assiégée.

« Il te faut quelque chose ? a demandé le policier.

— Juste un verre d'eau. Et une feuille et un stylo, si possible. » Raz Cohen a écrit tout ce qui s'était passé depuis le matin. Pour ne pas oublier.

Maayan et Roy

Maayan et Roy étaient cachés sous un arbre depuis environ huit heures, en sang, lorsqu'un civil d'un mochav voisin a répondu à un appel à volontaires pour secourir les festivaliers étant donné la faillite du système d'urgences. Il a emmené Maayan et Roy à l'hôpital avec sa propre voiture.

Jose, Danny et Sacha

À peu près au même moment, des soldats ont secouru Jose et Danny et les ont emmenés vers une base militaire. Ils sont arrivés dans leur Airbnb de Tel Aviv plus tard dans la soirée, où ils ont retrouvé Sacha qui avait été secouru lui aussi. Ils avaient tous vu la vidéo de Shani Louk à Gaza. Aucun d'entre eux n'avait réussi à joindre Orión ni Keshet. Jose, Sacha et Danny sont partis en Grèce deux jours plus tard, leur famille les ayant suppliés de quitter le pays. « Il ne reste que la moitié de notre groupe », a dit Jose tandis qu'ils attendaient leur vol à l'aéroport Ben-Gourion.

Shani Louk

À 16 h 37, Ricarda Louk a reçu une alerte sur son téléphone :

« Bonjour, une transaction réalisée avec votre carte de crédit au magasin – MY PHONE – a été refusée. Toujours à votre service, Isracard. »

Ce message signifiait que quelqu'un avait tenté de faire des achats à Gaza avec la carte de crédit de Shani Louk, qui était toujours reliée au compte de sa mère.

Ricarda a aussitôt contacté la compagnie bancaire pour lui demander la localisation de l'achat. Elle a confirmé qu'il provenait de Jabaliya, dans la bande de Gaza.

Comprenant que les autorités israéliennes ne parviendraient peut-être pas à secourir sa fille à temps, Ricarda a enregistré une vidéo de vingt-neuf secondes en allemand, montrant une photo de Shani Louk sur son téléphone et appelant à l'aide :

« Ce matin ma fille, Shani Nicole Louk, citoyenne allemande, a été kidnappée en compagnie d'un groupe de touristes dans le sud d'Israël par le Hamas palestinien. On nous a envoyé une vidéo où on peut clairement la voir inconsciente dans une voiture, conduite à travers la bande de Gaza. Je vous demande de m'envoyer de l'aide ou toute information dont vous disposeriez. Merci beaucoup. »

Plus tard, à 23 h 23, un nouveau message est arrivé :

« Bonjour, une transaction réalisée avec votre carte de crédit pour la société – UBER – a été refusée. Pour vérifier votre identité et continuer d'utiliser cette carte, veuillez contacter le 03-6364677 extension 2. Toujours à votre service, Isracard. »

Le message indiquait que quelqu'un avait essayé d'utiliser la carte de Shani pour réserver un Uber à Gaza.

Céline Ben-David Nagar

On a supposé que Céline Ben-David Nagar avait été kidnappée – une hypothèse basée sur l'absence de corps.

Son mari, Ido, était mort d'inquiétude ; les jours passaient sans le moindre signe de vie.

Il faisait appel à quiconque pourrait lui être utile, parvenant même à contacter le président Macron avant que le moindre dignitaire israélien n'ait pu le faire (Céline avait la double nationalité). Il passait des appels quotidiens à l'ambassade de France et aux médias français et israéliens, en plus de s'adresser aux survivants du festival. À l'affût du moindre indice, il s'est rendu à la dernière localisation connue de son téléphone – l'abri antimissile du kibboutz Mefalsim. Il y a retrouvé la voiture que Céline, Shiraz et Adir avaient prise pour rejoindre la fête. La seule trace humaine était du sang projeté à proximité du véhicule.

Toute activité au cabinet Kasuto & Co a été suspendue.

En l'absence de Céline, des centaines d'Israéliennes ont fait don de lait maternel pour la petite Ellie.

Matan Elmalem

Après avoir visité tous les hôpitaux sans trouver de trace de Matan, sa famille a mis en place un centre d'information improvisé dans leur maison de Dimona. Ils ont passé au peigne fin toutes les vidéos publiées depuis le festival, à la recherche du moindre indice qui pourrait les renseigner sur le sort de Matan.

Les jours passant, ils ont reçu de plus en plus d'appels et de messages d'individus affirmant qu'ils l'avaient vu à la fête jusqu'en fin de matinée. Beaucoup d'entre eux racontaient comment il les avait aidés à s'enfuir. Cependant, personne n'avait la moindre information sur ce qui lui était arrivé.

Alex a reçu un appel du téléphone depuis lequel Matan avait essayé de la joindre vingt-six fois. La voix était celle d'une femme : « Quels sont vos liens avec mon mari ?

— Quoi ? dit Alex. Je ne connais pas votre mari.

— Vraiment ? Alors comment se fait-il que ses derniers appels vous soient adressés ?

— Non, non, c'est mon petit ami qui a utilisé ce téléphone – mon petit ami, le DJ Matan Elmalem. Il a emprunté le téléphone et m'a appelée parce que le sien n'avait plus de batterie. »

La femme au bout du fil recherchait son mari disparu depuis plusieurs jours.

Orión Hernández Radoux

Sergio, le père d'Orión, était au Mexique lorsqu'il a reçu un appel d'amis en Suède : un homme parlant arabe les avait appelés du téléphone d'Orión. Sergio et ses amis ont contacté un traducteur arabe et rappelé le numéro. « Orión a été kidnappé à Gaza, leur a-t-on dit, il est sain et sauf. On va l'utiliser comme monnaie d'échange. » C'était une semaine après le massacre. Plusieurs semaines plus tard, les autorités israéliennes ont contacté Sergio pour lui confirmer officiellement qu'Orión était vivant et retenu en otage par le Hamas à Gaza.

Keshet Casarotti

Natalia Casarotti avait d'abord imaginé que son fils Keshet était simplement injoignable, comme cela lui arrivait souvent.

Elle a publié sa photo en ligne, sollicitant des informations : les longs cheveux blonds de Keshet le rendaient facilement reconnaissable. Était-il mort ? Blessé ? Pris en otage ? Et quel était le pire ? Elle a mené des recherches dans tous les hôpitaux, pensant que son fils était peut-être inconscient et non identifié.

*

Haïm Utmazgin est retourné sur les lieux du festival près du kibboutz Réïm le matin du 8 octobre.

En chemin, son ambulance a été hélée une nouvelle fois sur la route 234. Haïm s'est arrêté. Quelques personnes pointaient du doigt une voiture stationnée sur le bas-côté. Haïm s'est approché. Un jeune homme marqué d'un impact de balle dans la tête était toujours assis côté conducteur ; les autres portières étaient ouvertes, faisant face au verger de l'autre côté de la route. Supposant trouver d'autres victimes qui auraient essayé de s'enfuir à travers champs, Haïm s'est aventuré dans le verger.

Là, en un court laps de temps, il a aperçu trois corps – un homme et deux femmes

L'une d'entre elles, visiblement la vingtaine, était allongée la poitrine découverte. Elle avait reçu une balle dans le vagin.

Haïm Utmazgin et ses équipes ont continué de découvrir des corps tous les jours pendant plusieurs semaines.

En tout, trois cent soixante-quatre personnes ont été assassinées au festival Nova et quarante autres kidnappées, dans ce qui s'est révélé être la plus grande attaque terroriste dans l'histoire de l'État d'Israël.

Le corps de Keshet a été retrouvé le quatrième jour des recherches. Il a été rapatrié au kibboutz Samar et remis à Natalia – la poitrine détruite par les balles mais le visage intact.

La dépouille de Céline a été découverte au dixième jour des recherches. Elle avait été blessée par balle au niveau du ventre dans l'abri près du kibboutz Mefalsim.

Ido était en train de se préparer pour un rendez-vous avec les autorités françaises lorsque des soldats de Tsahal ont frappé à sa porte pour lui annoncer la nouvelle. Avant l'enterrement, il a demandé à voir son visage – et ses cheveux bouclés –, juste pour être sûr. Peu après les funérailles, il a commencé à donner du lait en poudre à Ellie.

Certains des restes des victimes étaient à tel point brûlés qu'il a fallu de longues semaines pour les localiser et les identifier. Par conséquent, certains corps ont été accidentellement enterrés ensemble, y compris plusieurs de ceux récupérés à l'endroit où la dépouille de Matan a finalement été retrouvée.

Les restes de cinq corps ont été découverts sous l'ambulance calcinée depuis laquelle Matan avait appelé Alex pour la dernière fois. Ils avaient été entièrement incinérés par le lance-roquettes qui avait pulvérisé le véhicule. Seule est restée intacte une grande bague violette, que Matan n'avait pas retirée depuis des années.

Pendant trois semaines, la famille Louk est restée sans réponses.

Ils ont reçu de l'aide de la part de l'organisation de gauche « Women Wage Peace », qui a dépêché un vieux Palestinien de confiance pour écumer les hôpitaux à la recherche de Shani. Il est revenu avec un message : « Elle est vivante mais blessée à la tête. » Toutefois, l'homme a admis qu'il ne l'avait pas vue personnellement et qu'il ne faisait que transmettre les informations qu'il avait rassemblées.

À mesure que Tsahal intensifiait ses attaques sur Gaza, Ricarda et Nissim étaient de plus en plus inquiets. Shani pouvait-elle recevoir les soins nécessaires dans un hôpital privé d'eau et d'électricité ? Et si elle mourait, qu'adviendrait-il de son corps ? Les choses se sont clarifiées lorsqu'on est venu frapper à la porte de Ricarda un soir à minuit : un fragment du crâne de Shani avait été retrouvé. Elle était probablement décédée instantanément d'une blessure par balle à la tête. Les terroristes qui l'avaient emmenée à Gaza avaient paradé avec le corps d'une femme morte.

Raz Cohen était indemne. Alex aussi. Du moins physiquement.

Shani Hadar a subi plusieurs opérations pour sauver sa main. Maayan et Adi ont été hospitalisés pendant de longs mois.

Raz Perry a survécu à ses blessures au ventre et a repris son traitement médical, poursuivant son combat contre le lymphome.

V.

Simhat Torah 1941 – Simhat Torah 2023

Fête juive de Simhat Torah, octobre 1941 : Moshé Ridler est expulsé de sa maison de Herta, à la frontière entre la Roumanie et l'Ukraine. Âgé de 10 ans, élève en CM1, il est le plus jeune des enfants de Perle et Zelig Ridler.

La famille avait commencé à subir des persécutions un an auparavant, lors de la prise de la ville par les Soviétiques en juin 1940. Au début, seuls les propriétaires juifs de la bourgeoisie se sont fait spolier et expulser. Mais lorsque l'armée roumaine a pris le contrôle, les répercussions ont été immédiates pour tous les Juifs. Le 5 juillet 1941, un nouveau maire ainsi qu'une garde civile ont été instaurés. Leur mission était claire : se débarrasser des Juifs de Herta.

La quasi-totalité de la population juive a été regroupée dans un parc du centre-ville. Hommes, femmes, enfants et vieillards ont été séparés les uns des autres, déshabillés, battus et torturés. Des dizaines d'entre eux ont été forcés de creuser leur propre fosse commune avant d'être tués par balle. Trois semaines après le début de l'occupation, la plupart des 1 600 Juifs encore en vie ont été déportés vers le camp de transit d'Edinet.

Le tout dernier groupe, dont les cinq membres de la famille Ridler, a effectué une marche de la mort de 300 kilomètres vers des ghettos de transit puis des camps de concentration en Transnistrie. Perle Ridler, mère de trois enfants, âgée de 46 ans, est morte du typhus au cours de cet exode. Le reste de la famille est parvenu à atteindre le ghetto de Romanchi, mais Mina Ridler, âgée de 15 ans, y est rapidement morte d'épuisement. Peu de temps après, leur père, Zelig, et sa sœur aînée, Faïge, ont été envoyés dans des camps de travail, respectivement à Odessa et Toultchine. Moshé Ridler, qui n'avait pas 11 ans, s'est alors retrouvé tout seul.

*

Le nom de Ridler était le cauchemar des criminels de Tel Aviv dans les années 1960. Voleurs, trafiquants, prédateurs sexuels : le sergent-chef Moshé Ridler, de l'unité centrale d'enquête de la police de Tel Aviv, parvenait toujours à envoyer ces membres de la pègre devant le juge.

Deux hommes avaient tenté de violer des écolières en les attirant avec de la marijuana : Ridler a retrouvé la drogue cachée dans un vase lors d'une perquisition surprise, ce qui a permis leur arrestation. Quatre hommes masqués ont fait irruption chez un bijoutier, dérobant pour 50 000 euros de diamants tout en menaçant un couple de personnes âgées avec leur arme : Ridler, se servant d'informations de l'un de ses indics, ne s'est pas juste contenté de retrouver le butin, il a également mis la main sur d'autres pierres précieuses volées d'une valeur de plus de 100 000 euros.

En 1965, année où il a fait coffrer le gérant d'un hôtel pour trafic de tabac, il s'est aussi vu décerner le prix du « Meilleur conducteur de la police », dont le diplôme était signé de la main du préfet de police lui-même. Le sergent-chef Ridler était un jeune homme mince, reconnaissable à sa crinière de cheveux et à son accent roumain prononcé.

Il habitait non loin des criminels qu'il pourchassait, dans un appartement modeste au sein d'un immeuble réservé aux membres de la police en plein cœur de la zone de réinstallation des réfugiés à Holon. C'est dans ce secteur au sud de Tel Aviv qu'il vivait avec sa femme Pia – une compatriote roumaine qui avait immigré en Israël après la guerre –, son fils et ses deux filles. Il avait nommé l'aînée Pnina, qui veut dire Perle en hébreu, en souvenir de sa mère. Ni les criminels, ni les policiers, ni même ses propres enfants, ne connaissaient les origines du sergent-chef Ridler.

*

Après trois mois de solitude dans le ghetto de Romanchi, Ridler, âgé de 11 ans, a menacé un groupe de garçons plus vieux qu'il avait entendus préparer une évasion : s'ils ne l'incluaient pas dans leur projet, il les dénoncerait au commandant du camp. Dans le ghetto, être un « moser », un Juif qui rapporte aux autorités les crimes supposés d'un autre Juif, était une grave transgression – passible de la peine de mort. Que cet enfant soit prêt à recevoir une telle sanction suffisait à prouver sa détermination ; après l'en avoir d'abord écarté, ils ont donc décidé de l'intégrer à leur plan.

Quelques jours plus tard, sous couvert de l'obscurité, le groupe a percé un petit trou dans la clôture du ghetto avant de se mettre à courir, sans destination précise.

Le lendemain, Ridler s'est réveillé sur une cuisinière à gaz dans la maison d'inconnus. Un couple l'avait retrouvé à moitié gelé dans un village ukrainien à plus de trente kilomètres du ghetto, près de la ville de Louchinets.

La famille a fait de lui un membre à part entière du foyer. Il travaillait avec les enfants du couple, cultivant la terre et trayant les vaches. Il y est resté un an et demi, avant d'apprendre que des Juifs revenaient à Herta.

Sur les 1 940 qui y habitaient avant la guerre, seuls 450 étaient encore en vie. Moshé s'est rendu dans la synagogue qu'il fréquentait avec sa famille, pour rester toute la journée assis sur les marches à espérer. Un jour, il y a vu son père, Zelig. Ils ont également réussi à retrouver Faïge, sa sœur. Ils formaient désormais une famille de trois.

*

Moshé a immigré en Israël en 1951, mais Zelig et Faïge ne l'ont rejoint que dix ans plus tard. La famille a d'abord résidé à Neve Yarak, un mochav du centre d'Israël fondé par des Roumains rescapés de la Shoah.

Ils avaient directement déposé leur demande auprès du premier président d'Israël, Dr Haïm Weizmann, soulignant leur capacité à créer une communauté nouvelle qui « servirait d'exemple pour les immigrés plus âgés ». Il s'agissait de l'un des seuls kibboutz ou mochavs fondés par des survivants de la Shoah d'un âge plus avancé.

Après avoir pris sa retraite, Ridler s'est installé à Tel Aviv comme détective privé spécialisé en fraude fiscale. Il menait également des enquêtes approfondies pour l'Agence juive, poursuivant des individus qui avaient trompé les services d'immigration du pays. Pendant toutes ces années, il n'a jamais évoqué son passé.

*

Suite au décès de sa sœur et de sa femme, Moshé Ridler a déménagé au kibboutz Holit, à la frontière entre Israël et Gaza, à l'âge de 90 ans. Il avait élu domicile au sein d'une communauté juive encore plus réduite que celle dans laquelle il avait grandi en Europe de l'Est.

Établi à l'origine dans le Sinaï, Holit avait été déplacé à la suite de la concession territoriale d'Israël à l'Égypte dans le cadre de leur traité de paix. Bien qu'il porte toujours le nom du terrain sablonneux de son emplacement originel, le kibboutz avait vu partir la plupart de ses membres fondateurs. À un moment, sa population s'est réduite à seulement vingt-cinq membres, malgré ses tentatives pour attirer de nouveaux résidents.

Un groupe d'urbains idéalistes d'une vingtaine d'années, inspirés par l'esprit socialiste des premiers kibboutz, a sauvé Holit du déclin au début des années 2000. En y emménageant, ils ont redonné vie à ses vergers et sa production laitière ; guidés par leur mission, ils comptaient créer « une communauté coopérative engagée dans l'étude collégiale et régulière, dans le travail social, et dans le développement d'un lien fort entre le pays et l'agriculture ».

Pnina Ridler, la fille de Moshé, enseignait l'anglais dans l'école du kibboutz. Elle était aussi directrice bénévole du centre de commandement, où elle était chargée d'informer les habitants des éventuelles urgences, heureusement rares. Elle implorait fréquemment son père de la rejoindre, arguant qu'il n'existait pas de plus bel endroit où passer ses vieux jours qu'un kibboutz serein, au milieu de paysages splendides et d'une communauté soudée.

C'est ainsi que Moshé Ridler est devenu le membre le plus âgé du kibboutz Holit, le grand-père physiquement vigoureux, mais de plus en plus sénile, du jeune collectif. En déménageant au kibboutz il s'est remis à parler roumain, afin de communiquer avec son aide-infirmier originaire de Moldavie, qui l'aidait à préparer ses repas, à s'habiller et à effectuer diverses tâches quotidiennes.

Petro Bosco, 35 ans, avait quitté la Moldavie où vivaient sa femme Aliona et ses trois filles en bas âge, afin d'aller gagner de l'argent en Israël. Il avait versé des milliers de dollars à des intermédiaires pour obtenir un permis de travail, certain que ses revenus tirés de l'aide aux personnes âgées rembourseraient amplement son investissement initial.

Au kibboutz, tout le monde connaissait ce duo étrange : Ridler, le vieillard énergique qui se déplaçait en déambulateur, et Bosco, toujours d'un calme olympien, qui passait son temps à demander au vieil homme de ralentir un peu. Ils effectuaient chaque jour le même trajet : ils se rendaient d'abord au bureau de poste, puis à l'épicerie et enfin – le meilleur moment de la journée – à la piscine.

Chaque soir il allait voir Pnina, qui vivait dans la maison en face de la sienne. C'était une belle façon de vieillir.

*

Le 7 octobre 2023, jour de la fête juive de Simhat Torah, Moshé Ridler a été assassiné dans sa maison du kibboutz Holit, à l'âge de 92 ans.

Les jours précédents, sa fille Pnina lui avait annoncé qu'elle irait passer cette journée chez sa fille aînée et ses petits-enfants à Tibériade. Moshé avait décidé de rester chez lui plutôt que de l'accompagner, et ce pour deux raisons. Tout d'abord, il préférait le confort de son propre lit. Par ailleurs, le 7 octobre correspondait au dernier jour d'ouverture de sa chère piscine, qui fermerait ensuite pour l'hiver.

Quand Moshé était allé se coucher le vendredi 6 octobre, il se voyait déjà passer un long moment dans l'eau le lendemain matin pour sa dernière baignade de la saison.

À 6 h 30, Pnina Ridler a été réveillée à Tibériade par une série d'appels urgents l'informant d'une attaque massive de roquettes chez elle. « De lourdes salves de missiles visent notre kibboutz et d'autres. Veuillez entrer dans un abri et sécuriser vos portes », a-t-elle annoncé aux résidents en tant que directrice du centre de commandement.

Son père dormait encore, sourd aux sirènes d'alarme et aux tirs de roquettes. Pnina l'a appelé pour s'assurer qu'il savait ce qui se passait et qu'il était à l'abri dans la pièce sécurisée.

Petro Bosco, déjà debout, l'a rassurée en lui affirmant que tout allait bien, mais Lily Keizman, leur voisine âgée de 62 ans, était convaincue que les bruits qu'elle entendait ne ressemblaient pas à ceux des attaques de roquettes auxquelles elle était malheureusement habituée.

Lily a partagé ses inquiétudes sur le groupe WhatsApp du kibboutz, insistant encore et encore, jusqu'à ce qu'elle n'écrive plus. Ses messages avaient brutalement cessé.

Des coups de feu ont été entendus depuis la maison adjacente, celle de Shahar et Shlomi Matthias, deux musiciens et enseignants de 47 ans. Rotem, leur fils de 16 ans, est parvenu à écrire sur le groupe qu'il était blessé et que ses parents avaient été tués.

À côté de leur maison se trouvait celle de Ronit et Roland Sultan. Ronit, 56 ans, docteure en histoire de l'art originaire d'Argentine, et Roland, 68 ans, directeur communautaire du kibboutz né en Tunisie, ont été assassinés – Ronit à l'intérieur et Roland sur le balcon.

Quelques rues plus loin se trouvait la maison des Elharar, dont la seule survivante a été Adi, une petite fille de 7 ans cachée dans un placard.

Judy Torgman, photographe et mère de deux enfants, a écrit sur le groupe WhatsApp du kibboutz que les terroristes étaient en train de brûler sa maison et sa famille restée à l'intérieur : « Aidez-nous ! La maison est en feu. S'il vous plaît, aidez-nous. »

Anani Kaploun, responsable des plantations d'agrumes et de fruits tropicaux, et Adi Vital-Kaploun, professionnelle de la cybersécurité, faisaient partie des jeunes élites du kibboutz, de même qu'Ahouvia, le frère d'Anani, et sa petite amie, Tahila Katbi. Ce matin-là, Anani et Ahouvia sont partis tôt pour passer une journée entre frères, pendant que les deux femmes restaient à la maison. Quand les tirs ont commencé, Adi a appelé son mari pour savoir comment utiliser leur fusil. Elle a été abattue quelques instants plus tard devant leurs plus jeunes fils : Echel, 4 mois, et Negev, 4 ans.

Les terroristes ont recouvert son cadavre d'explosifs, avant de se filmer en train de donner des biberons de lait à ses deux enfants.

La maison voisine appartenait à Hayim Katzman, un jeune docteur en sociologie spécialiste du retrait de la bande de Gaza et de ses conséquences sur le mouvement sioniste religieux, dans lequel il avait grandi avant de se décider à le quitter. Dans son salon se trouvait un téléviseur cassé sur lequel il avait écrit à la bombe : « La révolution ne sera pas télévisée. » Il était DJ, amoureux de musique électro arabe, activiste pour la paix, en plus d'être le barman, mécanicien et jardinier du kibboutz. La veille du massacre, le Dr Katzman s'était endormi sur un livre intitulé *Le Hamas : d'une idéologie religieuse au terrorisme*. Réveillé par les sirènes le lendemain matin, il est allé s'enquérir de ses voisins avant de trouver le corps de Tehila Katabi criblé de balles. Il a couru vers la maison d'Avital Aldjem, son autre voisine professeur de pilates et de yoga, et s'est caché avec elle dans un placard. Quand les terroristes du Hamas sont entrés chez Avital, Hayim Katzman s'est posté en bouclier humain, avant de se faire abattre. Les terroristes ont alors sorti Avital du placard, l'ont habillée de trois jupes, puis l'ont kidnappée en même temps que les deux enfants Kaploun.

Après avoir franchi à pied la frontière avec Gaza, l'un des terroristes a soudainement ordonné à Avital et aux enfants de faire demi-tour et de rentrer en Israël, filmant cette scène de « pardon » pour alimenter les réseaux sociaux du Hamas.

Quinze membres du kibboutz Holit ont été tués le 7 octobre. Quatorze enfants sont devenus orphelins. Des élèves de Pnina ont été assassinés ; d'autres se sont fait kidnapper : Emily Hand, de sa classe de CE2, Hila Rotem, de la classe de 5e, et les jumeaux Liel et Yanai Hetzroni, de sa classe de 6e.

Ce n'est que vers minuit que Pnina a appris pour son père. Les terroristes avaient jeté une grenade RPG contre la pièce sécurisée où Moshé Ridler et Petro Bosco s'étaient réfugiés. Suite à quoi ils avaient lancé d'autres explosifs contre la maison, avant de forcer la porte et tirer à plusieurs reprises sur Petro.

Moshé a été retrouvé mort dans le lit de l'abri, comme s'il ne s'était jamais vraiment réveillé, comme si tout cela n'avait été qu'un rêve.

VI.

Les Bédouins du Néguev

Le Néguev, vaste triangle désertique situé au sud d'Israël, est une bande de sable aride et inquiétante parsemée de montagnes et d'acacias rabougris. Ce paysage hostile, pourtant propice à la béatitude, est la terre des Bédouins, un groupe minoritaire indigène d'Arabes musulmans qui ont conservé certaines spécificités de leur mode de vie tribal et vivent en clans familiaux élargis. Nombre d'entre eux élèvent des chèvres et des moutons ; d'autres sont médecins, avocats ou ingénieurs. Entre un cinquième et un tiers des familles bédouines pratiquent la polygamie en Israël. Bien qu'elle soit officiellement illégale, les autorités israéliennes ne l'interdisent pas strictement.

Depuis la création de l'État d'Israël, les Bédouins du Néguev sont confrontés aux discriminations, à la pauvreté et au manque d'accès aux services publics élémentaires, et ce malgré leur statut de citoyens israéliens à part entière ainsi que leur service remarqué au sein de Tsahal.

Historiquement, les Bédouins sont un peuple nomade ou semi-nomade originaire du Hedjaz, la région ouest de la péninsule Arabique. Leur arrivée dans le Néguev s'est déroulée entre les XIVe et XVIIIe siècles. À la veille de la création d'Israël en 1948, on comptait environ 70 000 Bédouins dans cette zone. Pendant et après la guerre, la majorité d'entre eux sont partis ou ont été chassés de leurs terres historiques et se sont installés dans le Sinaï, en Transjordanie ou sur les collines d'Hébron. Seulement 11 000 environ sont restés dans le Néguev, où ils ont été assujettis à un gouvernement militaire lors des deux premières décennies d'existence de l'État. La loi de 1965 sur la planification et la construction a marqué un changement profond dans la catégorisation des terres à travers le pays – changement qui affecte les Bédouins encore aujourd'hui. De nombreux villages, surtout ceux des zones agricoles, ont été officiellement désignés comme « non reconnus » et jugés inaptes au peuplement. Du jour au lendemain, les habitations existantes y ont été considérées comme illégales, et même des rénovations mineures ont souvent conduit à des décisions de justice ordonnant leur démolition.

La population bédouine actuelle dans le Néguev est d'environ 300 000 âmes. Elle est répartie en trois communautés distinctes : les villages établis par le gouvernement, ceux nouvellement reconnus, et ceux plus anciens, non reconnus et officiellement illégaux. Dans le Néguev, trente-cinq villages appartiennent à cette dernière catégorie et abritent approximativement 30 % de la population bédouine.

Les conditions de vie y sont précaires : les habitants manquent d'infrastructures élémentaires, y compris d'eau, d'électricité et de routes. L'accès à l'éducation et aux soins est également restreint. De plus, ils doivent affronter des obstacles légaux à leurs permis de construire, ce qui signifie que toute tentative de réparation ou de rénovation de leur logement peut mener à une amende, voire à une démolition.

Dans les périodes de guerre entre Israël et Gaza, personne en Israël n'est plus vulnérable que les Bédouins du Néguev. La plupart des villages non reconnus sont dépourvus de sirènes d'alerte en cas de tirs de missiles, ainsi que d'accès aux abris municipaux. Même le Dôme de fer, le système d'interception des roquettes qui offre une protection considérable à la plupart des villes israéliennes, ne s'étend pas à certains de ces villages. C'est la conséquence directe du fait que le gouvernement israélien a qualifié les localités bédouines de « zones ouvertes », c'est-à-dire officiellement non habitées. C'est cette même désignation qui exclut ces villages des réseaux de distribution d'eau et d'électricité du pays.

En 2014, l'Association des droits civiques a organisé une pétition pour que la Cour suprême garantisse aux résidents des villages bédouins la protection contre les tirs de missiles. En 2017, année relativement calme sur le plan des attaques de roquettes, la Cour a décidé de ne pas interférer et a refusé d'ordonner l'installation d'abris au sein de ces villages. L'arrêt du tribunal se disait confiant envers les autorités pour que celles-ci « fournissent une protection lorsque cela s'avérerait nécessaire ». Tandis que de nombreux Israéliens craignaient que de potentielles réformes judiciaires viennent affaiblir la démocratie, les Bédouins riaient jaune.

Lorsque le Hamas a lancé son attaque contre Israël le 7 octobre, de nombreuses roquettes ont atteint les zones bédouines. Dix-neuf Bédouins dont six enfants ont été tués. Sept de ces morts ont été causées directement par les frappes, ce qui représente 39 % du total de victimes israéliennes causées par des tirs de roquettes. Le conseil régional des villages non reconnus du Néguev a calculé que ses résidents ont 2 200 fois plus de risques de mourir de telles attaques que le reste de la population israélienne.

Trois jours avaient passé depuis sa date d'accouchement prévue le 3 octobre, et pourtant Sujood Abou Karinat attendait patiemment la naissance de son bébé. Attendre, ça la connaissait.

Cette future mère appartenait à la famille Abou Karinat, si grande et si bien établie dans le Néguev qu'elle possédait son propre village éponyme. Précédemment non reconnu, les autorités israéliennes lui avait finalement conféré un statut officiel en 1999, un an avant la naissance de Sujood. Celle-ci avait passé son enfance à attendre que le gouvernement vienne relier son village aux réseaux d'eau et d'électricité ; à ses 18 ans, une route d'accès avait enfin été construite et les premiers édifices permanents, dont un centre pour enfants et une clinique publique, avaient été érigés. Un an plus tard, le conseil régional approuvait le développement de nouveaux quartiers d'immeubles en béton – l'eau comme l'électricité n'avaient pas tardé à suivre. Pas pour Sujood, cependant, car à l'instar de beaucoup d'autres à Abou Karinat, elle vit toujours dans une baraque en tôle délabrée. À 20 ans, elle a épousé Trippy Abou Rashid, 30 ans, membre de la deuxième plus grande famille du village, devenant ainsi sa seconde femme. Trippy était déjà père de six enfants, et lui-même l'un des trente-cinq enfants que son père Mohammed avait eus de trois femmes différentes.

Sujood était enceinte de son premier bébé, une petite fille. Plusieurs mois avant la naissance, elle avait déjà préparé un berceau, choisi un prénom et acheté des vêtements roses et des couches. Trippy, le moins patient des deux, avait suggéré qu'ils aillent voir un médecin pour s'assurer que tout allait bien pour leur bébé vu que le terme était désormais dépassé. Pendant toute la grossesse, il avait payé des consultations auprès d'un médecin privé, craignant que sa femme encore jeune soit victime de discrimination dans une clinique publique. Après avoir réalisé les examens, dont les résultats étaient normaux, ils ont décidé de ne pas retourner dormir à Abou Karinat.

À la place, ils ont pris la direction des terres familiales près du kibboutz de Réïm, où leur troupeau de près de trois cent cinquante moutons était en train de paître.

Cette nuit-là ils ont eu du mal à trouver le sommeil à cause du bruit d'une fête géante non loin de là – le festival Nova. Peu après 5 h 30 du matin, Sujood s'est réveillée en criant : « Je vais accoucher, lève-toi, Trippy, lève-toi ! Il faut aller tout de suite à l'hôpital, comme a dit le médecin. »

Laissant à Bilal, le petit frère de Trippy, le soin de s'occuper des moutons, Trippy, Sujood et leur future petite fille ont pris la route. Il était tôt en ce samedi de fête, aucune voiture ne circulait et le calme régnait – jusqu'à ce que les sirènes commencent à retentir. Malgré les avertissements, ils ont poursuivi leur chemin vers l'hôpital de Soroka tandis que Sujood ne cessait de prier : qu'est-ce que son bébé pouvait bien avoir à faire avec les conflits armés ? Ils espéraient rejoindre l'hôpital en une quarantaine de minutes, et y devenir parents quelques heures plus tard.

À plusieurs kilomètres de là, soixante membres de la famille Al-Kran ont été réveillés par de puissantes explosions. Les Al-Kran vivent au sein d'un complexe dense de minuscules cahutes à Malouda-Est, un village bédouin non reconnu par les autorités israéliennes. Lorsqu'un fils s'y marie, les familles réduisent légèrement la taille des autres pièces afin d'en ajouter une à destination du jeune couple. Malgré l'étendue du désert au-delà de leurs murs, les pièces de leurs baraques sont si proches les unes des autres que le moindre mouvement peut s'entendre et qu'il est difficile de dormir pour peu que quelqu'un soit réveillé dans la chambre voisine.

L'étroitesse de ces logements n'est même pas due à la pauvreté : les Al-Kran craignent que de nouvelles constructions n'amènent les autorités à délivrer des ordres de démolition. Dans un village voisin, les habitants enduisent leur maison de boue pour leur donner une apparence vieillie, espérant ainsi éviter les inspecteurs israéliens.

Le village de Malouda-Est n'a pas d'entrée proprement dite et sa localisation est impossible à trouver sur Internet. Des chemins de terre traversent le désert et conduisent à une parcelle dotée d'une trentaine d'oliviers où viennent paître les troupeaux de chameaux.

En 1880, au cours du règne ottoman, Saleh Al-Kran a migré de l'Arabie saoudite au Néguev et s'est installé dans ce village. Son petit-fils, Muhammad Al-Kran, y a vu le jour en 1940, huit ans avant la création de l'État d'Israël. Il y est devenu un médiateur respecté, quelqu'un qui résout les conflits au sein de la société bédouine. Muhammad a donné naissance à plusieurs fils : le plus âgé, Saïd, a 57 ans et le plus jeune, Jasser, 28. Ses autres fils – Ebrahim, Aqel, Dive et Taleb – résident également dans le village et y élèvent leurs enfants au cœur d'une famille élargie mais soudée.

Des dizaines d'hommes, de femmes et d'enfants Al-Kran ont été réveillés en sursaut et ont découvert qu'un missile venait d'atterrir à seulement quelques mètres de chez eux. Les fenêtres des voitures avaient volé en éclats, un incendie s'était déclenché et une colonne de fumée s'élevait dans le ciel. Les hommes de la famille se sont réunis pour prier et exprimer leur reconnaissance envers Allah pour ce qu'ils considéraient comme un miracle : les dégâts n'étaient que matériels.

Quelques minutes plus tard, un autre missile a frappé le village voisin d'Alabat, atterrissant au milieu de la maison de Faïza Abou Sabih.

Sa petite-fille de 14 ans, May Abou Sabih, était en train de lui donner ses médicaments contre l'hypertension et le cholestérol. Adal, fils de Faïza et oncle de May, était assis sur un banc près de la cuisine et attendait le petit déjeuner.

May, la deuxième fille de Zuhir, l'aîné de Faïza, avait choisi de vivre avec sa grand-mère malgré le fait que ses parents à elle résidaient dans une cahute voisine. Tous les jours à 7 heures du matin et 7 heures du soir, elle administrait consciencieusement les médicaments à sa grand-mère, en plus de lui donner le bain et de la mettre au lit. Les dix enfants de Faïza admettaient que May s'occupait mieux de sa grand-mère qu'eux tous réunis.

Parfois, lorsque Adal, architecte reconnu et ancien enseignant, venait dîner chez sa mère, May restait assise, refusant de le servir. Elle se moquait éperdument des coutumes traditionnelles et elle estimait que les hommes pouvaient se servir tout seuls. Quand on l'appelait, May ne répondait pas toujours, et elle dansait partout dans la maison avec son casque sur la tête, écoutant des chansons en anglais. « Vous vous dites cultivés et vous ne parlez qu'arabe et mal hébreu ? » lançait-elle pour taquiner ses oncles et ses cousins, leur apprenant ici et là des mots d'anglais.

La famille Abou Sabih fait partie des plus instruites de la région. Le cousin de Faïza, Ibrahim Abou Sabih, un candidat au poste de député du Parti travailliste à la Knesset, est l'un des fondateurs du conseil régional des villages non reconnus, la première entité bédouine autonome à dénoncer les injustices du gouvernement israélien. Faïza elle-même n'a été autorisée à poursuivre son cursus scolaire que jusqu'en 4e, ce qui ne l'a pas empêchée de devenir la principale source de revenus de la famille après que son mari Mohammed est devenu invalide. Elle fabriquait des robes bédouines traditionnelles, produisait des fromages de haute qualité grâce à leur troupeau de six cents chèvres et moutons, et faisait le commerce de l'or, achetant bas et vendant haut.

Juste avant que le missile ne frappe sa maison, Faïza était en train d'enseigner à six de ses jeunes petits-enfants, âgés de 5 à 9 ans, comment faire du pain pita sur le saj. L'un d'entre eux, Zuhir, 8 ans, a été distrait par un chiot blanc qui passait dehors et malgré les remontrances de Faïza, il est parti à la poursuite de l'animal, entraînant derrière lui tous ses cousins exceptés May et Adal.

Ils venaient de partir – ils n'étaient qu'à une dizaine de mètres environ – lorsque le missile a pulvérisé leur cahute.

Zuhir a été blessé par des éclats d'obus dans la jambe et le dos, tandis qu'Adal a perdu conscience lorsque les murs en tôle de la maison se sont effondrés sur lui. « Maman ! May ! Où êtes-vous ? Maman ! May ! » appelait-il. Revenant à lui quelques minutes plus tard, il a trouvé le logement en feu et les a cherchées à travers les débris sans remarquer ses propres blessures au niveau de la tête, du dos et des mains, où les éclats avaient pénétré. Il a trouvé Faïza et May étendues par terre, immobiles, les bras écartés.

En arrivant à l'entrée du village, l'ambulance n'a pas réussi à atteindre la maison des Abou Sabih faute de route praticable. Des voisins ont pris leur propre voiture pour transporter Faïza, May, Adel et Zaïd jusqu'au véhicule médicalisé qui les a ensuite amenés à l'hôpital Soroka.

Alors que les roquettes commençaient à tomber sur la route 232, Trippy s'est excusé auprès de Sujood qui souffrait de contractions douloureuses : ils allaient devoir faire un détour avant de rejoindre l'hôpital. Il craignait que son petit frère Bilal, laissé seul sur les pâturages de la famille, ne soit pas en sécurité, et il a donc décidé de le récupérer.

En repartant avec lui et en s'approchant de l'intersection de Réïm, près du festival Nova qui les avait dérangés toute la nuit, deux camionnettes blanches les ont soudain pris en tenaille : l'une devant, l'autre derrière. Trippy a plissé les yeux pour être sûr de ce qu'il voyait : un homme en habit militaire israélien armé d'une mitraillette se tenait debout dans l'un des vans et a ouvert le feu dans leur direction. Trippy a fait une embardée vers la droite, échappant de peu à l'embuscade. En jetant un regard à côté de lui, il a vu que Sujood saignait du ventre – une balle avait transpercé la voiture. Une autre avait touché l'un des pneus.

Malgré plusieurs tentatives, Trippy n'a reçu aucune réponse des urgences ni de la police. Il a appelé son père pour lui demander de faire venir une assistance médicale au carrefour d'Ourim, qu'il essayait de rejoindre malgré le pneu à plat. Après que la voiture a calé, juste avant l'intersection, Trippy et Bilal sont descendus sur la chaussée pour demander de l'aide aux voitures qui passaient. Trois d'entre elles, toutes conduites par des Bédouins habitant la région, se sont arrêtées. Trippy était en train de leur expliquer la situation et les suppliait de l'aider à transporter Sujood à l'hôpital lorsqu'une autre camionnette blanche est apparue. Six ou sept militants du Hamas ont ouvert le feu sur le groupe, qui les implorait en arabe d'arrêter de tirer. Parmi les Bédouins se trouvaient des femmes portant un hijab noir similaire à celui de Sujood. Une balle a effleuré la nuque de Bilal et Trippy l'a pressé de se mettre à l'abri derrière la voiture, espérant que celle-ci protégerait également son épouse déjà blessée. Mais le châssis n'était pas assez solide et une deuxième balle l'a transpercée, touchant à nouveau le ventre de Sujood.

« Deux balles dans le ventre ? Les combats entre Bédouins ont empiré à ce point ? a lancé l'ambulancier lorsqu'il est enfin arrivé.

— Des civils sont en train de se faire tirer dessus par des terroristes ! lui a-t-il crié. Vite, emmenez-les et dépêchez-vous d'aller à Soroka. »

Le professeur Eyal Sheiner, chef des services d'obstétrique et de gynécologie à l'hôpital de Soroka, était avec son équipe en train de déplacer les femmes enceintes vers des bâtiments sécurisés lorsqu'ils ont reçu un message au sujet de la première victime du jour :

« Grossesse avancée, abdomen transpercé par des éclats d'obus, transportée en urgence au centre de traumatologie... »

Sujood était à moitié consciente lorsque le professeur Sheiner et son équipe composée de deux chirurgiens chevronnés, deux gynécologues-obstétriciens, un interne et un pédiatre ont commencé leur examen préliminaire.

Les ultrasons ont révélé un fœtus viable dont le rythme cardiaque et le niveau de liquide amniotique étaient normaux. Renonçant à effectuer de plus amples analyses, ils se sont précipités au bloc opératoire. L'équipe a opté pour une césarienne avec incision longitudinale afin d'éviter tout dommage intestinal. Les chirurgiens ont découvert avec sidération qu'une balle avait traversé l'utérus et touché le fœtus. Le pédiatre a noté des impacts d'entrée et de sortie de balle dans le bas-ventre et la jambe du fœtus, qui était à présent un nouveau-né et que l'on a emmené immédiatement en soins intensifs. Les organes internes de Sujood étaient indemnes ; son futur bébé avait fait office de bouclier humain. L'équipe médicale a recousu son utérus intact.

Dans le bloc, malgré plusieurs décennies d'expérience médicale combinées, personne n'avait jamais vu un cas comme celui-ci.

Tandis que Trippy attendait que l'opération de Sujood se termine, il a croisé Saïd, le fils aîné des Al-Kran. Ils se sont pris dans les bras. Trippy avait déjà eu vent de la tragédie qui avait frappé les enfants. Après qu'un missile avait atterri près de chez eux, les membres de la famille s'étaient réunis dans le Shige, la pièce que les Bédouins réservent traditionnellement aux réunions masculines, afin de prier et d'exprimer leur gratitude d'être toujours en vie. Ensuite, ils se sont dispersés. Ibrahim est allé inspecter les fragments de missile tandis que Saïd préparait du thé. Les enfants, préférant se reposer, sont restés avec Oncle Taleb. Une seconde roquette est alors tombée au centre du « shige », au milieu des tapis rouges et des coussins jaune orangé. Saïd a extrait lui-même les enfants des débris. Les deux garçons d'Ebrahim – Malak, 16 ans, et Jawad, 11 ans – ont été tués sur le coup. Saïd Al-Kran a porté dans ses bras Muhammad, 16 ans, et Amin, 10 ans. Il les a conduits à toute vitesse jusqu'à Soroka, où ils ont été déclarés morts à leur arrivée. Leur oncle Taleb, gravement blessé, est le seul à avoir survécu à ce second missile.

Quelques étages plus bas, dans le service de médecine interne de Soroka, Adal Abou Sabih venait d'arriver à l'hôpital lorsque son grand-père Ali – le père de Faïza – est passé par hasard à côté de son lit. L'homme de 82 ans était arrivé la veille pour une dialyse de routine. Il était accompagné de son petit-fils Hitam, le cousin d'Adal.

« Hitam, est-ce que tu sais ce qui est arrivé à la maison ? Est-ce que May et Faïza ont survécu ?

— Il faut attendre, Adal, on ne sait pas encore.

— Est-ce qu'elles sont en vie ?

— Ça va aller, ça va aller, Adal. »

Ils n'ont pas pu finir la conversation. Les chirurgiens ont amené Adal au bloc en urgence. En revenant à lui après l'opération, il s'est retrouvé entouré de membres de sa famille. On lui a dit que les médecins avaient réussi à retirer la majorité des éclats d'obus de son corps ; il allait se remettre, mais ce ne serait pas le cas de Faïza ni de May. Les ambulanciers les avaient déclarées mortes sur place, sans même les emmener à l'hôpital. Adal a pu en sortir quelques heures pour assister à l'enterrement. N'ayant pas d'autres vêtements, il portait sa blouse de patient.

Deux heures plus tard le professeur Sheiner a quitté le bloc opératoire, évoluant dans un environnement totalement différent de celui qu'il avait rejoint ce matin-là. À la fin de la journée, l'établissement traitait 676 blessés. Vers midi, il a appelé Trippy afin qu'il voie sa fille pour la première fois. Le professeur et son équipe l'ont informé que Sujood n'était plus en danger – le bébé avait absorbé les balles et lui avait sauvé la vie. Ils l'ont assuré que l'utérus de Sujood était intact et qu'elle pourrait à nouveau tomber enceinte.

Trippy observait sa petite fille toute recousue, qui présentait une ressemblance frappante avec sa mère. Il n'était pas autorisé à la prendre dans les bras. Quand Sujood s'est réveillée de son opération dans l'après-midi, il lui a indiqué que leur bébé était en vie et en soins intensifs, après quoi elle s'est vite rendormie. À 22 h 24, le nourrisson de quatorze heures s'est éteint. Sujood n'a jamais pu le voir. Le lendemain, elle a demandé à Trippy d'aller sans elle l'enterrer dans un village – elle ne supporterait pas de regarder le visage de son défunt bébé.

Adal Abou Sabih s'est rendu dans la tente où la famille Al-Kran faisait son deuil. Ebrahim, père de deux des enfants décédés et collègue d'Adal, enseignait les mathématiques à l'école élémentaire du village d'Al-Fora. Jawad, 11 ans – son plus jeune fils –, était connu pour coiffer ses cheveux avec du gel, porter des chemises de marque et réciter bruyamment le Coran aux adultes tous les vendredis. Amin, qui avait presque le même âge que Jawad, était célèbre pour son humour – il avait la réputation d'être le plus drôle des presque trente cousins Al-Kran. Malak, le cadet d'Ebrahim âgé de 16 ans, se démarquait par sa maturité et son excellence en mathématiques. Il a aussi pris part à un programme du ministère de l'Éducation en tant que jeune guide nature. Mohammed, le seul fils de Dib et camarade de classe de Malak, a également participé au programme.

Après leur décès, le ministère a publié un communiqué : « Mohammed et Malak étaient des élèves remarquables. Ils possédaient d'excellentes aptitudes sociales et leur capacité de leadership était largement reconnue. Ils ont suivi avec mérite le programme de formation pour jeunes guides nature. Malak avait l'ambition d'étudier la médecine, et Mohammed aspirait à être enseignant. »

Dans la tente des Al-Kran, les trois mères endeuillées regardaient avec mépris une procession d'hommes défiler chez elles la tête baissée, apportant en guise de présents des abris antiroquettes de fortune. Le premier groupe, des membres du Mouvement islamique israélien, était venu avec de larges cylindres en béton : ceux-ci seraient placés à quatre minutes de marche de chez elles. Les mères s'interrogeaient quant à la possibilité d'atteindre ces abris à temps, et ce d'autant que le village était dépourvu de système d'alerte. Quelques jours plus tard, des officiers du commandement du Front intérieur leur ont rendu visite, présentant leurs condoléances et installant des barrières Hesco. Ces structures, faites de larges sacs de sable couverts d'un maillage en acier et de toile de jute, manquaient d'un toit pour véritablement les protéger des roquettes. Enfin, des représentants d'ICL – Israel Chemicals, une entreprise fréquemment désignée par le ministère de la Protection environnementale comme l'un des principaux pollueurs du pays – ont fait don d'un abri bétonné destiné à être placé à côté des cahutes.

Si les mères ont apprécié le geste, elles ne pouvaient que se demander comment choisir qui sauver en cas d'attaque parmi leurs enfants toujours en vie. Il reste cinquante-six personnes dans la famille, et l'abri ne peut en accueillir que six.

VII.

Voyage à la mer Morte

La mer Morte est l'une des destinations préférées des immigrants de l'ex-URSS, qui apprécient ses tarifs abordables, ainsi que des Arabes israéliens pour qui il s'agit de la plage la plus proche de Jérusalem. À l'heure du déjeuner, dans des restaurants tels que « La mer Morte mexicaine », « Le Taj Mahal » et le McDonald's local, les clients plaisantent en russe, en arabe et en hébreu tout en se bousculant dans la queue. Des Juifs et des Arabes en maillot de bain laissent des empreintes de pieds humides sur le sol scintillant de la « Galerie marchande de la mer Morte » et du « Centre commercial d'Herodos », tous deux climatisés à souhait. Le long du rivage, les complexes hôteliers pseudo-modernes bordés de palmiers figurent parmi les endroits affichant la plus grande mixité du pays. En revanche, personne n'y séjourne plus de quelques jours.

Les sœurs Sprebchikov-Tumiib, Nadezhda, 75 ans, et Natalia, 71 ans, n'avaient prévu d'y rester que quelques heures. Les montagnes du désert de Judée à l'ouest côté israélien, les montagnes de Moab à l'est côté jordanien, la météo en ce samedi de début octobre annoncée à 30 °C avec un faible taux d'humidité : des conditions idéales pour aller piquer une tête. Mais ce que les publicités russes et arabes omniprésentes omettent presque toujours de préciser, c'est que la seule plage encore ouverte à la baignade dans la mer Morte est en réalité une piscine industrielle – une soi-disant « piscine morte ». La Piscine industrielle artificielle numéro 5 est un vaste bassin d'évaporation des usines de la mer Morte construite sur les restes du bassin sud asséché. Malgré tout, les sœurs Sprebchikov-Tumiib adoraient ressentir ses eaux denses et salées envelopper leur corps vieillissant, leur permettant de s'imaginer à nouveau jeunes et souples, libérées de leurs douleurs articulaires et musculaires.

Le séjour de Nadezhda et Natalia était organisé par Alexei Tours, qui offrait un prix imbattable de 25 dollars par personne et par jour pour l'achat de trois voyages – guides et repas non inclus. Le tarif passait à 18 dollars lorsqu'on réservait sept excursions à l'avance. L'itinéraire prévoyait une prise en charge à partir de 6 h 15 dans les villes d'Ofakim, Netivot puis Sdérot, une arrivée à 8 heures à la « plage » d'Ein Bokek, un temps libre pour nager et manger jusqu'au départ du minibus à midi, pour un retour chez soi à 14 heures.

L'Union soviétique a beau s'être s'effondrée dans les années 90, Alexei Tours offrait chaque semaine aux Ukrainiens, Biélorusses, Russes, Moldaves, Géorgiens,

Azerbaïdjanais, Kazakhs, Ouzbeks, Kirghizes et Tadjiks du troisième âge un goût de réunion au beau milieu du désert israélien. Presque chaque samedi, un chauffeur bédouin différent conduisait un petit minibus transportant le groupe de retraités à l'hébreu limité. Les chauffeurs se plaignaient auprès d'Alex de l'insistance des passagers à écouter la radio russe, avec laquelle ils chantaient en chœur.

Alexei Davidov, le propriétaire d'Alexei Tours, est un Israélien de 60 ans né au Daghestan et résidant à Ofakim. Il a monté sa petite agence de voyages il y a une dizaine d'années, alimentée par un site internet russe coloré et des publicités dans les médias russophones qui pullulent en Israël. Deux années sans tourisme durant la pandémie de Covid-19 ont eu raison de son affaire. L'an dernier, pour essayer de se remettre sur pied, il s'est mis à organiser des voyages en petits groupes via WhatsApp. C'est une activité complémentaire, une entreprise modeste qui demeure exempte d'impôts vu qu'elle génère moins de 25 000 dollars par an. Le matin, il travaille en tant que cariste dans une usine alimentaire.

Deux jours avant le voyage du 7 octobre, Alexei a appelé Nadezhda Sprebchikov pour savoir s'il pouvait décaler leur séjour à la semaine suivante. Il a expliqué que vingt-sept personnes s'étaient inscrites pour l'excursion ce week-end-là, mais que le minibus ne comptait que dix-neuf places. Comme elle avait réglé en avance trois samedis consécutifs à la mer Morte, Nadezhda a refusé de changer ses plans. Alexei n'a pas insisté ; il a annulé à la place les réservations d'autres femmes afin d'accommoder Nadezhda et Natalia, qui étaient après tout des clientes régulières. Au cours des sept mois précédents, à la suite du décès de leur mère, Lydia, à l'âge de 94 ans, les deux sœurs avaient effectué trois voyages à la mer Morte, un à Eilat et un au lac de Tibériade. Elles avaient également réservé des sorties à Eilat et en Haute Galilée au mois de novembre, qu'elles avaient déjà payées.

Les sœurs vivaient dans le même bâtiment désuet du centre de Netivot : Nadezhda au premier étage et Natalia au second. Tous les matins elles prenaient leur café ensemble. Si un enfant ou petit-enfant appelait à ce moment-là, elles répondaient chacune : « Je te rappelle plus tard, je suis avec ma sœur. » Après l'enterrement de leur mère au mois de mars, Nadezhda avait dit à Natalia que tout cela avait assez duré : il était temps qu'elles vivent pleinement leur vie.

Elles avaient grandi à Douchanbé, la capitale du Tadjikistan, un pays d'Asie centrale montagneux à majorité musulmane. Elles faisaient partie d'une petite communauté juive aux racines persanes. Nadezhda avait eu une carrière de chimiste reconnue tandis que Natalia avait travaillé comme agent de police, et toutes deux avaient toujours subi un antisémitisme considérable tant au niveau institutionnel que personnel. La majorité des 50 000 Juifs du Tadjikistan avaient fui le pays après l'effondrement de l'Union soviétique et l'avènement de la guerre civile en 1992. Le départ de Natalia avait été précoce, à la fin des années 80, mais Nadezhda avait initialement refusé de partir. Ce n'est qu'après que ses deux fils et sa fille avaient rejoint un groupe d'étudiants juifs en partance pour Israël en 1993 qu'elle-même s'était ravisée. À la fin de l'année, les deux sœurs étaient réunies à Netivot.

Tout cela avait un prix : arrivant en Israël à l'âge de 45 ans sans parler un mot d'hébreu, Nadezhda ne pouvait pas poursuivre sa carrière scientifique et a dû travailler comme caissière dans un supermarché – ce qui nécessitait qu'elle reste debout de longues heures d'affilée quand bien même ses pieds lui faisaient mal. Lorsqu'elle a trouvé un poste de soignante pour des citoyens russophones âgés, elle a sauté sur l'occasion. Pendant deux décennies, elle a cuisiné, nettoyé et chanté pour les aînés russophones de Netivot, jusqu'à ce qu'elle-même atteigne l'âge de la retraite à 65 ans. Natalia, pour sa part, était une mère au foyer qui n'avait eu que peu d'opportunités d'interagir avec des Israéliens en dehors de sa communauté.

Le matin de l'excursion à la mer Morte, Nadezhda a enfilé une longue robe verte ornée de tournesols jaunes assortie de boucles d'oreilles aux petites pierres vertes. Natalia avait choisi un t-shirt rose simple et un legging noir pour leur sortie à la plage.

Le chauffeur du minibus s'appelait Sharif Abou Taha. Il venait de Tel Sheva, la première grande municipalité bédouine permanente en Israël. Il a pris en charge les deux sœurs peu après 6 h 15 à Netivot. Sept autres passagers étaient déjà montés dans le bus à Ofakim dont Igor Kortzer, 73 ans et membre du « Club des citoyens du troisième âge » de la ville, assis à sa place habituelle et habillé comme à chaque voyage – un t-shirt blanc pour refléter la lumière, des lunettes de soleil rondes accompagnées de leur cordon, ainsi qu'une casquette grise. Il devait faire tout ce qu'il pouvait pour protéger sa peau claire du soleil israélien.

Igor est né cinq ans après la fin de la Seconde Guerre mondiale à Mazir, en Biélorussie, sur les rives de la rivière Pripiat. Sa mère, Fira, avait 4 ans lorsque le premier pogrom a éclaté dans la ville. Trente Juifs y ont été assassinés. À l'âge de 21 ans, elle a été témoin de l'occupation nazie. À leur arrivée, les Allemands ont massacré plus de 2 000 Juifs. Certains ont été tués chez eux, d'autres forcés de creuser leur propre tombe avant d'être exécutés. Fira, avec sa fille d'un an, Valentina, et son fils de 5 ans, Volodia, faisait partie de cette deuxième catégorie. Juste avant que les nazis s'apprêtent à tirer, cependant, un soldat lui a murmuré en russe : « Tombe, maintenant ! » – ce qu'elle a fait : elle est tombée, et tout le monde autour d'elle a été abattu. Après s'être cachés au milieu des corps pendant plusieurs heures, Fira et ses deux enfants se sont échappés. Plus tard, elle a été raflée au cours d'une *aktion* et devait être déplacée dans un ghetto. Elle a alors confié à Volodia sa petite sœur

Valentina et lui a ordonné de s'enfuir avec elle aussi loin qu'il le pourrait. Le garçon de 5 ans a couru avec le bébé d'un an, pieds nus dans la neige, jusqu'à ce qu'ils atteignent un village voisin, où ils ont été accueillis par une famille chrétienne. Deux ans plus tard, Fira a réussi à s'échapper du ghetto et à retrouver ses enfants.

Le mari de Fira est mort pendant la guerre et Igor est le premier enfant issu de son second mariage. Il a grandi entouré des récits déchirants de la survie de ses frère, sœur et mère. La famille souffrait souvent de la faim et Igor s'est longtemps souvenu d'un de leurs passe-temps typiques : chercher des pommes de terre sous la neige. À l'âge de 19 ans il s'est enrôlé dans l'Armée rouge et l'année suivante il a rencontré Berta, une belle femme juive de son âge, qu'il a ensuite épousée. Au cours des premières années de leur mariage, cependant, Igor a souvent été appelé en tant que réserviste de l'armée soviétique, servant en Sibérie et plus tard à Tchernobyl où il a eu la charge de « nettoyer » après la catastrophe nucléaire, inconscient des dangers des radiations. (Des années plus tard, il a été reconnu comme « Agent de neutralisation de la catastrophe de Tchernobyl », un statut qui le rendait éligible à une allocation gouvernementale d'environ 2 000 dollars par an.) Durant ses permissions, il emmenait ses trois enfants cueillir des fraises et des champignons dans les forêts entourant Mazir. À l'instar de Nadezhda et Natalia, il a émigré en Israël avec ses enfants lorsqu'il avait déjà une quarantaine d'années ; comme elles, il a rencontré des difficultés pour apprendre l'hébreu et exercé des métiers alimentaires pour subvenir aux besoins de sa famille.

À la place suivante dans le minibus se trouvait Michal Zarbaïlov, âgée de 60 ans et huit fois grand-mère. Son mari Abshalom avait essayé en vain de la persuader de passer cette matinée de vacances à la maison. « Tu viens tout juste de te réveiller ; comment peux-tu déjà t'ennuyer et vouloir quitter la maison ? » avait-il demandé. Abshalom, qui souffrait de diabète et avait du mal à suivre le rythme de Michal, ne se joignait quasiment jamais à ses fréquentes excursions le jour du shabbat.

Ils s'étaient rencontrés à l'enterrement du grand-père de Michal à Ouba, dans le nord de l'Azerbaïdjan, une ville dotée d'une forte communauté de Juifs caucasiens ou « Juifs des montagnes ». Abshalom était un lointain parent originaire de Derbent, au Daghestan, juste de l'autre côté de la frontière azérie-russe. Ils se sont mariés dans l'année et ont donné naissance à trois enfants : Daniel, Miriam et Rami. Leur quatrième, Iris, est née en Israël. Le bureau d'immigration avait d'abord placé la famille dans une ville côtière mais ils préféraient le climat d'Ofakim, où ils ont rejoint une large communauté de Juifs originaires du Caucase. Abshalom est devenu peintre en bâtiment tandis que Michal travaillait dans une usine de tri des déchets initialement située dans le Gush Katif, au sud de la bande de Gaza, jusqu'à ce qu'Israël quitte le territoire et que l'usine soit réimplantée à Sdérot. Son fils Daniel et elle y ont travaillé ensemble, effectuant des journées de seize heures au salaire minimum. Il y a quatre ans elle a enfin quitté son poste et c'est seulement l'année dernière qu'elle a trouvé un nouvel emploi, le premier qu'elle ait jamais aimé : celui d'auxiliaire de crèche.

Neuf passagers étaient montés à bord du minibus ; dix autres devaient être pris en charge à deux endroits différents dans Sdérot. À 6 h 30, ils sont arrivés au premier arrêt de bus, Yitzhak Shamir/Bibliothèque publique, situé à l'entrée de la ville, près du poste municipal de premiers soins. Valerie Friedman, trois fois père et deux fois grand-père, attendait là, coiffé d'une casquette Nike noire et portant un sac à dos.

C'est juste après avoir récupéré Valerie qu'Abou Taha s'est aperçu que le minibus avait un pneu crevé. Il a arrêté le véhicule pour regarder de plus près et s'est rendu compte que deux pneus avaient été touchés. Il a installé le cric, et c'est au moment où il tentait de soulever l'un des pneus endommagés que les missiles se sont mis à siffler au-dessus de sa tête.

Les passagers âgés, dont certains avaient des problèmes de mobilité, se sont précipités vers l'abri soi-disant « autonome » au niveau de l'arrêt de bus, prévu pour s'ouvrir instantanément et automatiquement dès la première sirène. Devant lui le panneau expliquait : « Chers citoyens, cette station sécurisée a été mise en place par le commandement du Front intérieur et le ministère de la Défense pour la protection et le bien-être

des résidents et des passants. Merci d'en prendre soin. »
Ils se sont vite rendu compte que le mécanisme électronique était dysfonctionnel, les condamnant à attendre au beau milieu de la rue qu'Abou Taha finisse de changer les pneus, entre les bancs gris délabrés.

Ils n'avaient nulle part où se cacher. Derrière eux se tenait le « Beit Yad Lébanim Sdérot », un lieu commémoratif pour les résidents de Sdérot ayant perdu la vie dans des attaques terroristes. Le mémorial avait été érigé cinq ans plus tôt dans le but de remplacer celui que les familles de victimes avaient critiqué pour son emplacement jugé irrespectueux, à côté de la piscine municipale.

Léonid, le petit frère de Natalia et Nadezhda, a téléphoné à ses sœurs pour prendre de leurs nouvelles à 6 h 45. Natalia lui a fait part de leur situation et a mentionné qu'elles avaient tenté en vain de contacter la municipalité pour que quelqu'un ouvre l'abri verrouillé.

Igor était appuyé contre le mur extérieur de l'abri, avec Nadezhda et Natalia. Zinaïda Beilin et Lyuda Furman étaient au téléphone et fumaient à la chaîne. Valerie Friedman se tenait simplement debout, les yeux levés en direction des missiles.

Reuven Panchasov, un policier bénévole, se trouvait près du groupe. Igor et Michal lui ont fait signe de venir pour qu'il essaye d'ouvrir l'abri. Reuven a tenté de fracturer la porte en donnant des coups de pied, sans succès. Danny Eisenman, un résident de Sdérot sorti promener son chien, a eu la surprise de voir ce groupe de vieillards terrifiés agglutinés à l'arrêt de bus en face de chez lui. Il leur a proposé de les conduire dans l'abri de son immeuble mais ils ont refusé. La plupart ont déclaré qu'ils avaient du mal à marcher ; ils espéraient que les missiles cesseraient bientôt de tomber et que les pneus du minibus seraient vite remplacés. Mais Danny a jeté un coup d'œil au cric et s'est aperçu qu'il n'était pas assez solide pour soulever le véhicule ; il s'est donc précipité dans son immeuble pour en chercher un autre.

Juste après être rentré chez lui, il a entendu une série de coups de feu. Les balles ont traversé l'une de ses fenêtres et effleuré la tête de sa fille âgée d'une quinzaine d'années. En regardant par les autres fenêtres, il a vu un van blanc rempli de terroristes du Hamas.

Panchasov, qui cherchait toujours un moyen d'ouvrir l'abri, a ouvert le feu sur les assaillants et a réussi à s'enfuir. Abou Taha a crié à son groupe : « Courez ! » mais c'était presque une plaisanterie – la plupart de ses passagers pouvaient à peine marcher. Et de toute façon, où auraient-ils pu aller ?

À travers sa fenêtre, Danny regardait, impuissant, ces personnes âgées tomber les unes après les autres sur le trottoir tandis qu'elles se faisaient tirer invariablement dans la tête, la poitrine et le ventre.

Le corps de Sofia Popov, vêtue d'une robe rose qui recouvrait un maillot de bain noir, gisait dans une mare de sang. Berta Shamayev, qui portait une chemise noire et rose, est tombée par-dessus Sofia. Michal Zarbailov était étendue à côté de son sac à main orné de perles, près de l'une des tongs rouges de Lyuda Furman. De l'autre côté du minibus, les corps de Nadezhda et Natalia étaient affalés l'un à côté de l'autre. Abou Taha est parvenu à esquiver les balles. Il s'est couvert du sang de ses passagers et a feint la mort pendant une heure jusqu'à entendre des voix parlant hébreu. Il s'est alors précipité vers la station-service la plus proche et a appelé Alexei, son patron, en criant : « Tout le monde est mort... tout le monde est mort ! »

Chaque personne qui se dirigeait vers le sud depuis le centre d'Israël en traversant Sdérot est passée devant ces cadavres de personnes âgées étendus sur le bord de la route. Leurs corps sont restés exposés au soleil pendant des heures, à découvert, donnant à de nombreux passants la possibilité de prendre des photos et des vidéos de la scène macabre et de les partager sur les réseaux sociaux.

Léonid, le frère de Nadezhda et Natalia, a reconnu ses deux sœurs sur l'une de ces publications – environ une heure et demie après leur assassinat. Il a appelé Irit pour l'informer que sa mère avait été tuée, mais elle a refusé de le croire. C'était l'unique fille de Nadezhda, seule entre deux garçons. Natalia n'ayant que des fils, elle considérait Irit comme sa propre fille, lui offrait des robes et des rendez-vous chez le coiffeur alors même que Nadezhda l'exhortait à se concentrer sur ses devoirs et ses leçons de piano.

Irit avait épousé un médecin et travaillé dans une entreprise pharmaceutique. Ses relations lui ont permis de contacter peu après l'attaque un ami médecin à l'hôpital Soroka, à qui elle a demandé d'examiner la liste des patients admis en urgence.

En regardant les publications de photos et de vidéos, Iris, la fille de Michal, a reconnu le corps de sa mère à ses vêtements mais elle a pensé qu'elle n'était que blessée. Elle s'est précipitée à Soroka, écumant les blocs opératoires et l'unité de soins intensifs à sa recherche.

Une semaine plus tard, Abshalom, le père d'Iris et mari de Michal qui venait de terminer la semaine de deuil rituel pour sa défunte épouse, a entendu parler des émeutiers de l'aéroport de Makhatchkala sur sa terre natale du Daghestan. Ils avaient voulu s'en prendre aux passagers d'un vol qui venait d'arriver d'Israël – une campagne coordonnée de provocation musulmane antisémite qui ne faisait que lui rappeler combien son existence était menacée, quel que soit l'endroit du monde où il se trouvait.

Le lundi matin, pendant ses heures de service en tant qu'infirmière à l'hôpital Billinson, la fille d'Igor, Yelena, a été convoquée au cimetière d'Ofakim afin d'identifier le corps. Le trajet qui n'aurait dû prendre qu'une heure et demie a duré presque le double. La route était jonchée de carcasses de voitures brûlées. Les missiles continuaient de pleuvoir autour d'eux, les forçant à s'abriter dans des caniveaux au bord de la route, couvrant leur tête avec leurs mains. À chaque intersection, des soldats les arrêtaient et les dirigeaient vers des routes alternatives par souci de sécurité. Près de l'école Sapir au carrefour de Sdérot, des militaires les ont mis en garde contre la présence de terroristes en cavale. Ils ont cherché refuge à la hâte sur le bas-côté, tandis que Yelena s'imaginait déjà l'assistante sociale annonçant à ses enfants que leurs parents étaient morts eux aussi, alors qu'ils étaient en chemin pour identifier le corps de leur grand-père.

Une fois au cimetière de Haïm Roumi à Ofakim, ils ont compris qu'ils n'étaient pas seulement là pour l'identification mais également pour l'enterrement.

Le processus de mise en terre était bref.

Il y avait dix-sept corps, et dix-sept familles qui attendaient.

Chaque famille a été appelée à identifier le corps de son défunt parent. Chaque identification positive était suivie d'une courte prière puis de l'enterrement.

Il n'y avait guère d'autre cérémonie ni d'éloge funèbre.

La seule autre parente de victime hormis Yelena et son mari était l'ex-femme d'Igor, Bertha, qui habitait près du cimetière. Aucun autre enfant n'a pu se rendre sur les lieux.

Depuis le 8 octobre, le complexe hôtelier près de la plage d'Ein Bokek à la mer Morte sert de logement temporaire à environ 15 000 résidents de la ville de Sdérot et des kibboutz autour de Gaza – des personnes évacuées dont les maisons ont été incendiées. Les touristes ont été remplacés par des gens en deuil qui, collectivement, ont perdu des centaines d'amis et membres de leur famille, ainsi que tous leurs biens. Les psychologues ont pris la place des masseuses, et les consultants en sauvetage d'otages celle des barmen et des serveurs. Les lobbies sont devenus des centres de coordination, des points de rassemblement pour ceux qui cherchent à se rendre dans des hôpitaux ou à des enterrements. Des adolescents qui ont perdu leurs parents se saoulent sur le trottoir jusque tard dans la nuit.

Les seize hôtels qui forment le complexe d'Ein Bokek comptent 4 000 chambres mais ne disposent pas des services élémentaires nécessaires pour y séjourner plus longtemps qu'un week-end. En guise de supermarché, deux grands camions viennent livrer couches, nourriture et boissons deux fois par semaine sur le parking de l'hôtel. Pour pallier l'absence d'école, le chantier d'un futur hôtel a été transformé en vue d'accueillir quinze salles de classe.

Personne ne sait quand tous ces gens pourront rentrer, ni même s'ils le pourront un jour, dans leurs maisons près de la frontière de Gaza – pour peu que celles-ci soient encore debout.

Les passagers dont Alexei a annulé le séjour à la mer Morte l'ont contacté pour lui exprimer leur gratitude.

VIII.

D'Odessa à Ashkelon

L'orphelinat se trouvait dans un grand immeuble en pierre protégé par une clôture ; des gardes étaient postés à l'entrée. Les Juifs d'Odessa se sentaient rarement en sécurité.

La cour, grise et vide en hiver, se transformait le printemps venu en potager géré par les orphelins qui y cultivaient concombres et tomates.

Les enfants, qui pouvaient aussi bien être des nourrissons que des jeunes de 17 ans, étaient répartis dans différentes ailes de l'orphelinat : il y avait celle des nouveau-nés, celle des filles, et celle des garçons. Dans chaque chambre de filles et de garçons se trouvaient six enfants, qui dormaient dans des lits superposés sur trois niveaux.

On a attribué le lit du haut à l'étage au plus jeune des frères Kusenov, quand l'aîné dormait dans un lit du bas au rez-de-chaussée. Marina venait leur rendre visite chaque mois, en plus de les appeler tous les jours ou presque. La plupart des autres enfants avaient des parents alcooliques, violents ou absents, voire plus de parents du tout.

Les frères Kusenov sont nés à Kharkiv, dans le nord-est de l'Ukraine ; Eduard en 2006, Radik en 2003. Leur mère Marina était juive, leur père Yuri était chrétien et alcoolique ; il les a abandonnés quand Eduard avait 3 ans et Radik 6. Marina travaillait au casino du coin, où elle devait souvent se défendre face aux avances d'hommes violemment ivres. La famille a souffert de la pauvreté et de la faim constante. Ils vivaient dans le quartier d'Odrada, connu pour sa misère et sa criminalité élevée. Au cours de sa première année à l'école, et alors qu'il n'avait que 5 ans, Eduard s'est fait agresser par un camarade de classe, qui lui a frappé la tête contre le sol avant de le rouer de coups. Il a dû passer plusieurs semaines à l'hôpital.

À sa sortie, Marina a décidé d'assumer pleinement ses origines juives : elle n'en a pas appelé à la miséricorde de Dieu, mais à celle de son peuple. Elle a circoncis ses deux fils avant de changer leur nom : Eduard est devenu Eitan, prénom hébreu signifiant « robustesse » et « longévité », Radik est devenu Natan, « celui qui donne ».

On lui avait parlé d'un orphelinat juif à Odessa, un endroit appelé « Tikva » (« Espoir » en hébreu) qui proposait de loger, nourrir, éduquer et soigner gratuitement les enfants juifs.

Eitan avait 6 ans et Natan 9 quand leur mère leur a fait faire les douze heures de train séparant Kharkiv d'Odessa. Une fois sur place, elle leur a montré la ville, ses grandes avenues et ses plages magnifiques, avant de les déposer à l'orphelinat ; elle leur a expliqué qu'à Odessa, on leur offrirait une vie bien meilleure qu'elle ne pourrait jamais le faire.

*

Fondée par Catherine II de Russie en 1794, Odessa était pour la Russie impériale une porte ouverte sur la Méditerranée, le Moscou de la mer Noire, le Saint-Pétersbourg du sud. La ville était l'une des plus ethniquement diverses de tout l'empire russe ; elle possédait un esprit progressiste et dynamique qui en faisait un havre russophone en Ukraine, ce qui attirait également les Juifs qui subissaient des interdictions, des accusations de meurtre rituel, et des massacres partout dans le reste de l'empire depuis des décennies. En 1815 il y avait 4 000 Juifs à Odessa ; en 1897, ils étaient environ 140 000, soit près de 37 % de la population totale.

Une telle explosion démographique a aidé Odessa à devenir le berceau du sionisme moderne. « Gaula », la première entreprise dédiée à l'achat de terrains en Palestine, a été créée dans la ville, où le cercle des « Sages d'Odessa » a également posé les bases de la culture hébraïque moderne ; il s'agissait d'un groupe hétéroclite composé de l'un des plus grands écrivains yiddish, Mendele Moïkher-Sforim, de l'essayiste et intellectuel sioniste Ahad Ha'am, de l'historien Simon Doubnov, et du futur patriarche de la poésie écrite en hébreu moderne, Haïm Nahman Bialik.

Bialik avait quitté sa yechiva de Volojine, située en Lituanie actuelle, pour arriver dans la ville en 1891, à l'âge de 18 ans. L'année suivante, il publiait son premier poème intitulé « À l'oiseau », un ensemble de questions posées à un oiseau revenu de Palestine à Odessa :

> *Chante-moi les miracles de ce lointain.*
> *Cher oiseau as-tu vu, dis-moi,*
> *Régner le mal et la souffrance*
> *Sur cette terre de splendeur ardente ?*
>
> *Les vallées lourdes de fruits, les collines*
> *Ont-elles chanté des cantiques pour ta venue ?*
> *Le Dieu de miséricorde a-t-Il pris Sion en pitié,*
> *Ou est-elle encore un cimetière à Ses yeux ?*

Malgré son passé philosémite, Odessa devenait souvent le théâtre de persécutions. Ces aspects contrastés de son histoire juive étaient indissociables : l'identité de la ville comme cœur du proto-sionisme s'est largement formée en réaction aux multiples pogroms, qui ont repris avec force après la première Révolution russe. Entre 1903 et 1906, environ deux mille Juifs ont péri au cours de ces massacres. Le pogrom de Kichinev d'avril 1903 en est un exemple majeur : quarante-neuf Juifs ont été battus à mort, poignardés et noyés à même les égouts.

De nombreuses femmes et jeunes filles ont été violées. Le quartier juif de Kichinev a été dévasté.

Bialik, âgé de 30 ans à l'époque et déjà considéré comme poète majeur de la langue hébraïque, a été nommé par le Comité d'histoire juive d'Odessa pour diriger une commission d'enquête sur ces atrocités. Suite à ses recherches sur les événements de Kichinev, il a écrit l'un de ses plus grands poèmes, intitulé « Sur le Massacre » :

> *Vous les Cieux, accordez-moi votre miséricorde.*
> *Si un Dieu siège en votre sein*
> *(et qu'un chemin que j'ignore*
> *mène à Lui), priez pour moi.*
> *Mon cœur est mort.*
> *Mes lèvres ne peuvent plus prononcer de louanges.*
> *L'espoir et la force m'ont quitté.*
> *Combien de temps encore ? Combien ?*

Deux ans plus tard, en octobre 1905, Odessa a subi un nouveau pogrom. Les policiers ont distribué des bouteilles de vodka et des pistolets à la foule, qui s'en est allée tuer quatre cents Juifs et cent non-Juifs.

Chaque vague de pogrom a entraîné une nouvelle vague d'aliya, d'immigration juive en Palestine sous mandat britannique. Entre 1904 et 1914, presque 40 000 Juifs russes ont fait le voyage, jouant ainsi un rôle crucial dans la création du futur État juif.

Ils sont partis juste à temps.

Entre novembre 1918 et mars 1921, pendant l'invasion de l'Ukraine par l'Armée rouge au lendemain de la Première Guerre mondiale et de la Révolution russe, une guerre civile a éclaté ; elle a mené au massacre d'environ 100 000 Juifs au cours de plus de 1 000 pogroms, qui ont servi de répétition au massacre nazi à venir. Odessa était la plus grande ville de ce que les Allemands viendraient à appeler la Transnistrie. Après s'être emparés de la région au tout début de la Seconde Guerre mondiale, ils en ont confié le contrôle à la Roumanie, qui a occupé Odessa à l'été 1941. La population juive avait déjà été divisée de moitié : de 200 000 avant la guerre, il n'en restait qu'environ 90 000, dont 8 000 se sont immédiatement fait tuer par les Roumains. Entre le 22 et le 25 octobre 1941, 44 000 autres Juifs ont été massacrés, quand les 40 000 restant ont été déplacés dans un ghetto en périphérie de Slobodka. Puis, jusqu'à janvier 1942, la grande majorité des Juifs d'Odessa ont été tués au cours de marches de la mort ou en camps de concentration.

Les derniers représentants du judaïsme soviétique se sont regroupés dans les grands centres urbains après la Shoah, dont Odessa. Selon le recensement de 1959, il y avait 106 700 Juifs dans la ville, même si l'interdiction de toute activité religieuse instaurée par le régime soviétique a signé l'arrêt de la vie institutionnelle juive.

La chute de l'Union soviétique en 1991 a permis la renaissance d'Odessa, grâce aux Juifs d'Israël revenus dans la ville de leurs ancêtres. Parmi eux se trouvait Chlomo Baksht, né à Petah Tikva en 1960 dans une famille juive orthodoxe d'origine russe. Son père, Rabbi Haïm Menahem, avait exercé en tant qu'adjoint au Grand Rabbin de Tsahal. En 1993, le rabbin Baksht s'est rendu à Odessa où, parti à la recherche des derniers Juifs, il a rouvert des synagogues et des écoles. Il n'avait pas initialement prévu d'ouvrir un orphelinat, mais après avoir rencontré des centaines d'enfants juifs maltraités et livrés à eux-mêmes, il en a fait l'une de ses missions principales.

L'accès de l'Ukraine à l'indépendance a entraîné une pauvreté généralisée due à la fermeture des usines et des industries de l'ère soviétique, ce qui a provoqué un chômage endémique. Nombreux sont ceux qui ont perdu leur maison ou qui, sans protection sociale ni salaire suffisants, ont cédé au désespoir et abandonné leurs enfants. L'orphelinat juif « Tikva » a ainsi dû gérer beaucoup plus de pensionnaires qu'il ne pouvait en accueillir. Au cours des trente dernières années, des milliers d'enfants y ont grandi.

*

À l'orphelinat, les deux frères Kusenov vivaient aussi bien qu'on pouvait le souhaiter dans l'Ukraine des années 2000. La faim, la criminalité et le grand nombre de personnes à la rue gangrénaient toujours Odessa et Kharkiv, mais Eitan et Natan mangeaient trois fois par jour, ils avaient des habits chauds, leurs professeurs reconnaissaient leur intelligence et leur humour, et ils pouvaient rendre visite à leur mère deux fois par an. Quand elle a rencontré Anton (qu'ils appelaient parfois même « Papa »), avec qui elle a eu un fils, un nouveau petit frère du nom de Yonatan, ils ont accueilli la nouvelle avec joie. Ils n'étaient même pas jaloux du fait que Yonatan ne soit pas envoyé à l'orphelinat avec eux et qu'il puisse rester à la maison. En 2019, Natan a terminé sa scolarité à Tikva ; il est donc rentré vivre à Kharkiv avec Marina, Anton, Yonatan et sa grand-mère Ira, laissant Eitan, alors âgé de 13 ans, seul à l'orphelinat.

Eitan Kusenov était désormais un grand et beau jeune homme. Au moment de célébrer sa bar-mitzvah il parlait non seulement hébreu couramment, mais c'était aussi un élève prometteur et un excellent footballeur.

Odessa était devenue son terrain de jeu. Il connaissait chaque rue, de même que chaque bar qui servait de l'alcool aux mineurs. La nuit venue, lui et ses amis escaladaient souvent le mur de l'orphelinat pour sortir faire la fête. Ils fumaient des cigarettes, buvaient du whisky, prenaient parfois un chawarma non casher au « Turc d'Odessa » ou des pizzas, casher cette fois, au « Hava Nagila » près des escaliers Potemkine. En journée il leur arrivait de feindre une maladie quelconque pour ensuite esquiver la surveillance du garde à l'entrée et passer la journée à la plage d'Otrada située près du centre-ville. Le shabbat, les résidents de l'orphelinat rejoignaient les autres Juifs de la ville à la synagogue. Eitan aimait bien les fêtes juives, surtout Pourim, car les garçons les plus âgés de l'orphelinat recevaient un peu d'argent en cadeau. Le reste de ses revenus, dont il envoyait une partie à sa famille, était assuré par son travail au supermarché casher.

Ses souvenirs d'enfance à Kharkiv ont doucement commencé à s'estomper. Comme beaucoup de Juifs avant lui (« Mon amour pour Odessa n'a jamais connu et ne connaîtra jamais de fin », disait Jabotinsky en 1935), Eitan considérait désormais Odessa comme sa seule et unique maison.

*

« *Vous les Cieux, accordez-moi votre miséricorde.* » Les premiers mots que Bialik écrit dans son poème en mémoire du pogrom de Kichinev rappellent la prière juive « El Malei Rahamim » (« Dieu plein de miséricorde »). Cette prière est traditionnellement récitée pour demander que l'âme des défunts repose en paix, même si les vivants sont ceux à qui une telle miséricorde servirait le plus.

En mai 2014, la Russie a envahi la Crimée. L'Ukraine a ainsi perdu presque un tiers de son littoral, ce qui a fortement affaibli Odessa, port principal de la mer Noire. La tension dans la ville était palpable, donnant lieu à des altercations entre manifestants pro-européens et factions anti-Maïdan désireuses de faire passer Odessa sous contrôle russe. Le 2 mai, un rassemblement pour une « Ukraine unie » a été attaqué par des séparatistes soutenus par la Russie. Ils ont visé les manifestants à coups de pierres et de cocktails Molotov ; des tirs ont été entendus des deux côtés. Quarante-neuf personnes sont mortes, faisant de cet événement le conflit civil le plus meurtrier dans la région depuis la révolte bolchévique d'Odessa en 1918.

Le rabbin Baksht savait que les périodes de ce genre ne présageaient jamais rien de bon pour les Juifs, il a donc décidé de faire évacuer l'orphelinat. Les enfants ont été amenés par bus à Mykolaiv, une ville située à l'est d'Odessa. Ils y ont passé une semaine entière avant que le rabbin ne considère que la situation était suffisamment pacifiée pour qu'ils puissent rentrer. L'orphelinat est toutefois resté en état d'alerte et a augmenté ses stocks de conserves, d'eau et de matériel médical.

*

Début 2022, l'armée russe s'est postée à la frontière ukrainienne ; la guerre menaçait d'éclater à tout moment. Entre-temps, le rabbin Baksht avait contacté une société de sécurité privée pour engager vingt-cinq gardes israéliens afin de compenser la conscription imminente des Ukrainiens employés à l'orphelinat. Il est parvenu à mettre la main sur deux grands camions, qu'il a remplis de nourriture, d'eau, de matériel médical, de groupes électrogènes et de couvertures, afin de subvenir à la fois aux besoins des centaines d'enfants dont il avait la charge et des milliers de Juifs de la communauté d'Odessa.

Eitan, désormais âgé de 16 ans, s'intéressait peu à la politique. Poutine ? Il connaissait ce nom uniquement parce que les supporters d'un match de football auquel son beau-père Anton l'avait emmené s'étaient mis à entonner des chants contre lui. Anton lui avait expliqué que Poutine n'hésiterait pas une seconde à détruire l'Ukraine si l'occasion lui en était donnée. Eitan n'avait pas bien compris que Poutine allait vraiment tenter de le faire. Zelensky ? Il l'avait déjà vu dans des films à la télévision. Quand Eitan venait à Kharkiv, il aimait bien regarder *Rassmeshi komika*, la série TV dans laquelle jouait Zelensky : il la trouvait plutôt drôle, et il aimait bien savoir que Zelensky était juif.

Le matin du 24 février 2022, alors que l'invasion de l'Ukraine par la Russie venait d'être lancée, le rabbin Baksht était au téléphone. Il avait identifié cinq destinations d'évacuation potentielles, et cherchait à savoir laquelle était la plus sûre. Par ailleurs, la majorité des orphelins n'avaient pas de passeport, ce qui compliquait la situation. Il a fait en sorte que les camions de matériel partent avant les enfants pour que tout soit déjà mis en place à leur arrivée.

L'invasion russe progressait, surtout de Biélorussie en direction de Kiev, et de Russie vers Kharkiv. Au sud du pays, un autre front se formait en Crimée, ciblant Louhansk et Donetsk. L'appartement de la famille Kusenov, situé à peine à 25 kilomètres de la frontière entre la Russie et l'Ukraine, tremblait à chaque attaque de missile. Tôt ce matin-là, les frappes russes ont ciblé Odessa ;

certains enfants de l'orphelinat ont été réveillés par des bruits d'obus qui explosaient à proximité.

Eitan s'est levé avec un mal de gorge et de la fièvre. Il entendait des cris dans le couloir : « Les enfants, debout ! La guerre a débuté ! La Russie nous attaque ! Faites vos affaires, nous partons bientôt ! »

L'orphelinat était plongé dans le chaos le plus total ; les enfants pleuraient tout en essayant de faire leur valise, ils glanaient des informations en ligne, postaient des messages sur les réseaux sociaux, et cherchaient à appeler leur famille. Pour rassurer les plus jeunes, les assistantes sociales de l'orphelinat ont expliqué qu'ils ne faisaient que partir en vacances ; aux plus âgés, elles ont dit qu'ils rentreraient tous bientôt à Odessa. À chaque tranche d'âge son propre récit. La tension était tellement palpable que l'un des employés s'est mis à distribuer des cigarettes à tous les adolescents de plus de 15 ans, leur suggérant de « fumer pour se détendre ». Eitan a enchaîné les cigarettes, mais sans parvenir à se calmer. Marina lui a dit que Kharkiv était aussi bombardée et qu'il devait s'enfuir avec les autres. Il est allé voir le rabbin Baksht pour lui demander si sa famille pouvait venir avec eux, quelle que soit la destination ; le rabbin lui a promis de faire de son mieux.

À 13 heures, les enfants ont appris que tous les détenteurs d'un passeport devaient embarquer dans des bus qui partaient pour la Moldavie une heure plus tard. Eitan, ainsi que cent cinquante autres enfants sans papiers d'identité, a dû rester sur place. Après une série d'explosions près de l'aile des filles à 20 h 30, les plans se sont accélérés. À 10 h 30 le lendemain matin, un vendredi, l'orphelinat était intégralement vidé et quinze bus, dont celui transportant Eitan, étaient en route vers les montagnes des Carpates près de la frontière roumaine.

En règle générale le trajet durait neuf heures, mais ce jour-là des kilomètres de bouchons bloquaient les routes. Les sirènes d'alarme sonnaient constamment. Quelques heures après avoir quitté Odessa, l'équipe de l'orphelinat a appris que des missiles russes étaient tombés près du bâtiment qu'ils venaient d'évacuer.

Eitan était assis à l'arrière du bus ; il envoyait des messages à Marina tout en observant les tanks ukrainiens qui avançaient en direction opposée. Les téléphones devaient normalement être éteints pour respecter le shabbat, mais Eitan a eu le droit de garder le sien allumé. Marina était en train de chercher un moyen de s'échapper pour rejoindre le groupe de l'orphelinat avec Yonatan, son fils de 6 ans. Ils sont arrivés dans les Carpates au bout de vingt-sept heures. Ils étaient en sécurité, mais la maison d'hôtes où ils logeaient n'était qu'un abri temporaire. La prochaine étape se trouvait encore à vingt heures de route, de l'autre côté de la frontière roumaine : il s'agissait de Neptun, une station balnéaire au bord de la mer Noire.

En plein cœur de l'hiver, Neptun était totalement déserte.

L'Agora, un hôtel vide à cette saison, est devenu le nouveau foyer des Juifs d'Odessa. Lors de la première semaine, environ huit cents Juifs de la ville ont rejoint les orphelins à Neptun. Au cours du premier mois, près de mille cinq cents autres sont arrivés, remplissant ainsi trois hôtels. La chambre d'Eitan donnait sur la mer, mais il s'en fichait : les plages de Neptun ne rivalisaient en rien avec celles d'Odessa. Toutefois, ses prières ont finalement été exaucées : sa mère Marina, son frère Yonatan et sa grand-mère Ira étaient parvenus à s'échapper, et ils étaient en route pour Neptun. Eitan a couru pieds nus dans la neige pour les accueillir. Deux mois plus tard, Anton et son frère Natan ont également réussi à rejoindre leur famille.

La famille Kusenov a vécu ensemble dans la même chambre d'hôtel pendant presque un an. Ils y étaient à l'étroit et il faisait toujours froid, mais c'était la première fois qu'Eitan vivait avec sa famille depuis son arrivée à l'orphelinat, l'année de ses 6 ans.

*

Comme beaucoup d'Ukrainiens, la famille Kusenov a dû faire face à un choix difficile. Rentrer en Ukraine était dangereux, mais en Roumanie ils ne possédaient aucun statut permanent : officiellement, ils n'étaient que des résidents temporaires. La solution, semblait-il, était Israël, dont les immigrés ukrainiens partis avant eux vantaient les conditions de vie et les opportunités éducatives ainsi que professionnelles. Natan a décidé de rester en Roumanie auprès de la communauté juive d'Odessa, quand Eitan, Marina, Anton, Yonatan et Ira ont choisi de faire leur aliya. La seule question était : où s'installer ?

Macha, une amie ukrainienne de Marina qui vivait à Ashkelon, leur a proposé de la rejoindre dans cette ville du sud, connue pour son importante communauté ukrainienne et sa population originaire d'autres régions de l'ex-URSS. C'est à Ashkelon qu'ils avaient le plus de chances d'être embauchés en tant que russophones. C'est ainsi qu'en février 2023, un an après avoir fui l'Ukraine, la famille Kusenov est arrivée en Israël.

Eitan se promenait souvent le long de la plage d'Ashkelon, à la recherche de traces d'Odessa dans le sable. S'il plissait suffisamment fort les yeux en ignorant les sacs plastique épars, il arrivait presque à se convaincre qu'il était encore à la maison. La température maximale en hiver, il faisait parfois plus de 29 degrés en février, était supérieure à la plupart des jours d'été en Ukraine. Sur le balcon de leur nouvel appartement, ils pouvaient profiter du soleil et admirer la mer Méditerranée.

La vie a doucement repris un semblant de normalité. Marina et Anton ont trouvé du travail dans un atelier de confection, alors qu'Eitan et Yonatan se sont fait de nouveaux amis à l'école.

Lors d'une attaque de roquettes lancées depuis Gaza en mai, ils sont restés assis sur le balcon, une bière à la main, pour observer le Dôme de fer intercepter les missiles. Marina affirmait que depuis qu'elle avait échappé aux bombardements de Poutine à Kharkiv, elle n'avait plus peur de rien. Ils connaissaient l'existence du Hamas, mais ils se sentaient en sécurité en Israël, pays qu'ils avaient appris à aduler pour ses entreprises hightech et son armée, l'une des plus puissantes et des plus sophistiquées au monde.

*

Le samedi 7 octobre, la famille Kusenov avait prévu de partir en excursion à la mer Morte. Karina, une autre amie ukrainienne de Marina qui avait immigré en Israël, leur avait proposé de rejoindre sa famille là-bas. La veille, Anton avait étudié le trajet sur des cartes routières : il ne faisait pas confiance au GPS.

À 6 heures du matin, le Hamas a lancé son barrage de roquettes. L'appartement de la famille ne possédait pas de pièce sécurisée. Le grondement des missiles ne ressemblait à rien de ce qu'Eitan avait déjà entendu à Odessa. Karina leur a suggéré de « quitter Ashkelon au plus vite et de venir à la mer Morte. La zone est en général assez calme, et vous pourrez rentrer chez vous dès que la situation sera apaisée ». Ils sont partis à la hâte, prenant toutefois leur maillot de bain dans l'espoir de réussir à se baigner.

À bord de leur Kia Niro grise, ils ont emprunté le trajet le plus court qu'Anton avait trouvé. En passant par des villages le long de la frontière avec Gaza, leur voiture s'est retrouvée prise dans les odeurs de fumée et de flammes. Une station radio russophone, Kan Reka, 100.3 FM, évoquait la présence de terroristes du Hamas déguisés en soldats de Tsahal qui attaquaient les kibboutz et mochavs des alentours. Ils ont vu des corps éparpillés le long de la route, les bandes d'arrêt d'urgence jonchées de cadavres. Anton, qui roulait à 200 km/h, passait devant des silhouettes armées dont il ne parvenait pas à identifier le camp : amis ou ennemis ?

Eitan était convaincu qu'il allait mourir, mais il ne savait pas si ce serait sous un tir de missile ou une balle de terroriste. Au moins, s'est-il dit, il mourrait avec sa famille, pas comme un orphelin.

*

Deux semaines plus tard, alors qu'Eitan rentrait à Ashkelon pour y récupérer les affaires de sa famille, il a découvert que leur appartement avait été touché par une roquette.

L'explosion avait détruit les fenêtres et les murs ; le salon et le balcon étaient ensevelis sous les décombres. Eitan s'est dépêché de rassembler quelques affaires dans des valises avant de repartir. Quelques jours plus tard, un autre missile s'est abattu sur les décombres de leur immeuble et a rendu presque tout ce qui s'y trouvait irrécupérable.

Bien que réticents à l'idée d'un nouveau déménagement, après ces deux tirs de roquette sur leur maison, ils ont décidé de ne pas retourner à Ashkelon.

La famille Kusenov s'est installée à Migdal HaEmek, une ville de 30 000 habitants à un demi-kilomètre du kibboutz Nahala et à quatre kilomètres au sud-ouest de Nazareth. Il n'y a pas de plage, mais la mer de Galilée n'est pas trop loin non plus. Marina et Anton ont réussi à trouver un nouveau travail dans une usine de composants électroniques. Eitan a commencé des études d'ingénieur.

Depuis le début de l'invasion russe, environ 1 000 réfugiés ukrainiens venus s'installer à Ashkelon et Ashdod ont dû fuir à nouveau en octobre 2023. Au total, près de 50 000 Ukrainiens ont trouvé refuge en Israël depuis le début de la guerre avec la Russie, dont un quart ont moins de 17 ans. Depuis le 7 octobre, des dizaines d'entre eux ont servi dans les rangs de Tsahal, et à ce jour presque 2 500 de ces nouveaux immigrés ont quitté Israël pour continuer leur errance, à la recherche d'un foyer stable.

Israël, terre de splendeur ardente. Qui est encore un cimetière à Ses yeux.

IX.

Aller-retour à Be'eri

Alors qu'il venait de se réveiller dans son lit aux côtés de Noa, sa femme depuis soixante ans, Roni Levy a été abattu.

Dix heures auparavant, l'octogénaire avait été le premier à monter sur scène. Ses joues étaient devenues toutes rouges, avant qu'il remette ses lunettes pour lire un texte écrit sur une feuille de papier froissée.

À l'occasion du soixante-dixième anniversaire du kibboutz Be'eri, une fête avait été organisée, au cours de laquelle Roni avait été invité à partager ses souvenirs des années 1950, à son arrivée d'Algérie, alors seul et ne parlant qu'arabe.

« Je ne comprenais pas la langue commune, j'étais incapable de communiquer avec les autres enfants. On m'a dit qu'un professeur particulier pourrait me l'apprendre jusqu'à ce que j'aie le niveau pour rejoindre le cours avec tout le monde. C'est là que j'ai rencontré une résidente du kibboutz aux yeux verts, qui rayonnait de l'aura des femmes enceintes ; elle s'est assise à côté de moi pour me faire découvrir l'hébreu. C'était une enseignante exceptionnelle, qui m'a permis de rejoindre l'école grâce à une compréhension plus que correcte de la langue au bout de trois mois à peine. Avec son mari, ils ont même proposé de m'adopter, et c'est ainsi que nous sommes devenus une famille. »

Tour à tour, d'autres habitants du kibboutz ont suivi Roni sur scène ; beaucoup étaient des enfants ou petits-enfants des fondateurs. Ils étaient encore 1 200 membres à vivre dans ce kibboutz, ce qui en faisait le plus grand de la frontière avec Gaza. Ils étaient tous réunis pour cette fête – non pas la fête juive de Simhat Torah, mais leur propre fête laïque et communautaire en mémoire du jour où le kibboutz Be'eri avait été fondé, en octobre 1946.

« Bonsoir et bonne fête, kibboutz Be'eri ! Ce soir, nous célébrons notre soixante-dix-septième année d'existence », ont clamé deux jeunes habitants, aussitôt applaudis.

Le vin coulait à flots, des bougies avaient été disposées sur des tables recouvertes de nappes à carreaux, tandis que, sur scène, un chanteur et un guitariste interprétaient des chansons choisies par des habitants du kibboutz, comme « C'est là que tout a commencé » et « Nous plongeons dans l'inconnu/insoucieux face à l'avenir qui nous attend ».

Les paroles étaient prophétiques : le lendemain matin, un habitant du kibboutz sur dix serait tué. Des corps de femmes et de jeunes filles seraient retrouvés nus dans les maisons en ruines, à côtés d'hommes décapités et d'enfants brûlés vifs. Trente membres du kibboutz seraient kidnappés et emmenés à Gaza. Leur maison, leurs champs et leurs vergers seraient entièrement détruits ; même leurs chiens se feraient abattre.

Pendant quatre-vingts ans, Be'eri avait prospéré en tant que coopérative socialiste, où chaque membre, qu'il soit cadre dirigeant ou agent d'entretien, recevait le même salaire en mettant ses compétences au service du kibboutz. La grande majorité des revenus provenait d'une imprimerie créée dans les années 1950 qui travaillait beaucoup pour l'État, en fournissant par exemple les permis de conduire. Be'eri possédait également des cultures de plein champ, des vergers d'avocats, d'agrumes et de mangues, ainsi qu'une galerie d'art.

Jusque dans les années 1980, les enfants dormaient en communauté, séparés de leurs parents, créant ainsi des liens entre camarades de classe qui étaient souvent plus forts qu'entre frères et sœurs. Du point de vue financier et social, le kibboutz ressemblait plus à une grande famille qu'à une ville traditionnelle.

Au cours des dernières élections, plus de quatre-vingt-quatorze pour cent des habitants ont voté pour des partis de gauche ou du centre.

Malgré deux décennies d'attaques de roquettes dirigées contre leurs maisons, les membres du kibboutz Be'eri – situé à seulement quatre kilomètres de la frontière – ont toujours continué à donner des milliers de shekels chaque mois à des familles gazaouies. Cette collecte de fonds était une tradition communautaire héritée des années 1970, à une époque où le kibboutz embauchait des ouvriers palestiniens et où la liberté de mouvement entre Gaza et les implantations israéliennes était encore garantie. Quand les attentats de la seconde intifada ont amené le gouvernement israélien à cesser de délivrer des permis de travail, empêchant les travailleurs palestiniens de venir au kibboutz, ses habitants ont commencé à mettre un peu d'argent de côté chaque année pour venir en aide aux anciens employés. De nombreux membres sont aussi devenus bénévoles dans une ONG appelée Les Voies de la guérison, fondée par une Israélienne dont le frère avait été kidnappé puis tué par le Hamas en 1993. Les Voies de la guérison transporte des patients gazaouis vers des hôpitaux israéliens, où ils sont opérés, placés sous chimiothérapie, et bénéficient de traitements vitaux.

Lors de la fête pour les soixante-dix-sept ans du kibboutz, de nombreux bénévoles étaient en train de boire et de chanter. Parmi eux se trouvait le couple formé par Hadas et Adi Dagan.

Hadas était la fille d'un rescapé allemand de la Shoah, quand les parents d'Adi, Gnossia et Bouda Dagan, étaient les premiers à s'être jamais mariés à Be'eri.

Hadas a rencontré Adi au cours d'une sortie scolaire dans le Sinaï. Ils ont décidé de rester au kibboutz pour y élever leurs quatre enfants. Hadas est devenue responsable pédagogique du lieu, tandis qu'Adi en a assuré la gestion financière pendant ses années fastes.

Chaque jeudi, ils conduisaient des patients palestiniens dans des hôpitaux israéliens. Ils avaient rejoint le projet grâce à leur amie Vivian Silver, qui habitait aussi à Be'eri.

Vivian est arrivée à la soirée peu après la fin d'un rassemblement pour la paix qu'elle avait organisé à Jérusalem, et qui avait réuni des milliers de femmes israéliennes et palestiniennes de Gaza et de Cisjordanie. Ensemble, elles avaient clamé : « Les Israéliennes et les Palestiniennes sont déterminées à changer la nature du conflit ! Nous refusons de déplorer de nouvelles victimes. Il est temps que la voix des femmes soit entendue ! Nous devons mettre fin à ce cycle de violence. » Vivian était confiante en quittant l'événement, mais il faut dire que l'optimisme était son principal trait de caractère.

Elle était déjà proche de la cinquantaine en venant s'installer au kibboutz. Née à Winnipeg au Canada, élevée dans une famille juive traditionaliste, elle avait reçu une bourse pour étudier un an à l'Université hébraïque de Jérusalem, où ses affinités ont glissé du judaïsme vers le sionisme.

Elle y a rencontré un groupe d'étudiants appartenant à la branche new-yorkaise du mouvement Habonim Dror ; elle les a rejoints, finissant par épouser l'un d'eux, un homme qui s'appelait Marty. Ils ont officiellement immigré en Israël en 1974, où ils ont fait partie des membres fondateurs du kibboutz Gezer. Marty a quitté Vivian et Gezer, mais Vivian y est restée ; elle a été l'une des premières à endosser des rôles habituellement assurés par des hommes. Au début des années 1980, elle a même créé un département officiel dans le kibboutz pour défendre l'égalité de genre. C'est cet activisme qui lui a permis de rencontrer Louis Zeigan, avec qui elle a fondé une famille. Ils ont déménagé au kibboutz Be'eri en 1990, après quoi Vivian a été embauchée comme codirectrice du Negev Institute, une association israélienne pour l'éducation et la paix.

Poursuivant son engagement en faveur de la coexistence israélo-palestinienne, elle a cofondé Women Wage Peace, « Les Femmes déclarent la paix », avant de rejoindre le conseil d'administration de B'Tselem, l'une des principales organisations de défense des droits de l'homme en Israël. Elle se définissait comme « sioniste conditionnelle », en ce sens qu'elle n'était prête à soutenir ardemment l'existence d'un foyer national juif que s'il garantissait les droits et la dignité des Palestiniens.

Au premier rang, tout près de la scène, se trouvaient les parents de la famille Zemach. Chlomit et Doron étaient les enfants des fondateurs du kibboutz, une communauté de Juifs déportés de Bagdad qui, tout comme un nombre significatif d'autres Juifs arabes, ont trouvé refuge en Israël au moment de sa création.

Jusqu'en 1941, Carmela Zemach, alors âgée de 9 ans, vivait avec sa famille dans la capitale irakienne, au sein d'un quartier où Juifs et Arabes cohabitaient. Les émeutes du Farhoud ont changé sa vie : en l'espace de quelques jours au mois de juin, des centaines de Juifs ont été tués. Une foule de musulmans a attaqué la maison de la famille Zemach qui, en plus d'avoir verrouillé les portes, les avait barricadées avec les meubles du salon.

Carmela est arrivée en Israël en 1950, à l'âge de 18 ans. C'est là qu'elle a rencontré Yaakov, un autre Juif de Bagdad, dont la famille avait immigré à Hébron. Lui aussi s'était fait persécuter dans son enfance, et sa famille avait failli perdre la vie au cours du même pogrom du Farhoud, à la suite duquel le mouvement clandestin irakien sioniste avait été créé. Yaakov l'a rejoint quand il avait 15 ans. Tous les matins, en allant à l'école, il passait devant une potence d'où pendait toujours un corps : en général c'était celui d'un Juif, parfois celui d'un communiste.

Le petit-fils de Carmela et Yaakov, Shachar Zemach, âgé de 39 ans, avait vécu toute sa vie à Be'eri ; il assurait brillamment la gestion financière de l'imprimerie du kibboutz depuis qu'Adi Dagan avait pris sa retraite. Activiste de gauche reconnu, il avait servi dans Tsahal avant de témoigner pour l'association Briser le silence, qui dénonce les actions illégales de l'armée envers les Palestiniens dans les territoires occupés. Il proposait bénévolement des visites de Hébron à ceux qui souhaitaient approfondir leur compréhension du conflit.

Vers le fond de la salle, assise à l'une des tables latérales, se trouvait la famille Hetzroni. Le grand-père, Avia, avait grandi au kibboutz et faisait partie de la même classe qu'Adi Dagan, à l'époque où les enfants étudiaient, mangeaient et dormaient tous ensemble. Il avait demandé aux musiciens de jouer une chanson de Peña Bergstein, que leur institutrice de maternelle leur chantait : « Vous avez planté des mélodies en moi, mon père, ma mère, des mélodies de cantiques oubliés… Elles germent, germent encore… mon cœur reste silencieux… jusqu'à ce qu'elles grandissent et s'élèvent… »

Les parents d'Avia, Margalit et Yair, étaient des Juifs nés en Israël faisant partie de la génération des fondateurs de l'État. Trois de leurs enfants ont prolongé cet héritage : Ayala, Nitza et Avia lui-même.

Nitza avait trois fils, Avia une fille. Ayala n'avait pas d'enfants.

Avia avait deux petits-enfants, les jumeaux Liel et Yanai, dont la naissance a plongé leur mère Shira dans un coma dont elle n'est ressortie que lourdement handicapée.

Depuis ce jour, Avia Hetzroni dédiait tout son temps à sa fille Shira, pendant que sa sœur, Ayala, s'occupait des jumeaux. Elle vivait avec eux dans la maison en face de celle des Dagan, qui offraient tout le temps des oranges et des gâteaux aux enfants. Si elle acceptait avec réticence, elle profitait volontiers de l'aide des enfants de Nitza, les frères Omri et Shagi Shafroni. Dans cette famille mélangée, les frontières entre parents et oncles étaient souvent floues : les jumeaux étaient élevés en communauté.

À l'une des dernières tables, les frère et sœur Yair et Raya Rotem étaient assis avec leur amie Narkis Hand. Raya avait douze ans de plus que Yair. Lui était photographe publicitaire et éditeur ; Raya avait pratiqué la médecine chinoise, l'acupuncture et la réflexologie avant de rejoindre l'imprimerie. Elle avait une fille de 12 ans, Hila, qu'elle élevait seule ; Yair, lui, venait de se marier à une Chinoise. Ils rentraient tout juste de la cérémonie qu'ils avaient organisée en Thaïlande.

« C'est tellement beau la Thaïlande, pourquoi on viendrait pas vivre ici ? Il y a ni terroristes ni roquettes dans ce pays », avait suggéré Hila à sa tante pendant le voyage.

Raya Rotem et Narkis Hand ont grandi dans le même dortoir, celui de la promotion de 1969. Narkis, danseuse et institutrice de maternelle, est tombée amoureuse de Thomas Hand, un Irlandais venu faire du volontariat au kibboutz. Ils se sont mariés quand elle n'avait que 24 ans ; peu de temps après, elle a donné naissance à Eden, puis à Natalie deux ans et demi plus tard. Environ trois ans après, le couple a divorcé. Tom a rencontré une femme du nom de Liat, avec laquelle il a eu une fille, Emily. Quand Liat est morte du cancer, Narkis a accueilli Emily chez elle pour l'élever comme sa fille.

Ce soir-là, les mères ont laissé leurs filles seules à la maison. Pendant que les adultes chantaient et buvaient, Hila Rotem, 12 ans, et Emily Hand, 8 ans, organisaient une soirée pyjama avec des films et des bonbons – elles avaient la maison pour elles toutes seules sans les parents pour les surveiller.

*

Peu après 6 heures du matin, Hila Rotem s'est réveillée au son des roquettes. Elle a enjambé Emily délicatement pour courir dans la chambre de sa mère.

« Est-ce que je dois réveiller Emily, ou est-ce que les missiles vont bientôt s'arrêter de tomber ? » se demandait Hila. Elle avait les yeux clairs de sa mère, et les mêmes cheveux noirs bouclés.

« Oui, va la réveiller ; vous pouvez retourner dormir dans la pièce sécurisée », a répondu Raya, qui s'est ensuite dépêchée d'aller barricader leur porte d'entrée, qu'elle laissait généralement ouverte. Comme chez beaucoup d'habitants du kibboutz, la pièce sécurisée n'avait pas de verrou : pour plus de protection, Raya a donc empilé deux fauteuils – les préférés de son défunt père – sur lesquels elle a posé un pot de fleurs ; la porte était ainsi renforcée par les objets les plus lourds qu'elle ait pu trouver.

À 6 h 37 du matin, les habitants ont reçu leur premier message d'alerte : « Restez dans un endroit sécurisé jusqu'aux prochaines indications. » À 6 h 48, un deuxième message leur été envoyé : « Chers résidents, bonjour et Shabbat Shalom. Des coups de feu ont retenti dans de multiples zones du pays. Restez à l'abri pour l'instant. » À 7 h 14, un voisin a écrit : « Il y a un terroriste devant chez moi. » À 7 h 15, l'alerte a vraiment été lancée : « En raison d'une suspicion de présence terroriste, les résidents sont invités à s'enfermer chez eux, à sécuriser leur porte, et à rester loin des fenêtres jusqu'à recevoir de nouvelles informations. » À 7 h 16, un voisin a demandé : « Où est l'armée ? ». À 7 h 34, un autre a écrit : « On entend beaucoup de coups de feu ; donnez-nous des informations s'il vous plaît », puis à 7 h 35, une mère inquiète a lancé un appel à l'aide : « Il y a quelqu'un dehors ; venez nous aider je vous en supplie. »

Emily n'avait pas de téléphone sur elle, mais Hila oui. Ses camarades de classe échangeaient des messages bien plus crus que ceux des adultes. L'une a écrit : « Ma maison est en train de brûler », une autre : « Ils nous tirent dessus !!! », une troisième : « Au revoir, je vous aime tous très fort, je ne sais pas quoi faire. »

Raya n'avait pas voulu alarmer Emily, mais la petite fille avait bien senti que quelque chose n'allait pas en entendant les appels de Narkis et Thomas Hand. Les adultes se sont mis d'accord sur le fait que la situation était trop dangereuse pour venir récupérer Emily.

Ailleurs dans le kibboutz, Yair Rotem, le frère de Raya, un quarantenaire plutôt robuste, était en train de faire une crise de panique.

Il a tenté de se convaincre qu'il était tout à fait normal d'être terrifié, puisque des terroristes étaient en train de s'introduire dans les maisons voisines. Mais il se sentait affreusement seul ; sa femme avait pris quelques jours après le mariage pour rendre visite à ses parents en Chine. Il a alors commencé à chercher le meilleur endroit où se cacher dans la maison.

Il a vidé le tiroir sous le lit où il rangeait du linge, croyant pouvoir s'y glisser. Afin de rendre la scène plus crédible, il a ensuite parfaitement refait le lit, espérant donner l'impression d'une maison bien propre laissée vide pendant la fête. Il a décidé de fermer la porte principale à clé, mais de laisser celle de l'abri ouverte de façon évidente : les terroristes ne soupçonneraient pas une telle situation si quelqu'un se cachait vraiment dans la maison.

Il n'a alors plus eu qu'une seule question à l'esprit : pourrait-il aller aux toilettes ? Tirer la chasse risquerait d'alerter les terroristes, mais l'urine fraîche pourrait trahir sa présence. Il s'est résolu à utiliser le lavabo, en regrettant de ne pas avoir pu se brosser les dents avant.

Fallait-il se cacher sous le lit dès maintenant ou attendre que les terroristes s'approchent davantage ? Il a longuement hésité, avant de sortir de la chambre pour aller chercher un couteau à la cuisine, oubliant de prendre de l'eau.

Il y allait toutes les heures, mais oubliait systématiquement de prendre une bouteille. Il a voulu écrire à sa femme « Si jamais il m'arrive quelque chose, sache que je t'aime plus que tout », mais il s'est ravisé de peur que ce genre de message ne lui porte malheur.

Ils s'écrivaient toutes les demi-heures avec Raya, pour confirmer à l'autre qu'ils étaient toujours en sécurité.

« Comment ça va ? » lui a-t-elle demandé.

Il a répondu par un émoji heureux.

« Toi, comment ça va ? »

Elle a répondu par le même émoji heureux.

Puis, peu de temps après, elle a ajouté : « Chez moi.

— Quoi chez toi ?

— Ils me prennent avec eux. »

*

Adi et Hadas ont été réveillés par des appels de leurs enfants.

Leur plus jeune fils, Sahar Dagan, et leur beau-fils, Dor Harari, faisaient partie de la brigade d'intervention d'urgence du kibboutz ; ce groupe composé uniquement d'hommes était chargé d'assurer la protection des habitants en attendant que l'armée n'arrive. En l'absence de Dor, son mari, Zohar a demandé à Hadas de venir l'aider avec les enfants. « Je finis mon café et j'arrive. » Alors qu'elle prenait sa première gorgée, elle a appris que des terroristes étaient entrés dans le kibboutz. Puis quelqu'un a tambouriné à sa porte.

C'était le couple Porat-Katz.

Ils avaient frappé à de nombreuses maisons, sans que personne leur ouvre.

« Qui est là ? » a demandé Hadas. Elle n'avait absolument pas peur : les terroristes n'auraient pas pris la peine de toquer.

« C'est Yasmin et Tal, on habite au nord. On était à une fête près du kibboutz Reïm, et on cherche un endroit où se mettre à l'abri. Il y a des terroristes là-dehors. »

Hadas a fait entrer le couple dans son salon. On voyait tout de suite qu'ils avaient passé la nuit à faire la fête : Tal Katz portait une chemise rouge et un jean, Yasmin Porat un débardeur noir et une minijupe.

Adi s'est dépêché de leur préparer des sandwichs et du café, leur affirmant que c'était plus important que de se mettre à l'abri. Le jeune couple se disputait ; Tal, visiblement bouleversé, avait du mal à se calmer, quand Yasmin essayait de détendre l'atmosphère en faisant des blagues. Ils ont alors raconté leur calvaire : comment ils ont fui la fête au moment où les roquettes ont commencé à pleuvoir, comment ils se sont fait tirer dessus le long de la route, puis la façon dont la brigade d'intervention d'urgence les a redirigés dans le kibboutz pour qu'ils se mettent à l'abri.

Les deux couples, réfugiés ensemble dans la pièce sécurisée des Dagan, ont entendu les tirs se rapprocher.

Hadas a appelé Vivian, qui était restée seule, pour prendre de ses nouvelles. « Ils sont devant ma porte, Hadas, a chuchoté Vivian.

— Fais attention à toi », a juste pu répondre Hadas avant que leur conversation ne soit coupée.

*

Vivian Silver habitait seule depuis le décès de son mari Louis sept ans plus tôt. Ses enfants avaient quitté la maison depuis bien longtemps.

Ses nombreux amis des deux côtés de la frontière, son travail acharné pour promouvoir la paix et ses petits-enfants lui permettaient de combler le vide

Son plus jeune fils, Yonatan Zeigen, est né quand elle avait 40 ans. Elle avait passé des décennies à dédier l'intégralité de son temps à son travail, mais elle s'était arrêtée quelques années pour les élever, lui et son frère. Quand les ouvriers gazaouis que Vivian supervisait en tant que coordinatrice de la construction du kibboutz ont cessé de venir travailler, Yonatan lui a demandé pourquoi. « Il y a un conflit au sujet de la terre », lui a-t-elle répondu. Yonatan en a alors rempli un seau avant de demander à sa mère : « Voilà, tu peux aller donner cette terre à Khaled pour qu'on fasse la paix ? »

Ce matin-là, avant de comprendre qu'une catastrophe était en train d'arriver, une de ses vieilles amies palestiniennes de Gaza a été parmi les premières à la prévenir : « Vivian, qu'est-ce qui se passe ? On a appris que des civils et des militaires ont été kidnappés et qu'ils sont déjà à Gaza. Les photos sont atroces. Que fait votre armée ? »

Vivian n'a pas su quoi lui répondre ; elle s'est contentée de fermer la porte à clé, puis de se réfugier dans la pièce sécurisée. Elle a écrit à ses amies du groupe Les Femmes déclarent la paix : « Ironie du calendrier » – à peine trois jours plus tôt, elles s'étaient retrouvées avec leurs amies gazaouies à un rassemblement pour la paix.

La radio a contacté Vivian pour qu'elle leur accorde une interview. « Je suis actuellement assise dans ma pièce sécurisée, porte et volets fermés. On dit qu'il y a plusieurs victimes dans le kibboutz. C'est terrifiant.

— Vous entendez des coups de feu dehors ? lui a demandé le journaliste.

— Oui, je les entends distinctement.

— Votre maison est protégée ? Vous êtes en sécurité ?

— Autant que possible, oui », a répondu Vivian.

L'émission était régulièrement interrompue par des alertes à la roquette, mais Vivian exhortait le journaliste à diffuser un message de paix et à en appeler à la rationalité de part et d'autre de la frontière.

« Le temps est venu, le temps est venu », insistait-elle.

Mais le journaliste a préféré la couper : « Ce matin, on dirait pourtant qu'un seul camp est sain d'esprit. Parler des deux camps ne me paraît pas pertinent pour le moment, nous sommes en train de nous faire attaquer.

— Eh bien, je suggère alors que nous reprenions cette conversation quand la crise sera passée.

— Bien sûr, la priorité est que vous soyez en sécurité. Faites attention à vous », a répondu le journaliste, avant de mettre fin à l'interview.

La dernière fois qu'elle avait entendu des explosions si proches de chez elle, c'était pendant la guerre de Gaza en 2014, année charnière pour Vivian. Elle était devenue grand-mère, s'était retirée de l'association judéo-arabe du Negev où elle travaillait, en se demandant comment investir au mieux le temps qui lui restait.

Elle n'était pas du genre à embellir la réalité : elle éprouvait des regrets en repensant aux occasions manquées, hantée qu'elle était par les objectifs jamais atteints. Elle espérait que l'assocation Les Femmes déclarent la paix puisse changer les choses. Cinquante mille femmes, israéliennes et palestiniennes, avaient rejoint son mouvement au cours de sa première décennie d'existence, exigeant une solution à deux États et la garantie d'une égalité réelle du Jourdain à la Méditerranée.

Vivian était au téléphone avec son fils Yonatan quand elle a entendu que les tirs se rapprochaient de chez elle. Ils ont alors décidé de raccrocher, pour ne pas être entendus par les terroristes.

Vivian est allée se cacher dans le placard.

Au bout d'un certain temps, Yonatan lui a demandé de lui écrire quelque chose.

Elle a répondu : « Quelque chose… Désolée, j'essaie de conserver mon sens de l'humour.

— Super pour le sens de l'humour. Des nouvelles du kibboutz ? Il y a encore des tirs ?

— Jusqu'à il y a une minute. Maintenant tout est étrangement silencieux. Si jamais je m'en sors vivante, j'irai acheter des couches pour adultes, histoire de les avoir à portée de main pour la prochaine fois.

— Tu sais s'il y a des soldats sur place ? Qui est blessé ?

— Je n'ai toujours aucune information. Je n'arrive même pas à savoir si les cris que j'entends dehors sont en arabe ou en hébreu. »

Ils s'écrivaient en anglais. Elle vivait en Israël depuis des décennies, mais l'anglais restait sa langue maternelle. « Je crois qu'on est en train de vivre un massacre... » a-t-elle écrit, avant de poursuivre en hébreu : « Là je ne blague plus, il faut que je te dise à quel point je vous aime tous, et comme je suis chanceuse de vous avoir tous eus dans ma vie.

— Je t'aime, Maman.

— Ils sont entrés chez moi. »

*

La famille Zemach était dispersée dans six lieux différents du kibboutz : les parents, Chlomit et Doron, habitaient dans une première maison ; les deux plus jeunes frères, Ido et Shaï, vivaient dans deux appartements pour jeunes adultes ; Ouri, qui souffrait de troubles mentaux, était dans un quatrième logement, et Yarden dans un cinquième ; quant à l'aîné, Shachar, il vivait avec sa femme Ofri et leurs enfants dans un sixième et dernier logement

Tous les membres de la famille se sont réfugiés dans la pièce sécurisée de leur domicile respectif. Shachar et Ofri sont partis à Jérusalem, dans la maison de famille d'Ofri, afin d'épargner une journée d'angoisse aux enfants. Ils avaient tout juste commencé à faire leurs sacs quand Arie Kraunik, le coordinateur du programme d'urgence, a exhorté Shachar à se présenter à la centrale, avec les autres membres de la brigade d'intervention. Yarden Zemach a aussi reçu l'appel, mais il était sorti du kibboutz ce matin-là.

« Quand le complexe politico-militaire encourage les Israéliens à se défendre grâce à des moyens privés, et non pas à compter sur la sécurité de l'armée et la police, les citoyens se trouvent, ou sont positionnés, en première ligne face aux attaques terroristes. Notre système de sécurité fait face au même phénomène de privatisation que celui qui a détruit les systèmes scolaire et médical », avait écrit Shachar dans un article publié dix ans plus tôt dans un petit magazine appelé *L'endroit le plus chaud de l'Enfer*. Il avait conclu par une mise en garde : « La poursuite d'une telle privatisation de la sécurité fera beaucoup d'autres victimes. »

C'était un activiste de gauche grand et mince, opposé à la politique d'occupation, qui avait été le premier à acheter une arme pour défendre le kibboutz en l'absence de l'armée. Vers 7 heures du matin, il était déjà en route pour le point de rendez-vous.

Arie, en revanche, était absent.

Elam Maor, un autre membre de la brigade, a trouvé le corps d'Arie, tué par balle alors qu'il essayait de fermer le portail du kibboutz. Son co-équipier, Yair Avital, a vu deux terroristes tuer Gil Boym sur son vélo. Shachar a trouvé Gil, grièvement blessé, en premier, avant d'appeler Nirit Hunwald-Kornfeld, l'infirmière du kibboutz, qui habitait juste à côté. Nirit s'est dépêchée d'arriver sur place mais, les blessures par balle étant trop profondes, elle a préféré appeler Amit Mann, la nouvelle secouriste âgée de 22 ans.

Ce matin-là, Amit s'était réveillée auprès de son compagnon Ofir Peretz qui travaillait lui aussi au service national d'urgences médicales. Quand les roquettes se sont mises à tomber, Ofir a tout de suite été appelé au poste de Netivot, là où vivait la mère d'Amit ; il a exhorté Amit à l'accompagner pour se mettre à l'abri. Elle a refusé : « Je dois rester ici. Je suis de garde. »

Alors qu'elle allait secourir Gil, Amit a appelé les urgences pour lesquelles elle était bénévole depuis des années : « Des terroristes se sont introduits dans le kibboutz. Nous avons besoin d'une ambulance ou de la police immédiatement. » Elle a fait partie des premiers à les alerter. « Il y a des blessés, dépêchez-vous. » On lui a assuré que de l'aide arriverait sous peu.

Shachar Tzemach s'est occupé de sécuriser la zone, tandis qu'Amit et Nirit soignaient Gil sur le trottoir. Quand les tirs se sont rapprochés, Shachar a forcé la porte d'un cabinet dentaire pour que Gil soit en sécurité.

Le cabinet, installé dans une vieille maison, manquait de fournitures médicales. Les secouristes ont dû improviser des garrots avec de la gaze, des vêtements et d'autres morceaux de tissu à disposition.

Avant 8 heures, un autre homme est arrivé, blessé par balle dans le dos. L'équipe s'est partagé les tâches : Nurit s'est concentrée sur Gil, Amit s'est occupée du nouveau patient.

Au bout de quelques minutes, un troisième blessé est arrivé. Yair Avital, membre de la brigade, avait entendu quelqu'un crier près de la maison des parents d'un de ses amis ; alors qu'il courait dans sa direction, il s'est pris un tir de grenade. Il est malgré tout parvenu à ramper jusqu'au cabinet dentaire.

Il y avait donc trois blessés et deux secouristes sur place.

Amit a rappelé les urgences, leur demandant quel était « le lieu le plus proche auquel une ambulance pouvait accéder ».

Elle a reçu une réponse qui se voulait à la fois compréhensive et ferme : « Ne bougez pas. Nous faisons vraiment de notre mieux. Nous savons où vous êtes, ne vous en faites pas, on ne vous abandonnera pas. »

Ils ont alors appelé le Dr Daniel Levy, un médecin de l'hôpital Soroka qui avait immigré du Pérou et emménagé au kibboutz un an plus tôt avec sa femme et ses deux jeunes enfants. « Te quiero », a-t-il dit à sa femme avant de rejoindre le cabinet.

Il n'est pas arrivé à temps pour sauver Gil Boym, qui a succombé à ses blessures. Il est mort sans savoir que son fils aîné, Inbar, âgé de 23 ans, s'était fait tuer sur la Route 34 alors qu'il tentait de revenir au kibboutz avant l'infiltration des terroristes.

Nirit n'arrêtait pas de recevoir des appels de ses amis blessés, incapables d'obtenir une assistance médicale. Sandra Cohen, infirmière, en faisait partie. Mila, son enfant qui n'avait pas encore un an, avait été assassiné. Son mari était grièvement blessé, tout comme elle. Les terroristes avaient également attaché sa belle-mère, Yona, avant de la tuer. Trois générations de la famille Cohen ont ainsi été effacées.

Shachar montait la garde devant le cabinet, faisant face à des tirs incessants. Eitan Hadad, un autre membre de la brigade et responsable des ventes de l'imprimerie, est venu le rejoindre après avoir récupéré l'arme et le gilet pare-balles d'un homme blessé.

Amit a cherché à faire évacuer le cabinet dentaire à plusieurs reprises, mais ses tentatives ont toutes été accueillies par un silence, y compris de la part d'Avia Hetzroni, qui ne répondait à aucun de ses appels.

*

Avia Hetzroni, 69 ans, travaillait comme secouriste et ambulancier pour le service national d'urgences médicales depuis des décennies.

C'était lui qui assurait les premiers soins pour les habitants du kibboutz, ou qui les conduisait aux urgences ; il a même effectué des accouchements à plusieurs reprises. En parallèle, il était bénévole au centre médical de Netivot, une petite ville pauvre voisine du kibboutz.

Il formait tous les jeunes bénévoles de cette structure médicale, mais il était particulièrement attaché à l'une d'entre eux, Amit Mann. Son père était mort du cancer quand elle avait 12 ans ; deux ans plus tard, elle est entrée comme bénévole dans le service de secours, jusqu'à devenir une secouriste confirmée et la plus jeune formatrice de l'équipe. Avia était son mentor, presque un deuxième père. Quand le kibboutz Be'eri a eu besoin d'un secouriste à temps plein, Avia a tout de suite su qui recommander. Il l'a persuadée que l'occasion était enfin venue de quitter la maison de sa mère.

Des dizaines de résidents blessés ont demandé de l'aide à Avia Hetzroni ce matin-là, pendant qu'il se vidait de son sang, blessé par un terroriste qui lui avait tiré dessus à travers la porte de chez lui.

Il est parvenu à répondre à un seul appel, celui du fils de sa sœur, Shagi Shafroni. « J'ai traversé des flammes en courant, mes jambes sont complètement brûlées, tout est brûlé, ma peau tombe en lambeaux, mes mains aussi ont brûlé, qu'est-ce que je dois faire ? »

La famille Hetzroni-Shafroni était dispersée dans différents endroits du kibboutz ce matin-là. Ayala Hetzroni, la sœur d'Avia, ainsi que ses deux petits-fils, les jumeaux Liel et Yanai, sont allés se réfugier dans une première maison. Shagi Shafroni, sa femme Efrat et leur fille de 5 ans, Dror, étaient dans une deuxième. Leur fils Tzour, qui avait fêté son huitième anniversaire la veille au soir, est resté chez son grand-père Arnon avec son oncle Omri Shafroni, qui était venu au kibboutz pour l'anniversaire de Be'eri et de son neveu. Dès les premières roquettes, Efrat a décidé de prendre le volant pour rejoindre Tzour, tandis que Shagi est resté avec leur fille Dror.

« Papa, ils essaient de nous tuer, c'est ça ? a chuchoté Dror.

— Oui, mais ils vont pas y arriver », a-t-il répondu.

Des balles ont perforé la porte de la chambre des enfants, où ils étaient cachés sous un petit lit.

Dror s'est couvert les oreilles pour ne pas entendre les terroristes qui criaient « Allahou Akbar ».

Protégés par un verrou qu'Efrat avait fait installer des années auparavant – ils avaient sans doute la seule maison à en avoir un digne de ce nom –, ils se pensaient en sécurité.

Ils sont restés sous le lit jusqu'à sentir une odeur de poudre ; la maison était en feu, et ils allaient brûler vifs.

« Comment on va s'en sortir, papa ? » a demandé Dror quand son père, ouvrant la porte, a découvert un rideau de flammes.

En regardant par la fenêtre, il a vu que la cour était aussi en train de brûler, mais que les flammes y étaient moins hautes.

Enveloppant Dror dans une couverture, son visage protégé par un oreiller, il a décidé qu'il valait mieux s'échapper qu'attendre de mourir. « À la une, à la deux, à la trois, prête ?

— Prête. »

Ils ont alors sauté par la fenêtre, déchirant les rideaux au passage ; les seuls souvenirs de Shagi sont les mots de sa fille : « Papa, tes pieds sont en train de brûler. »

Ils se sont rués sur le tuyau d'arrosage, mais l'eau était bouillante. Sans plus prêter attention à ses pieds en entendant de nouveaux tirs, Shagi s'est réfugié avec Dror dans une maison voisine. Il y a caché sa fille dans un panier à linge, avant de se camoufler lui-même à l'aide du reste des draps et serviettes.

Les tirs se rapprochaient encore, il fallait repartir.

Shagi était incapable de courir désormais, il ne faisait que trébucher. C'est alors qu'il a repéré le vélo d'un ami avec un siège enfant à l'arrière. Se dirigeant vers l'est, le père et la fille sont tombés sur des membres de la brigade d'intervention d'urgence, qui leur ont indiqué le cabinet dentaire où les blessés étaient soignés.

En chemin, Dror a alerté son père depuis le siège arrière : « Papa, des Gazates », ce qui était sa façon d'appeler les Gazaouis.

En regardant à gauche du cabinet dentaire, il a vu la moto d'un terroriste posée par terre.

Il a donc pédalé dans une autre direction, et Dror a crié : « Mais ils nous ont dit d'aller au cabinet dentaire. Pourquoi on n'y va pas ?

— C'est pas le bon endroit pour nous. Je t'emmène quelque part où on sera plus en sécurité », lui a-t-il répondu. Pensant qu'il valait mieux faire face au danger tous ensemble, il a ajouté : « On va chez Maman et Tzour.

— Papa, c'est encore les Gazates, ça ? » lui a demandé Dror face à la présence de terroristes quelques mètres plus loin.

Il a alors immédiatement bifurqué à droite, s'approchant de la maison d'Ayala Hetzroni pour se réfugier avec elle et ses enfants.

Chez Ayala, les jumeaux étaient terrifiés.

« Qu'est-ce qu'on peut faire ? Je les entends parler arabe », a demandé Liel.

Ils ont alors appelé leur autre oncle, Omri, le frère de Shagi, qui était parti se réfugier avec Efrat et Tzour chez le grand-père.

« Ils sont dehors ou dedans ? S'ils sont dehors, c'est qu'ils vont s'éloigner, lui a dit Omri en voulant les rassurer.

— Mais qu'est-ce qu'on doit faire ? a répété Liel.

— Tiens fermement la poignée, et ne laisse entrer personne. Mais ne reste pas devant la porte. En fait, cache-toi sous la fenêtre.

— On est sous le lit, ça va ?
— Oui, c'est parfait, a répondu Omri.
— Envoie-nous de l'aide, a crié Yanai.
— Bien sûr », a promis Omri, sachant parfaitement qu'il ne pouvait appeler personne pour leur venir en aide.

Dix minutes plus tard, les jumeaux l'ont rappelé.

« Il y a encore des gens avec des armes dehors. Tu as appelé de l'aide ? Tu as appelé quelqu'un ?

— Absolument Yanai, je suis sûr qu'ils sont déjà en route. Tiens le coup. »

Shagi, préférant rejoindre sa femme et son fils, a finalement contourné la maison d'Ayala en continuant de pédaler.

Efrat s'est dépêchée de le faire rentrer avec Dror dès leur arrivée à sa porte.

Dix minutes plus tard, les jumeaux ont de nouveau rappelé Omri, mais il n'a pas pu leur répondre : des terroristes avaient pénétré chez lui.

*

Ni les enfants ni Ayala n'ont pu les empêcher d'entrer chez eux non plus.

Les terroristes les ont capturés et emmenés dans une maison voisine appartenant à Pesi Cohen, 68 ans, qui hébergeait sa sœur Hana Siton et toute sa famille pour la fête du kibboutz.

Les enfants sont passés devant le corps de Yitzhak Siton, le mari de Hana, tué par les terroristes dès leur intrusion dans la maison.

Les prisonniers ont été emmenés dans la cour et forcés de s'asseoir à côté de la grande table à manger, en même temps que d'autres voisins : Chava Ben Ami, 75 ans, Zeev et Zhava Hakar, 71 et 68 ans, ainsi que les jumeaux de 12 ans, Liel et Yanai Hetzroni.

Plusieurs dizaines de terroristes étaient en train de se promener dans le kibboutz.

*

Pendant une heure entière, Adi Dagan a réussi à bloquer la porte tandis que les terroristes essayaient de l'ouvrir, les appelant directement par leur prénom : « Adi et Hadas, venez nous voir, n'ayez pas peur. » Adi a continué de serrer fort la poignée, pendant que Hadas lui étreignait fermement le bras. Ils approchaient des 70 ans, mais ils avaient encore de la force. Yasmin et Tal s'étaient cachés dans la penderie.

Soudain, il y a eu une explosion qui a complètement soufflé la porte. Adi et Hadas, propulsés en arrière, ont levé les mains de peur. Devant eux se trouvaient des colonnes de combattants du Hamas, armes au poing. Adi et Hamas ont été emmenés dehors sous la menace ; de là, ils ont vu leur maison désormais en ruines. Yasmin et Tal se sont fait repérer et ont été forcés de les rejoindre. Les terroristes ont déshabillé Tal à la recherche d'armes, puis l'ont attaché. Ils ont ordonné à Yasmin, qui portait une minijupe et un dos-nu, d'enfiler des vêtements d'Adi pour se couvrir. Puis ils ont conduit les quatre chez Pesi Cohen.

*

Dor Harari, le gendre des Dagan, également membre de la brigade d'intervention d'urgence, a reçu l'appel d'une connaissance pilote dans l'armée de l'Air. Celui-ci l'a placé sur haut-parleur devant son chef d'escadron pour lui demander de décrire la situation. Dor a alors crié dans le téléphone : « Où est passée l'armée ? N'envoyez pas que les unités spéciales, il nous faut des milliers de soldats sur place. Il y a des centaines de terroristes, on n'est que quelques civils avec des armes. »

Elam Maor, un autre membre de la brigade d'intervention, passait de maison en maison, tentant de sauver qui il pouvait. Il a reçu un appel de son cousin, qui travaillait au bureau du Premier ministre. Il a demandé à Elam : « Je suis avec le Premier ministre Nétanyahou. Il veut un rapport sur la situation au sol, tu peux parler ? »

Elam a raconté tout ce qu'il pouvait en parlant très vite ; il était presque en train de crier tellement il avait peur : « Monsieur le Premier ministre, le kibboutz Be'eri est en train de se faire attaquer par des centaines de terroristes. Des centaines. Nous ne sommes que quelques-uns à nous battre sur place, une petite brigade d'intervention d'urgence, et certains d'entre nous se sont déjà fait tuer. Des centaines de terroristes sont en train d'attaquer Be'eri, et personne ne vient nous aider. Il faut que vous envoyiez des soldats tout de suite. »

Nétanyahou a alors répondu : « Je comprends. Tenez le coup. »

*

Vers midi, Raya Rotem a entendu des cris en arabe chez elle. Les filles, Hila Rotem et Emily Hand, étaient encore en pyjama à tenter de se cacher sous le canapé quand cinq terroristes sont entrés dans la pièce en les menaçant avec leurs armes : « On vous emmène à Gaza ! » ont-ils hurlé en arabe.

« Voiture, voiture », répétaient-ils en arabe ; Raya leur a expliqué qu'elle n'avait pas de voiture, que la plupart des habitants du kibboutz se déplaçaient à pied ou à vélo.

Pendant que les terroristes fouillaient sa maison à la recherche de clés de voiture, Raya est parvenue à écrire à son frère Yair : « Ils sont en train de nous kidnapper. »

Hila a juste eu le temps de prendre une petite poupée, et Emily, venue pieds nus, d'enfiler les vieilles tongs de son amie.

« Allez, dépêchez-vous, hurlaient les terroristes, vous êtes nos prisonnières maintenant. »

Ils ont forcé Raya et les deux jeunes filles à marcher dans tout le kibboutz, Raya d'abord, les filles derrière elle, main dans la main.

*

Eli Karsenty, un habitant du kibboutz de 93 ans, et Namisha Kolforat, son aide à domicile de 38 ans, tentaient de bloquer la porte de chez eux face à cinq terroristes.

Les terroristes ont fini par réussir à entrer.

Namisha, originaire d'Inde, les a implorés : « Ne me tuez pas, s'il vous plaît ne me tuez pas. Je ne suis pas israélienne, je suis juste une infirmière », suite à quoi elle leur a montré la croix qu'elle portait autour du cou.

« Tu es juive chrétienne ?

— Juste chrétienne.

— Retourne en Inde alors », ont-ils répondu tout en lui prenant ses bijoux en or ainsi que les statues dorées disposées dans l'autel hindou qu'elle avait installé ; puis, ils l'ont attachée à son employeur.

« Où est votre armée ? ont-ils demandé. Où est votre Bibi ? »

Le vieil Eli est resté calme. Il s'est rappelé que cette date, le 7 octobre, ne lui avait jamais vraiment porté chance, seulement une première expérience de la captivité. Cinquante ans auparavant, le 7 octobre 1973, jour où la guerre du Kippour a éclaté, il servait comme officier de liaison israélien auprès des Nations unies quand il s'est fait capturer par les Égyptiens.

Il ne savait pas encore que dans les maisons voisines, son ex-femme Shoshana Karsenty, leur fille Maayana

Hershkovitz et son mari Noah Hershkovitz avaient déjà été assassinés. Quand les terroristes lui ont annoncé « On va à Gaza », il a répondu « D'accord, aucun problème ».

*

Raya, Hila et Emily ont été emmenées dans la maison d'Eli Karsenty. Un des terroristes a arraché la poupée que tenait Hila.

« Pourquoi ? » a soudainement crié Raya, comme si cette privation la peinait plus que leur propre enlèvement. « C'est juste une poupée, pourquoi vous faites ça ? »

Le terroriste l'a alors menacée de son arme : « Tais-toi. »

Eli Karsenty, Namisha Kolforat, Raya Rotem, Hila et Emily sont restés assis dans un silence terrifiant jusqu'à ce que les terroristes leur disent de sortir : des voitures étaient arrivées pour les emmener à Gaza.

Mais il y avait un problème : il n'y avait pas assez de places pour tout le monde. Les terroristes ont donc libéré Eli et Namisha, avant de faire entrer Raya, Hila et Emily dans le véhicule.

Elles étaient assises à l'arrière, un terroriste installé sur les genoux de Raya, un autre collé à Emily, tous deux une arme à la main. La voiture a démarré avant que les portières ne soient refermées.

Ils sont passés devant des corps d'habitants du kibboutz qui jonchaient la route tout du long. Les filles ne pouvaient s'empêcher de regarder, même si Raya le leur interdisait.

Ils ont dépassé des immeubles en flammes et vu des Gazaouis, qui ressemblaient à des Palestiniens « classiques » aux yeux de Raya, en train de piller des maisons, sortant avec des téléviseurs et des ordinateurs dans les bras.

« Est-ce que ça va ? a chuchoté Hila à Emily.

— Ils vont nous tuer ? a demandé Emily.

— S'ils avaient voulu nous tuer, ils l'auraient fait il y a longtemps », a répondu Raya.

Elle espérait qu'en sortant du kibboutz ou en s'approchant de la frontière, ils se feraient arrêter par l'armée. Mais au point de passage, il n'y avait personne. Ils se sont faufilés par un trou dans la clôture sans rencontrer aucun obstacle. Les terroristes leur ont couvert la tête d'une couverture pour les empêcher de voir où elles étaient emmenées, même s'il semblait parfois qu'eux-mêmes n'en avaient pas la moindre idée, vu que Raya les a entendus se disputer à plusieurs reprises pour savoir où aller.

À peine quinze minutes après avoir quitté le kibboutz, elles étaient déjà otages à Gaza.

*

Shachar Tzemach et Eitan Hadad, tous deux membres de la brigade d'intervention d'urgence, avaient déjà tué une dizaine de terroristes qui cherchaient à pénétrer dans le cabinet dentaire, mais d'autres continuaient d'arriver. Ils défendaient les lieux depuis six heures maintenant, et commençaient à comprendre que l'armée n'allait pas venir : ils étaient l'unique ligne de défense du kibboutz.

Shachar a appelé sa femme, Ofry, pour lui dire de barricader l'entrée de la pièce sécurisée avec leur frigo.

« Tout va bien ? Qui te protège, toi ? » Lehi, la femme du Dr Daniel Levy, commençait à s'inquiéter.

Il lui a assuré qu'il était en sécurité « pour le moment », protégé par Shachar et Eitan.

« Je t'aime, j'espère survivre à tout ça, lui a-t-il écrit.

— Qu'est-ce qui se passe ?

— On se fait tirer dessus. »

Sur le groupe WhatsApp des mères du kibboutz, Nirit a appris que des terroristes étaient entrés dans la maison de l'ami de son fils, chez qui ce dernier avait passé la nuit. « Ils sont devant la porte. Ils sont dans la maison », a écrit la mère. Nirit a espéré de tout son cœur que cette femme défende Nadav comme si c'était son propre fils.

« Qu'est-ce qui se passe, Amit ? Donne-nous des nouvelles », a écrit Haviva Man.

Il y avait quatre sœurs dans le groupe de discussion : Haviva, Mery, Lior et Amit.

« Ils ont tué deux autres terroristes. Je veux sortir d'ici, a répondu la secouriste de 22 ans.

— Comment vont les blessés ? a demandé Haviva.

— Mal, on n'a aucun moyen de les évacuer. Ils perdent leur sang par terre. »

L'état de Yair empirait ; il continuait de saigner et avait très froid, sans rien pour le couvrir. Nirit s'est allongée sur lui pour le réchauffer tout en lui tenant les mains ; elle l'encourageait à parler de sa famille et le rassurait en lui disant qu'ils allaient s'en sortir.

Le cadavre de Gil était étendu au sol ; son téléphone vibrait à chaque message de proches inquiets pour lui.

*

Les familles Tzemach et Shafroni habitaient dans le même immeuble, de seulement deux étages.

Doron et Shlomit Tzemach sont allés se réfugier chez eux, tandis que les frères Shafroni, leurs femmes et leurs enfants sont allés se cacher au rez-de-chaussée, chez leur père.

Doron et Shlomit avaient renforcé l'entrée de leur pièce sécurisée à l'aide d'un bâton de marche pour en empêcher l'ouverture ; ils ne savaient pas comment ils s'y étaient pris pour bloquer aussi bien le bâton, mais quand les terroristes ont saccagé leur maison, la porte a tenu : ils n'ont pas réussi à entrer.

La famille Shafroni, quant à elle, écoutait les terroristes qui tentaient de pénétrer chez eux. « Je veux pas mourir si jeune, pleurait Tzour, âgé de 8 ans, c'est pas juste, je viens à peine de fêter mon anniversaire. »

Dror, sa petite sœur de 5 ans, s'était déjà habituée aux tirs. Son père lui a mis des sandales pour protéger ses pieds brûlés, au cas où ils devraient à nouveau traverser les flammes.

*

À un pâté de maisons de là, chez Pesi Cohen, les otages étaient assis dans la cour sans rien dire, s'observant les uns les autres, trop effrayés pour parler.

Yasmin Porat a croisé le regard d'un terroriste, un homme du nom de Hassan qui semblait être leur commandant, ou du moins le plus vieux et respecté de tous. Elle lui a expliqué que s'il avait l'intention de tous les emmener à Gaza, elle avait des contacts dans la police et l'armée : elle pourrait l'assister dans les négociations pour qu'ils y arrivent en sécurité, sans interférence du gouvernement.

Les terroristes ont débattu du sujet pendant plusieurs minutes, avant d'emmener Yasmin chez les Dagan, jusque dans le placard où elle s'était cachée, pour qu'elle y récupère son téléphone, un Galaxy 22. Yasmin et les terroristes l'ont cherché longtemps, mais il était introuvable sous les décombres.

De retour chez Pesi Cohen, ils ont autorisé Yasmin à composer le 100 depuis le téléphone d'un autre otage.

« Ici la police, je m'appelle Shiraz, a déclaré la femme au bout du fil.

— Bonjour Shiraz, je m'appelle Yasmin. Je suis au kibboutz Be'eri avec cinquante autres otages. Nous sommes ici avec des amis à nous, des Palestiniens. Ils veulent nous libérer... ils veulent nous faire sortir d'ici en sécurité... »

L'officier Shiraz a tenté de lui poser quelques questions, mais les terroristes se sont énervés, demandant à parler avec un arabophone.

Une fois qu'un officier parlant arabe a repris la conversation, l'un des terroristes lui a dit : « Je fais partie de la brigade Al-Qassam du Hamas. Si vous nous causez des problèmes, je commence à tuer les otages. J'en ai cinquante avec moi. »

— Quel est le souci ? a demandé l'officier. Vous pouvez me le dire à moi.

— Le souci est que je veux tous les emmener à Gaza. À chaque fois que quelqu'un nous tirera dessus en chemin, je tuerai un otage. Je pars de Be'eri, là. Si vous ne dites pas à l'armée de nous laisser passer en toute sécurité, je les tuerai tous. »

*

Un long silence a suivi l'appel. Tout le monde semblait attendre l'armée, avec la certitude qu'elle serait là d'une minute à l'autre. Les otages convaincus qu'elle les libérerait, les terroristes qu'elle les laisserait rentrer à Gaza. Plusieurs heures sont passées, sans aucun signe de l'armée. Ce n'est que vers 16 heures que des jeeps ont commencé à se garer devant la maison. L'armée était là, enfin, mais n'a répondu à aucun espoir, ni celui des captifs, ni celui des ravisseurs.

Hadas et Adi Dagan étaient dans la cour de Pesi Cohen, près d'un mur, quand la fusillade a débuté. Ils se sont immédiatement accroupis afin d'éviter les balles qui sifflaient au-dessus de leur tête.

Tal se tortillait au sol à côté d'eux, les mains toujours attachées.

Yasmin est allée se cacher derrière les canapés pour éviter les tirs de mortier qui ciblaient la maison.

Liel et Yanai ont crié, « Sauvez-nous, s'il vous plaît, sauvez-nous ». Les coups de feu ont continué ; certains terroristes y répondaient, d'autres essayaient de se cacher.

Après une demi-heure de tirs appuyés, Hassan, le commandant supposé, a appelé Yasmin pour lui dire qu'il comptait se rendre. Il s'est alors mis en sous-vêtements, a attrapé Yasmin à la gorge et, se tenant derrière elle, l'a utilisée comme bouclier humain pour avancer vers les soldats qui tiraient sur la maison.

Tout en la forçant à avancer, il a retiré ses sous-vêtements, se retrouvant totalement nu derrière Yasmin qui criait aux soldats : « Stop ! Arrêtez de tirer ! Je suis israélienne. Je suis citoyenne israélienne. »

Ils ont atteint la route, où se trouvaient vingt snipers. Hassan a poussé Yasmin vers eux, avant de se faire plaquer au sol et menotter.

*

Ohad Ben Ami était un homme âgé d'une cinquantaine d'années, capturé dans la pièce sécurisée de sa maison ; Itay Svirsky, 38 ans, qui avait grandi au kibboutz et y était revenu pour rendre visite à sa famille, a été fait prisonnier après avoir vu sa mère Orit mourir sous ses yeux ; Noa Argamani, 25 ans, une jeune femme merveilleusement belle, était étrangère : elle avait été kidnappée au festival Nova avant de se faire ramener ici. Bientôt, de nouveaux otages sont arrivés dans cette pièce exiguë d'une petite maison gazaouie tout aussi exiguë : Raya Rotem et les deux petites Hila et Emily, accompagnées de six autres terroristes du Hamas.

« Je n'arrive pas à y croire, a chuchoté Ohad à Raya, ils prennent aussi les enfants. »

Ces terroristes nouvellement arrivés ont pointé leurs armes sur les femmes et les filles, leur ordonnant de se couvrir : ils ne voulaient voir ni jambes ni bras nus.

Refusant de donner leur nom, ils ont ensuite posé de nombreuses questions aux prisonniers :

« Comment tu t'appelles ?

— Raya.

— D'où tu viens ?

— Du kibboutz Be'eri.

— Non, non. D'où tu viens vraiment ?

— Je comprends pas.

— Où sont nés tes parents ?

— En Israël.

— Et tes grands-parents ?

— En Allemagne et Pologne.

— On était dans ce pays avant vous, tu comprends ? Mon grand-père est de Jaffa, lui, donc retourne en Pologne et en Allemagne, et nous on retourne à Jaffa. On va récupérer ce pays que vous nous avez pris, et vous les Juifs, vous allez rentrer là d'où vous venez. C'est pas chez vous ici, et vous allez pas y rester. »

Dans chaque pièce de la maison se trouvait la carte d'un État palestinien s'étendant du Jourdain à la mer ; Israël n'y était pas représentée, comme si le pays n'existait pas.

*

Au cabinet dentaire, les échanges de tirs duraient depuis sept heures maintenant.

L'état de Yair Avital, grièvement blessé, commençait à se stabiliser, mais Nirit, qui s'était occupée de lui tout du long, sentait qu'elle allait bientôt s'évanouir.

Elle a expliqué au Dr Daniel Levy qu'elle devait trouver un endroit sans trop de sang où se reposer quelques minutes. Elle est allée s'allonger sur le sol des toilettes.

En voyant un avion de chasse passer au-dessus du kibboutz, Shachar Tzemach a annoncé à tout le monde qu'ils allaient être bientôt sauvés. Il est parvenu à contacter le centre de commandement de l'armée pour leur demander d'ordonner à l'avion de bombarder la crèche située en face, où environ cinquante terroristes étaient allés se réfugier. Shachar leur a expliqué qu'aucun civil ne serait mis en danger, puisque tous les habitants du kibboutz étaient dans leur pièce sécurisée ; par ailleurs, la brigade postée dans le cabinet commençait à manquer de munitions.

Le commandant lui a répondu que les avions n'avaient pas l'autorisation de cibler un kibboutz. Il lui a présenté ses excuses, avant de raccrocher.

Quelques instants plus tard, la brigade avait effectivement épuisé toutes ses balles. Il a juste eu le temps d'écrire « J'ai vraiment besoin de l'armée », avant que son téléphone ne s'éteigne par manque de batterie.

Eitan et lui ont battu en retraite dans le cabinet afin de les prévenir que la brigade n'était plus en mesure de les protéger. Ils leur ont dit de se cacher et de se taire.

Amit s'est réfugiée dans la cuisine, où elle a agrippé un couteau en entendant les tirs se rapprocher.

Elle a écrit à sa famille : « Ils sont revenus, ils nous tirent dessus. Priez pour nous.

— Qui est revenu ? Qui vous tire dessus ?

— Les terroristes, ils sont là.

— Va te cacher, Amitush, lui a répondu sa sœur Lior.

— Fais la morte, lui a écrit sa sœur Haviva, étale-toi du sang sur le corps et fais la morte. »

Six ou sept grenades ont été envoyées dans le cabinet. Après qu'elles eurent explosé, les terroristes sont entrés. Ils ont crié « *Itbach al Yehoud* » – Tuez les Juifs – encore et encore entre chaque salve de tirs.

Shachar a dit à Amit qu'il allait essayer de se rendre. Il s'est levé, les mains en l'air, en expliquant en anglais : « Je ne suis pas votre ennemi. S'il vous plaît, rentrons tous chez nous. »

Il est mort sous un déluge de balles.

Amit, elle, a été touchée à la jambe. Puis elle s'est pris une balle dans la tête.

Toujours allongée sur le sol des toilettes, Nirit a envoyé un message d'adieu à Einat, sa compagne :

« C'en est fini pour moi. Je t'aime. Tu es toute ma vie. »

Einat a répondu : « Ma vie a été chaque jour plus belle grâce à toi. »

Nirit a fermé les yeux, puis a attendu.

Yair Avital s'est caché dans un placard de la cuisine, couvert de son propre sang, s'efforçant de ne pas respirer trop fort.

De leur cachette respective, les membres du cabinet encore vivants ont vu et entendu les terroristes traîner les corps de leurs amis le long des couloirs, les poignarder à plusieurs reprises, les démembrer, puis passer des appels, hilares.

Shachar Tzemach, Eitan Hadad, le Dr Daniel Levy, et Amit Mann : tous se sont fait assassiner.

*

L'armée s'est postée en face de la maison de Pesi Cohen, exhortant par mégaphone les autres terroristes à suivre l'exemple de Hassan et à se rendre.

Les soldats l'ont forcé à passer l'annonce lui-même ; il s'est adressé aux terroristes par leur prénom, leur demandant de sortir avec les otages.

Pour toute réponse, ils ont continué à tirer et lancer des grenades.

Yasmin, qui était avec les soldats, a remarqué l'arrivée d'un tank.

« Ça ne va pas blesser les otages ? » a-t-elle demandé. Ce à quoi on lui a répondu : « Non, on cherche simplement à faire tomber l'un des murs latéraux. »

Le tank a alors tiré deux fois sur la maison.

Suite aux impacts, Hadas Dagan a eu l'impression d'avoir été blessée, puis elle a vite compris que le sang dont elle était couverte n'était pas le sien, mais celui de son mari Adi. Difficile de savoir s'il fallait incriminer le tank ou les tirs des terroristes, mais il y avait comme un trou dans l'artère principale d'Adi, qu'elle a essayé de boucher de son pouce. Mais trop de sang en coulait, et son mari est mort. Elle voyait la lumière de lampes torches, et son mari était mort. Des soldats affluaient par dizaines, et son mari était mort. On la soulevait pour l'emmener tandis qu'elle hurlait, et son mari était mort : l'homme qu'elle avait aimé plus que sa propre vie était mort.

Adi Dagan, Pesi Cohen, sa sœur Hana Cohen, le mari de Hana Yitzhak Siton, leur fils Tal Siton, Tal Katz,

Ila Hetzroni, Liel et Yanai Hetzroni, Chava ben Ami, Ze'ev et Zaveh Heker, ainsi que Suheyb Abou Amar al-Razm (un Arabe israélien capturé par le Hamas au festival Nova et forcé à servir d'interprète) : tous ces otages parqués dans la maison de Pesi Cohen, à l'exception de Hadas Dagan et Yasmin Porat, y sont morts, de même que les terroristes, bien qu'il soit impossible de savoir qui a tué qui.

*

« Tsahal ! Nous sommes de Tsahal ! Il y a quelqu'un ? »

Dans l'après-midi, des voix se sont finalement fait entendre en hébreu dans le cabinet dentaire.

Nirit n'a pas répondu : elle n'arrivait presque pas à y croire.

« Unité de parachutistes 890, il y a quelqu'un ? »

Nirit a tout doucement ouvert la porte des toilettes, avant de crier : « Ne tirez pas ! Je suis israélienne ! »

Dans la cuisine, Yair est également sorti de sa cachette, un placard maculé de sang.

Ils étaient les seuls survivants.

*

Au même moment, la maison de Shlomit et Doron Tzemach était réquisitionnée par l'armée pour servir de centre de sauvetage.

Les officiers ont demandé à Doron d'appeler ses voisins pour leur dire que Tsahal était là.

Il les a appelés, un par un. Noa Levy est arrivée chez lui, mais sans son mari Roni.

« Où est-il ? » a demandé Doron.

Elle n'a pas eu besoin de répondre.

Derrière Noa se trouvait un vieil homme, Yitzchak Becher.

« Et où est ta femme ? » a demandé Doron.

« À Gaza, ou au ciel. »

*

Pendant les trois premiers jours de captivité, les otages ont été déplacés chaque soir après le coucher du soleil, emmenés d'une maison en ruines à une autre.

Ils sont restés dans la troisième, un immeuble de deux étages totalement délabré.

Une famille palestinienne vivait juste au-dessus. Les otages étaient au rez-de-chaussée.

Ils étaient cinq encore en vie : Raya Rotem, Hila Rotem, Emily Hand, Itay Svirsky, et Noa Argamami. Ohad Ben Ami avait été emmené dans un lieu inconnu.

Cinq terroristes du Hamas les surveillaient constamment, arme au poing. Deux d'entre eux étaient là en permanence, les trois autres effectuaient des rotations.

Les deux permanents leur ont dit de les appeler Abou Khaled et Abou Al Walid, mais entre eux les otages les surnommaient « le Religieux » et « le Gros ».

Ils partageaient une seule minuscule chambre, plongée dans l'obscurité totale.

Ils avaient posé cinq matelas très fins à même le sol, sans couverture ni drap. Les otages avaient le droit de choisir entre rester assis ou s'allonger.

Il faisait chaud, vraiment très chaud.

Leur nourriture principale était de la pita, une denrée qui avait tendance à se faire rare. Ils devaient souvent partager deux concombres ou une unique orange en cinq. Parfois, ils recevaient des haricots en conserve et du fromage.

Ils n'avaient presque pas d'eau potable ; l'eau qu'on leur donnait quelquefois provenait d'un puits pollué. Les otages attendaient le soir pour boire, dans la crainte de finir trop tôt leur ration du jour.

Une fois par semaine, ils pouvaient prendre un bain dans une baignoire remplie d'eau chauffée à la bouilloire ou pleine d'eau glaciale.

Il n'y avait pas d'eau aux toilettes, donc impossible de tirer la chasse. L'odeur était insoutenable. Les filles avaient trop peur de s'y rendre seules.

Tous avaient des poux, mais s'efforçaient de cacher les démangeaisons aux terroristes.

Parfois, les gardes disaient aux filles de venir seules dans la pièce d'à côté.

Ils leur demandaient de s'asseoir en face d'eux et de les regarder dans les yeux, pendant qu'ils leur pointaient des couteaux ou des armes à feu sur le visage.

Ils ont prononcé des phrases en arabe en leur ordonnant de répéter.

Une fois qu'elles eurent obéi, répétant des mots qu'elles ne comprenaient pas, les terroristes leur ont affirmé qu'elles venaient de se convertir à l'islam. Elles étaient musulmanes, désormais.

De retour dans la chambre avec les autres otages, Raya a dû leur expliquer que ces hommes mentaient, qu'on ne changeait pas de religion aussi facilement.

Raya a conseillé aux filles de toujours garder leur pyjama sur elles, sous leurs habits, pour conserver une couche supplémentaire sur leurs sous-vêtements. Elle n'arrêtait pas de se demander si les terroristes préféreraient violer une fillette de 8 ans, ou une pré-adolescente de 13.

Les filles se disputaient pour attirer l'attention de Raya. Hila demandait sans cesse des câlins. Raya, craignant qu'Emily ne se sente exclue, a maintenu sa fille à distance. Au bout de quelques jours, Hila lui a demandé : « Maman, pourquoi tu me fais plus de câlins ? »

Raya a alors décidé de les partager équitablement, en prenant Hila dans ses bras pendant quelques minutes, puis Emily.

*

Le jour après le massacre, dans un hôtel des bords de la mer Rouge où les survivants du kibboutz Be'eri ont été évacués, on a annoncé à Thomas Hand et Yair Rotem que :

Le corps d'Emily avait été retrouvé au kibboutz.

Le corps d'Hila avait été retrouvé au kibboutz.

Il n'y avait pas encore eu d'identification officielle des cadavres, leur a-t-on expliqué, mais les habitants du kibboutz avaient reconnu le corps des deux petites filles.

Thomas Hand a ensuite été interviewé par CNN à propos de la mort d'Emily ; en pleurs, il a raconté le moment où il a appris que sa fille avait été tuée. « Ils m'ont dit : "On a trouvé Emily. Elle est morte", et j'ai répondu "Oui, Oui", puis j'ai souri, parce que c'était la meilleure des situations envisageables. Soit elle était morte, soit elle avait été kidnappée à Gaza. Et quand on sait ce qu'ils font aux prisonniers à Gaza – c'est pire que la mort. Donc qu'elle soit morte était une bénédiction. »

Contrairement à Thomas Hand, Yair Rotem n'a pas parlé de la mort de sa nièce. Une partie de lui refusait d'y croire.

Après des tentatives infructueuses pour retrouver le corps de Vivian Silver dans les ruines de sa maison brûlée, son entourage, aussi bien israélien que palestinien, a mené une campagne internationale pour obtenir sa libération. Ils espéraient que ses services rendus à la population de Gaza lui permettraient d'être graciée.

*

Ils n'avaient pas le droit d'écouter la radio ni de regarder la télévision ; ils ne savaient pas si quelqu'un était parti à leur recherche, ni même s'il restait qui que ce soit pour le faire. Ils ne savaient rien. Ni Emily ni Hila ne savaient qu'elles étaient mortes.

La petite fenêtre tout en haut du mur de leur minuscule chambre était leur seul lien avec le monde extérieur : ils pouvaient voir le soleil se lever et se coucher. Entre-temps, ils dormaient, car la nuit c'était impossible : la peur était trop forte.

L'essentiel était de ne faire aucun bruit. Ne pas parler, ne pas bouger. C'était plus facile pour les adultes que les enfants.

Emily et Hila ont inventé des jeux : serpents et échelles, un jeu à base de dés en papier froissé, la ville-alphabet (qui consiste à nommer une ville commençant par A, puis la personne suivante en nomme une commençant par B, et ainsi de suite).

Si les terroristes attrapaient les filles en train de rire ou de parler fort, elles devaient se rendre dans le salon pour être punies.

Ils leur pointaient un couteau sur le visage en leur disant : Vous allez vous taire maintenant, sinon attention.

Elles étaient même punies quand elles pleuraient.

Tous les quelques jours, Emily demandait : « Est-ce que mon père est encore en vie ? »

Les autres otages l'imploraient de se taire.

Noa et Itay étaient épuisés, déprimés et en manque de sommeil. Ils ont ordonné aux filles de faire moins de bruit, sinon ils allaient tous y passer.

Au bout d'un moment, la vitre de l'une des fenêtres a été brisée ; les filles ont dû rester encore plus discrètes pour ne pas se faire entendre.

Itay a parlé à Noa de son père ; il était allé se cacher dans une autre maison. Itay craignait qu'il soit mort. Il revoyait sans cesse la scène du meurtre de sa mère.

Noa, fille unique, a parlé de sa mère à Itay ; elle avait un cancer en phase terminale. Elle lui a aussi parlé de son petit copain, qui s'était fait kidnapper au festival Nova.

Parfois les terroristes séparaient Itay et Noa ; ils n'aimaient pas voir un jeune homme assis près d'une jeune femme.

*

Vers la fin du mois d'octobre, des officiers du renseignement militaire ont convoqué Yair Rotem dans leur bureau. Quelques jours plus tard, Thomas Hand a reçu la même invitation. On leur a alors expliqué qu'une erreur avait été commise, et que les dernières informations provenant de plusieurs sources indiquaient que Raya, Hila et Emily étaient toujours en vie à Gaza.

*

À la fin du mois d'octobre, les bruits se sont mis à changer : les otages ont commencé à entendre de plus en plus d'explosions, de plus en plus proches.

Ils ont alors compris que Tsahal était entré dans Gaza.

Peu après le début de l'invasion terrestre, les terroristes ont trouvé une télévision, qu'ils ont branchée à une batterie de voiture : ils y ont vu des images de maisons détruites par Tsahal, d'enfants morts et de mères éplorées.

« Qu'est-ce que vous avez à répondre à ça ? ont-ils demandé aux otages.

— Nous sommes désolés.
— Nous vous demandons pardon.
— La mort est toujours une tragédie.
— Nous ne souhaitons la mort de personne. »

Ce qu'ils n'ont pas dit est qu'ils étaient plus souvent terrifiés par les bombardements de Tsahal que par leurs ravisseurs.

Ils entendaient des explosions et des tirs de mortier, le pire arrivant la nuit. À chaque bombardement, les filles sursautaient, avant de chercher à se cacher sous leur matelas. Les terroristes se mettaient alors à rire : « Le matelas ne vous servira à rien. Un impact direct détruit tout jusqu'à dix mètres sous terre. »

Un jour, les terroristes ont rasé Itay et l'ont habillé de leurs vêtements, sans doute pour l'utiliser comme leurre.

Itay a supplié Raya, si l'armée arrivait, de crier immédiatement qu'il était israélien, pour éviter qu'il ne se fasse tuer.

*

Des manifestations gigantesques, au cours desquelles des dizaines de milliers d'Israéliens exigeaient le retour des otages, se sont tenues dans le pays. Renommée « place des Otages », l'esplanade devant le musée de Tel Aviv se remplissait à chaque shabbat de manifestants, d'orateurs et de célébrités israéliennes et internationales, exhortant le gouvernement au rapatriement.

À Londres, Thomas Hand a tenu une conférence de presse, où il a exprimé ses profondes inquiétudes quant à l'état de sa fille : « Je ne sais pas dans quelles conditions elle est détenue, mais elle va être brisée à la fois physiquement et mentalement, et nous allons devoir faire avec. Je suis sûre qu'elle se demande chaque jour : "Où est mon papa, pourquoi est-ce qu'il n'est pas venu me sauver ?" »

*

Les terroristes ont expliqué aux otages que les négociations avec les Qataris et les Américains étaient en train d'échouer à cause de Nétanyahou, qu'ils ne voulait pas qu'ils soient libérés. À chaque fois qu'ils prononçaient le nom du Premier ministre ou de Ben Gvir, le ministre de la Sécurité nationale, ils crachaient par terre. Et pourtant, ils voulaient constamment parler politique avec leurs otages. Ils leur ont expliqué qu'ils étaient en colère contre Nétanyahou et Ben Gvir, « les deux fous », et qu'à chaque fois qu'ils se mettraient de nouveau en colère contre eux, ils retourneraient à Be'eri pour finir ce qu'ils avaient commencé.

Certains jours, les otages devaient s'asseoir contre un mur blanc et regarder une caméra ; ils devaient faire le V de la victoire avec leurs doigts et affirmer au monde qu'ils étaient bien traités, et qu'il ne tenait qu'à Nétanyahou de les libérer.

Ils racontaient parfois à Emily que, puisqu'elle possédait également la nationalité irlandaise, elle serait relâchée seule avant tout le monde. Les terroristes prenaient un plaisir immense à la voir pleurer à chaque fois : elle voulait rester, elle ne voulait pas être toute seule. Raya la prenait alors dans les bras pour la bercer, lui promettant qu'elles resteraient ensemble.

« Si jamais vous arrivez à sortir d'ici, leur rappelaient sans cesse leurs ravisseurs, ne retournez jamais à Be'eri. Si vous le faites, vous pouvez être sûrs qu'on reviendra vous chercher. »

*

Le 13 novembre, la dépouille de Vivian Silver a été identifiée dans la pièce sécurisée où elle s'était cachée. Elle n'avait pas été kidnappée, mais tuée chez elle.

Son enterrement a provoqué le plus grand rassemblement de Juifs et d'Arabes depuis le début de la guerre.

Des centaines de personnes sont venues pour écouter Yonatan prononcer l'oraison funèbre qui s'adressait directement à sa mère, lui promettant que « maintenant, nous nous battrons encore plus afin de faire advenir le monde dont tu parlais tout le temps. […] Avec ton départ, je suis de nouveau tombé amoureux des mots paix, égalité et fraternité ». Avant de réciter le kaddish, la prière des morts, il a lu un texte rédigé par une amie de Gaza, celle-là même qui avait été la première à appeler Vivian pour l'alerter de la situation : « Vivian était comme une sœur pour moi. Je suis dévastée de ne pas lui avoir dit que je l'aimais ce jour-là. »

Une semaine plus tard, la dépouille de Liel Hetzroni a été trouvée au même endroit que celle de son jumeau Yannai, près du lieu où les corps de leur grand-père et de la sœur de celui-ci avaient été découverts quelques jours auparavant.

Les corps de Vivian et Liel ont pu être identifiés grâce aux archéologues du Département des antiquités, recrutés pour leur expertise dans la recherche de restes humains.

*

Dimanche 8 octobre

Lundi 9 octobre

Mardi 10 octobre

Chaque matin, les cinq otages récitaient la date et le jour de la semaine, d'abord à eux-mêmes puis au groupe, afin de ne pas perdre la notion du temps.

Mercredi 11 octobre

Jeudi 12 octobre

Vendredi 13 octobre

Samedi 14 octobre

Dimanche 15 octobre

Lundi 16 octobre

Mardi 17 octobre

Mercredi 18 octobre

Jeudi 19 octobre

Vendredi 20 octobre

Samedi 21 octobre

Dimanche 22 octobre

Lundi 23 octobre

Mardi 24 octobre

Mercredi 25 octobre

Jeudi 26 octobre

Vendredi 27 octobre

Samedi 28 octobre

Dimanche 29 octobre

Lundi 30 octobre

Mardi 31 octobre

Mercredi 1er novembre

Jeudi 2 novembre

Vendredi 3 novembre

Samedi 4 novembre

Dimanche 5 novembre

Lundi 6 novembre

Mardi 7 novembre

Mercredi 8 novembre

Jeudi 9 novembre

Vendredi 10 novembre

Samedi 11 novembre

Dimanche 12 novembre

Lundi 13 novembre

Mardi 14 novembre

Mercredi 15 novembre

Jeudi 16 novembre

*

Vendredi 17 novembre : après quarante-deux jours de captivité, ils ont fêté l'anniversaire d'Emily. Sans gâteau, évidemment, mais les autres otages lui ont chanté « Joyeux anniversaire » en chuchotant.
À Tel Aviv, des ballons roses ont été lâchés pour marquer l'événement.
À New York, une manifestation s'est tenue devant la résidence personnelle d'António Guterres, le secrétaire général de l'ONU. Lorsqu'il est sorti pour se rendre au travail, la foule a crié « Joyeux anniversaire » à Emily en anglais et en hébreu.

À Londres, on a installé une table couverte de cupcakes.

Ailleurs dans la ville, et partout dans le monde, d'énormes manifestations ont eu lieu, appelant à la destruction de l'État juif.

Samedi 18 novembre

Dimanche 19 novembre

Lundi 20 novembre

Mardi 21 novembre

Mercredi 22 novembre

Un accord de cessez-le-feu entre Israël et le Hamas a été trouvé à l'issue de négociations menées par le Qatar ; le Hamas acceptait de libérer dix otages par jour.

Jeudi 23 novembre

Vendredi 24 novembre

*

Le samedi 25 novembre, Raya Rotem a senti qu'il se passait quelque chose. Elle a décelé un changement dans le comportement des ravisseurs. Ils n'arrêtaient pas de fouiller dans les affaires des filles et de se parler d'un ton inquiet.

Bien que ce ne soit pas le jour habituel du bain, ils lui ont demandé de laver les filles dans la baignoire.

« Et moi ? a-t-elle demandé.

— Pas la peine, juste elles. »

« Je crois qu'ils vont faire sortir les filles, a-t-elle chuchoté à Noa Argamani.

— Pourquoi ? a répondu Noa. Ils ne vont jamais te séparer d'elles, c'est impossible. »

Elle est restée tendue toute la journée. Vers midi, elle a rappelé à Hila l'existence de sa demi-sœur du côté de son père ; elle lui a fait répéter le nom et l'adresse de cette demi-sœur, cherchant à préparer sa fille à l'éventualité que son père soit mort.

Vers 21 heures, en revenant des toilettes, Raya a trouvé Noa en train d'aider les filles à enfiler leurs sandales.

« Qu'est-ce qui se passe ici ?

— On emmène les filles, ont répondu les terroristes.

— Et moi ?

— Toi tu restes. »

Ils l'ont autorisée à les prendre brièvement dans ses bras.

« Ne t'en fais pas, je vais bien », lui a dit Hila pour la rassurer, tout en réconfortant Emily, effrayée à l'idée de se retrouver sans adulte avec les terroristes.

Les filles sont parties en pyjama, en se tenant par la main, avant de monter dans un véhicule de la Croix-Rouge.

C'est alors que, pour la première fois en presque deux mois de captivité, Raya Rotem s'est effondrée en pleurs.

Thomas Hand et Yair Rotem attendaient au point de passage de Keren Shalom.

Dans le cadre de l'accord avec Israël, le Hamas avait promis de ne jamais séparer les enfants de leur mère. Face aux critiques, le groupe terroriste a expliqué qu'ils n'avaient pas réussi à retrouver Raya.

*

Le lendemain de la libération de Hila Rotem et Emily Hand, les terroristes ont séparé Raya Rotem, Itay Svirsky et Noa Argamani, emmenant Noa dans un endroit, Raya et Itay dans un autre.

Ils ont été cachés dans un petit abri en amiante, sombre et froid. Chaque soir ils entendaient le bruit des bombardements, des tirs et des sirènes.

Les premiers jours de leur captivité, ils ne s'étaient pas beaucoup parlé. Raya passait la plupart de son temps avec les filles, quand Itay restait aux côtés de Noa. À présent, ils avaient l'occasion de faire connaissance. Ils ont discuté du kibboutz, de leur famille, de la mort.

Itay a expliqué à Raya que, si jamais elle était libérée avant lui, il aimerait qu'elle dise à sa sœur Merav qu'il était encore en vie. Il était certain qu'elle ferait tout son possible pour le ramener à la maison. Parmi tous les membres de sa famille, il était sûr que sa sœur était encore en vie.

Au bout de quelques nuits sans sommeil passées ensemble, des terroristes sont venus prendre Raya, laissant Itay tout seul.

Ils l'ont emmenée dans un immeuble abandonné, où ils l'ont fait s'asseoir sur une chaise contre un mur.

Elle était convaincue qu'elle allait se faire exécuter, mais à ce moment-là un autre otage est arrivé, avant que les deux ne soient de nouveau déplacés, ensemble.

Dans un autre bâtiment se trouvaient au moins dix otages : des enfants, des mères, quelques non-Israéliens. Une ambiance étrangement joyeuse, empreinte de tension, s'est emparée de l'assemblée. Tout le monde se sentait grisé, même les terroristes, qui ont alors distribué boisson et nourriture, joué aux cartes et pris des photos et vidéos d'eux en train de boire, manger et rire. L'un des terroristes a expliqué la situation : vous allez être relâchés, un accord a été trouvé.

Même après avoir été remise aux mains de la Croix-Rouge, Raya était toujours terrifiée. Elle était encore entourée de terroristes armés. Sur le trajet, des Gazaouis sautaient sur l'ambulance dans laquelle elle se trouvait. Ce n'est qu'une fois à Keren Shalom qu'elle a pu respirer : de retour en Israël, de retour à la vie. Mais plus rien ne serait comme avant.

*

Hila a attendu sa mère au point de passage de Keren Shalom, aux côtés de médecins et de psychologues.

De la nourriture, des boissons, des vêtements, des téléphones, de l'hébreu… elle se sentait submergée.

Raya redoutait de poser la question qu'elle préparait depuis cinquante-trois jours : « Mon frère Yair est-il toujours en vie ? »

La réponse a été oui. « Il est en vie et en bonne santé. Grâce à Dieu. »

*

Mi-janvier 2024, le Hamas a publié une vidéo d'Itay Svirsky, dans laquelle il a été forcé d'implorer Nétanyahou de cesser la guerre : « Monsieur Nétanyahou, s'il vous plaît, arrêtez cette guerre et ramenez-nous à la maison. »

À la fin de la séquence, le Hamas a annoncé que le prochain enregistrement fournirait plus d'informations sur le sort réservé à cet otage.

Le lendemain, la vidéo a été publiée ; on y voyait Noa Argamani annoncer la mort d'Itay :

« J'étais dans un immeuble qui s'est fait bombarder par une attaque aérienne de Tsahal. C'était un avion de chasse de type F16. Trois roquettes ont été tirées. Deux ont explosé, mais pas la troisième. Dans le bâtiment se trouvaient des combattants d'Al-Qassam et trois otages : moi-même, Noa Argamani, ainsi qu'Itay Svirsky et Yossi Sharabi.

« À la suite du bombardement, nous nous sommes tous retrouvés sous les décombres. Les combattants d'Al-Qassam nous ont sauvé la vie, à moi-même et à Itay ; malheureusement, nous n'avons pas pu sauver Yossi… Après plusieurs jours… après deux nuits, Itay et moi avons été déplacés. Au cours du trajet, Itay a été touché par une nouvelle attaque aérienne de Tsahal. Il n'a pas survécu. »

Le porte-parole de Tsahal, Daniel Hagari, a accusé le Hamas de mensonge : « Itay n'a jamais été exposé à nos tirs. C'est faux. Le bâtiment dans lequel ils se trouvaient n'a jamais été pris pour cible par nos forces. »

L'armée a indiqué à la sœur d'Itay, Merav Svirsky, qu'alors que les soldats israéliens étaient en train de s'approcher de l'immeuble où il était détenu, Itay a essayé de s'échapper, avant de se faire abattre par l'un de ses ravisseurs. Merav avait déjà perdu sa mère et son père le 7 octobre, elle perdait désormais son frère, à l'aube de son centième jour de captivité.

*

L'enterrement d'Adi Dagan a eu lieu dans un cimetière provisoire installé au kibboutz Revivim, où les victimes de Be'eri étaient temporairement enterrées en attendant la réouverture de leur kibboutz. Hadas Dagan y a rendu hommage à son mari :

« L'amour de ma vie s'est fait tuer dans mes bras, ma maison a été réduite en cendres, et tout ce en quoi je croyais, tout ce pour quoi je vivais s'est fait piétiner par le mal radical et la cruauté humaine. Mais j'ai quatre enfants et onze petits-enfants qui ont survécu à cet enfer, ainsi qu'une communauté soudée autour de moi… »

À l'issue de la cérémonie, Hadas a rencontré Biel Noy, le PDG de l'association Les Voies de la guérison, qui transporte des Palestiniens vers les hôpitaux israéliens pour s'y faire soigner. « Je suis désolée, a expliqué Hadas, je ne vais pas réussir à me porter volontaire de sitôt, j'espère que vous comprenez. Mais s'il vous plaît, continuez à effectuer ces trajets, c'est important. »

X.

Les cerfs-volants de Kfar Aza

« Le 7 octobre, mon monde s'est effondré.

Le soir précédent Simhat Torah, nous avons célébré la fête tous ensemble : grand-père Amos et grand-père Bilha, fondateurs du kibboutz de Kfar Aza ; mon mari Ouri Epstein et nos trois enfants, Rona, Alma et Neta, accompagné de sa petite amie, Iran ; la sœur de mon mari, Vered Liebstein, son mari, Ofir Liebstein, chef du conseil régional de Sha'ar HaNegev, ainsi que leurs quatre enfants, Aviv, Nitzan, Idan et Ouri. Nous nous sommes quittés en nous embrassant, bien décidés à nous retrouver le lendemain matin chez Amos et Bilha afin de construire des cerfs-volants pour l'"Afifoniada", un festival de cerfs-volants (*afifon* en hébreu), où nous les faisons voler symboliquement au-dessus de la frontière avec Gaza – comme un signe de notre souhait d'aimer en paix.

6 h 25

J'étais toujours en train de m'agiter dans mon lit. Je crois que je rêvais de notre dernière soirée à Lucerne... Nous mangions dans un restaurant, nous buvions du très bon vin italien dont le propriétaire remplissait nos verres... Je ne me souviens pas des détails exacts, mais je me rappelle ce que je ressentais : le bonheur.

Le rêve s'est fracassé en une série d'événements que j'ai encore du mal à comprendre.

6 h 30

Alerte rouge, barrage de missiles et tirs nourris. Nous nous sommes précipités dans la pièce sécurisée avant de refermer la porte derrière nous. Au bout de cinq minutes, mon beau-père a appelé et a dit que Bilha, ma belle-mère, était injoignable. "J'appelle mais elle ne répond pas." J'ai couru jusque chez eux, toujours en pyjama. J'ai entendu des coups de feu en chemin et j'ai retrouvé Bilha étendue sur le balcon. J'ai cru à une crise cardiaque ou à un AVC. Elle était allongée la tête contre le sol. J'ai pris son pouls et l'ai retournée. Alors seulement j'ai compris qu'on lui avait tiré dessus.

6 h 40

Je suis allée chez mon beau-père et je suis restée avec lui dans l'abri.

Il était hors de question de laisser Amos seul, et de toute façon il était trop dangereux de retourner chez moi.

9 h 00
Les membres de l'équipe de sécurité du kibboutz sont intervenus dès qu'ils ont été appelés. Parmi eux se trouvaient mes deux beaux-frères, Ouri Russo et Ofir Liebstein.

Ouri a quitté sa maison à vélo, prenant son arme avec lui. Il s'est battu courageusement et a été retrouvé abattu avec six terroristes étendus autour de lui et six balles manquant à son chargeur. C'était le partenaire aimant de ma sœur, et tous deux élevaient trois filles dans une maison colorée où il se passait toujours quelque chose : une promenade avec le chien Cacahuète, un atelier de mandalas, un repas gourmet en préparation.

Ofir Liebstein, le chef du conseil régional de Sha'ar HaNegev au cours des cinq dernières années, n'était plus un membre officiel de l'équipe de sécurité. Il n'était plus obligé de sortir se battre mais, à ses yeux, il en allait de sa responsabilité. Il a été tué par balle en essayant de riposter avec son arme. Il est décédé dans le jardin de notre maison, sous un olivier.

Ofir était mon beau-frère, mon voisin, mon ami. C'était une âme magnifique, une âme qui recherchait la paix. Il croyait en la coexistence. Il venait de fonder un nouveau complexe industriel visant à fournir un emploi à des milliers de Gazaouis aux côtés d'Israéliens. Il pensait qu'une fois que nous déciderions de travailler ensemble – Israéliens et Palestiniens –, il n'y aurait plus de limites au futur que nous pourrions construire. Il a également lancé le festival Red South, qui réunissait des gens venus d'un peu partout pour voir la floraison des anémones à la frontière avec Gaza. Lors d'un ces événements, on lui avait demandé de se décrire en une seule phrase et il avait répondu : "Je vois tout en double – d'abord en rêve, puis lorsque le rêve s'est réalisé."

10 h 00

Nous avons reçu des notifications au sujet d'incursions dans le quartier des jeunes où Nitzan, mon neveu de 19 ans, habite en compagnie de mon fils aîné, Neta, et de sa petite amie Iran.

Il y avait de nombreux terroristes dans la zone qui se déplaçaient d'un appartement à l'autre, assassinant les résidents.

Nitzan, qui savait déjà que son père et sa grand-mère avaient été tués, m'a écrit : "Ils essayent d'entrer" et plus tard "Je veux juste vivre". Les meurtriers se sont introduits dans son appartement et ils ont tiré en direction de son abri. Nitzan a été touché à la cuisse et a perdu beaucoup de sang. Avec ses dernières forces et guidé par son cousin médecin, il a utilisé ses propres vêtements comme garrot.

Iran a dû faire usage de son corps pour empêcher Neta de courir jusqu'à la maison en flammes de son cousin – elle a dû le retenir physiquement.

11 h 00
Neta m'a écrit qu'il entendait des cris en arabe et des rafales de tirs. Une sirène de voiture. "Est-ce qu'Iran a peur ?" lui ai-je demandé. Il m'a répondu "On a peur tous les deux". Je lui ai dit de la serrer fort dans ses bras.

Trois terroristes sont entrés par effraction dans leur appartement puis dans leur pièce sécurisée. Ils ont jeté une grenade qui n'a pas explosé, puis deux autres.

13 h 00
J'ai demandé si Neta respirait encore et Iran a écrit.
"Non.
— Iran ? Est-ce qu'il respire ? ai-je demandé à nouveau.
— Non."

Neta avait hurlé "Grenade" avant de se jeter dessus. Ils avaient tiré plusieurs balles dans sa direction.
J'avais l'impression que le ciel m'était tombé sur la tête.

Je ne peux pas me résoudre à l'idée que tu sois parti.
Mon enfant, mon cher enfant, où es-tu ?

Je rêve de t'avoir à mes côtés, de te serrer dans mes bras, de plonger mon regard dans tes beaux yeux, de me hisser sur la pointe des pieds pour atteindre ta hauteur…

Mon Neta, mon fils aîné, un beau garçon devenu un bel homme, aussi bien à l'intérieur qu'à l'extérieur. Un bénévole pour les enfants et les jeunes à besoins éducatifs spécifiques.

Jeudi dernier encore, tu n'avais pas supporté de me voir assise seule dans le réfectoire. Tu as posé brusquement ton plateau devant moi en déclarant : "Qui mange seul, meurt seul", et nous avons dîné ensemble. Comment peux-tu être celui qui est mort à présent ?

Ta bonté et ton amour pour tes parents et tes sœurs ne connaissaient aucune limite.

15 h 00
C'était un massacre. Les tirs ne s'arrêtaient pas.
Grand-père et moi attendions depuis huit heures. Coincés dans la pièce sécurisée. Ni électricité, ni téléphones.
Lui et moi pleurions.
Il avait mal à l'estomac.
Je ressentais une vive douleur dans le bas-ventre.

16 h 00
Iran a été secourue – la première personne de Kfar Aza à l'avoir été. Tu as fait un choix, mon fils, un choix

qui ne peut pas être ignoré – tu as sauvé Iran. Voilà ta victoire.

17 h 20

Des cris en arabe. Les terroristes étaient devant la soucca d'Amir.

20 h 30

Treize heures de siège. J'ai commencé à comprendre qu'on ne viendrait pas nous sauver et nous nous sommes préparés à dormir dans la pièce sécurisée. Mais grand-père Amos refusait d'y rester – il voulait retourner dans son lit. "Tout le monde est déjà mort, a-t-il dit, ça change quoi si on meurt aussi ?"

J'ai ouvert le canapé de l'abri et nous nous sommes allongés pour dormir, mon beau-père et moi.

8 octobre 2023

7 h 13

Vingt-quatre heures après le début des combats, nous n'en voyions pas la fin. Pendant la nuit, ils avaient tiré sur la maison et toutes les fenêtres du salon avaient volé en éclats.

Cette nuit-là, j'ai eu une vision de toi bébé, me regardant pour la première fois, si beau avec tes yeux bleus. Alors me sont venues à l'esprit des images de notre voyage en famille au mont Pilate, dans la lumière du soleil suisse, puis un autre souvenir de toi, tes boucles rebondissant tandis que nous marchions main dans la main sous l'arche "Bonjour le C.P.".

7 h 39
Encore plus de cris qu'avant. Des cris en arabe.

Qu'as-tu senti quand la balle t'a touché, mon garçon ? Je veux te voir et te prendre une dernière fois dans mes bras. Embrasser ces beaux yeux – puis les refermer.
Je pense à Iran et à ce qu'elle a enduré. Elle s'est cachée sous le lit pendant de si longues heures. Je sens que son amour pour toi est fort et pur.

9 h 00
Une voiture s'est arrêtée dehors et j'ignorais si c'était l'armée ou non. J'ai décidé de tenter le coup et d'aller vérifier : c'était un soldat de Tsahal, qui m'a dit de retourner à l'intérieur : "On vient vous chercher."

11 h 00
Grand-père et moi avons été secourus au bout de vingt-sept heures.
Et après nous : Ouri et Alma, Vered, Aviv, Idan, Ouri.
Nous avons laissé quatre membres de notre famille morts à Kfar Aza – et puis il y avait Nitzan, dont le sort nous était inconnu.

Iran nous a parlé de ton héroïsme, mon fils – la façon dont tu l'as sauvée. Savoir que tu n'es pas mort en vain nous a réconfortés. Nous l'avons serrée dans nos bras – pour nous, mais aussi pour toi, Neta.

20 octobre 2023

Pendant quelques longues journées, des informations contradictoires circulaient quant au sort de Nitzan. L'après-midi où les soldats de Tsahal sont entrés dans son appartement, ils n'ont trouvé aucune trace de lui. Dans notre cœur à tous, il y avait l'espoir qu'ils le trouveraient vivant. Aujourd'hui, nous l'avons enterré dans le cimetière où l'avait été son père, à peine deux jours plus tôt.

Vered, sa mère, lui a rendu hommage sur sa tombe : "Ton intelligence, ton courage et ta volonté n'avaient aucune limite… Tu étais toujours le premier à proposer ton aide… Pardonne-nous de t'avoir laissé seul pour affronter les assassins. Nous avons eu beau supplier, l'aide n'est jamais arrivée… Prends soin de papa au paradis…"

21 octobre 2023 – Village de Matan

Voilà deux semaines que tu es mort et je n'arrive toujours pas à dormir, mon fils.

Je voudrais te prendre dans mes bras, sentir ton odeur et le duvet de ta barbe contre ma joue.

Aujourd'hui, nous avons visité une maison dans le village de Matan. C'est là qu'on nous a déplacés, dans cette grande bâtisse si différente de notre 110 m^2 à Kfar Aza. Qu'en penserais-tu ? Parviendrais-tu à trouver ton bonheur ici ? Est-il possible de construire une nouvelle maison loin de la sienne ? Sans toi ?

10 novembre 2023 – Londres

Bonjour à toi, mon garçon désormais âgé de 22 ans.

Hier nous avons célébré ton anniversaire avec des bières et des larmes dans un bar près de l'appartement que nous avons trouvé à Kensington. Tu aurais adoré cet endroit avec un choix de bières infini, en plus des traditionnels tartes et sandwichs anglais. L'après-midi nous avons lâché des ballons colorés depuis le toit. Le personnel du bar s'est joint à nous pour porter un toast à ta mémoire et les ballons se sont élevés pour apporter un instant de couleur dans la rue grise de Londres.

15 novembre – Kfar Aza

Aujourd'hui marque mon premier retour à Kfar Aza depuis le 7 octobre.

Votre appartement à Iran et toi est détruit.

Tout est en ruines, le lit est cassé, bazardé au centre de la pièce dans un amas composé de tout ce que vous possédiez – brûlé et anéanti.

J'ai reconnu le panier à linge que je t'avais acheté, rempli des vêtements que j'avais lavés et pliés, désormais sales et éparpillés. Les draps sont tachés de sang. Ton sang, mon cher enfant. On a réussi à sauver quelques-unes de tes affaires : le CD d'une compilation offerte par Iran pour votre anniversaire, et une photo de toi en plein saut dans ta tenue verte de gardien de but pendant la demi-finale. Il y a aussi un coussin dans la chambre, enveloppé dans les draps d'Alma, qui contraste avec tout ce sang et toute cette destruction. Elle avait dû apporter l'oreiller une des fois où elle était venue chez toi pour se faire chouchouter – comme une vraie princesse. Tu étais son grand frère adoré et je ne peux même pas te dire combien tu lui manques – ta façon, après une dispute, de la chatouiller sans t'arrêter… la manière dont tu l'apaisais quand elle en avait besoin…

16 novembre – village de Matan

Les survivants de notre famille, Vered, Dafna et leurs enfants, ont emménagé avec nous dans le village de Matan. Pas d'Ofir, ni d'Ouri, ni de Nitzan.

Un minuscule kibboutz de personnes endeuillées.

Je regarde tes photos, furieuse que tu ne sois pas là.

Furieuse que tu ne sois pas là en chair et en os, qu'il n'y ait pas l'odeur de ta transpiration après le sport, pas le son de ta voix m'appelant maman, pas la chaleur de ton corps lorsque tu me fais un câlin par-derrière et que tu serres mes épaules.

Je suis furieuse après ce que nous avons traversé. Furieuse d'avoir vu pleurer ton grand-père à chaque nouvelle annonce du décès d'un membre de la famille. Furieuse qu'on ait été abandonnés à notre sort ce jour-là à Kfar Aza, sans aucun soutien de la part d'un pays qui semblait soudain ne plus exister.

Je ne sais pas comment te dire adieu, mon enfant. »

Témoignage d'Ayelet Shachar-Epstein, 50 ans, née et élevée dans le kibboutz de Kfar Aza.

XI.

Ofakim

Ofakim, l'une des villes les plus pauvres d'Israël, compte 36 000 habitants. Elle est située au sud du pays, à environ quarante kilomètres de la frontière avec Gaza. Construite en 1955, elle devait jouer le rôle de cœur urbain fournissant les services essentiels aux zones environnantes, principalement agricoles ou désertiques. Les habitants originels étaient des immigrés juifs du Maroc et de Tunisie arrivés dans les années 50, suivis de Juifs d'Iran et d'Égypte. Le chômage et la criminalité ont gangréné la ville, qui est souvent décrite avec mépris comme la poubelle du flux migratoire. « Le phénomène le plus constant dans l'histoire d'Ofakim est la vitesse à laquelle les gens en partent », affirme le Dr Nathan Marom, qui a étudié la sociologie de cette ville. Beaucoup de familles qui atteignent une certaine stabilité financière quittent Ofakim pour s'installer dans les communes voisines de Be'er Sheva, Ashdod ou Ashkelon.

En raison du départ des habitants et du faible nombre de nouveaux arrivants, la ville a souffert d'une croissance démographique négative jusque dans les années 90, avec la venue d'une importante vague d'immigrés juifs fuyant l'Union soviétique et l'Éthiopie. En 1999, les étrangers représentaient environ 44 % de la population de la ville. À la veille de la guerre, le salaire moyen à Ofakim était de 2 500 dollars, 45 % des habitants n'avaient pas terminé le lycée, et 30 % des habitations étaient des logements sociaux. Même le maire Itzik Danino, pourtant issu d'une des familles fondatrices d'Ofakim et membre d'une fratrie de huit enfants, avait pour habitude de répondre « d'à côté de Be'er Sheva » quand on lui demandait d'où il venait.

Le 7 octobre, plus de vingt terroristes du Hamas sont entrés lourdement armés dans la ville avec des centaines de grenades et des dizaines de lance-roquettes RPG. Ils se sont introduits dans les maisons et ont ouvert le feu dans les rues, en ciblant particulièrement le quartier de Mishor Hagafen. Cette zone était composée de maisons dépourvues d'abris, ce qui faisait des habitants fuyant dans les rues des cibles beaucoup plus faciles. Rien que rue Tamar, les terroristes du Hamas ont assassiné des dizaines de citoyens qui cherchaient à se protéger – eux, leur famille et leurs voisins. En tout, quarante-neuf résidents d'Ofakim ont été assassinés.

Le 7 octobre 2023 correspond à la date du 5 tishri 5784 dans le calendrier juif. C'était un samedi, le jour du shabbat, et pas n'importe lequel : celui qui concluait une séquence majeure de fêtes juives. Roch Hachanah, le Nouvel An, est suivi des Dix Jours de Pénitence, eux-mêmes suivis de Yom Kippour, Soukkot, et Chemini Atseret, qui constituent un enchaînement de rituels et de jeûnes, de jours de prières et de commémoration (y compris le Jeûne de Gedaliah et la fête d'Hoshanna Rabba) se terminant avec Simhat Torah, qui célèbre l'achèvement du cycle annuel de lecture de la Torah. À cette occasion, les Juifs pratiquants se réunissent à la synagogue pour danser avec les rouleaux de la Torah et célébrer le commandement d'en recommencer la lecture. La fête devait être d'autant plus joyeuse qu'elle tombait donc un shabbat.

Ce samedi 7 octobre, Haïm Rumi, 55 ans, s'est levé tôt pour aller à la synagogue marocaine située dans le quartier Eli Cohen d'Ofakim.

C'était un homme pratiquant, qui considérait qu'une ville aussi malchanceuse qu'Ofakim méritait une prière sincère. Contrairement au maire, il n'avait pas honte de là où il vivait. Bien au contraire, il y avait volontairement déménagé de Tel Aviv.

Il avait 20 ans à l'époque ; c'était un jeune marié qui avait saisi une opportunité professionnelle au sud. À Ofakim, il est devenu père de quatre garçons et a trouvé de quoi bien vivre ; il y a même trouvé Dieu (« Je rendais la vie difficile aux rabbins, je leur posais tout le temps des questions, sur les dinosaures, les preuves de l'existence de Dieu. Petit à petit je me suis laissé convaincre »). Ses parents avaient émigré d'Égypte et de Turquie en Israël dans les années 50, mais il considérait que sa communauté était auprès des Marocains.

En règle générale, au moins cinquante hommes viennent à la synagogue pour les jours de fête. Ce matin-là, seuls six d'entre eux sont arrivés.

« Où est passé tout le monde, Eliyahou ?, a demandé Haïm au gabbaï, la personne en charge du bon déroulé de l'office.

— On prend des missiles sur la tête, Haïm, les gens ont peur.

— Je comprends, mais c'est un jour important. »

Pour Haïm, les missiles ne sont pas une raison suffisante pour annuler un office. Certaines années, il était tombé plus de missiles que de pluie à Ofakim.

Ils ont alors décidé d'attendre que davantage de personnes arrivent. Ayant finalement atteint le quorum de dix hommes requis pour effectuer la prière, ils ont commencé :

Souviens-toi des douze tribus, Toi qui les as fait sortir d'Égypte en ouvrant les eaux ;
Pour qui Tu as adouci l'amertume de l'eau.
Le sang de leur descendance a été versé pour Toi comme de l'eau.
Tourne-toi vers nous, car notre âme est submergée de peine comme l'eau.
Au nom de Ta droiture, accorde-nous de l'eau en abondance.

Car seul Toi, notre Maître et notre Dieu, peux faire souffler le vent et tomber la pluie,
Et nous accorder des bénédictions, et non des malédictions.
Amen.

La prière avait débuté depuis une demi-heure quand Osher, le fils du gabbaï, a fait irruption dans la synagogue.

« Des terroristes. Il y a des terroristes à Ofakim.
— Quoi ? Qu'est-ce que tu as dit ?
— Il y a des terroristes au centre-ville, ils ont tiré sur des gens à Mishor Hagafen.
— On n'a rien entendu ; et on est suffisamment proches, alors s'il y avait vraiment une fusillade on aurait entendu quelque chose. »

Haïm ne savait pas trop quoi penser de cette situation. Osher était connu pour son côté blagueur, il était donc difficile de savoir quand il disait la vérité. Et pourtant, il se passait quelque chose de bizarre ce shabbat.

« D'accord, très bien. Assieds-toi, mon garçon. On va finir de prier, et puis on va rentrer à la maison. »

Ils ont rapidement chanté les cantiques de la fête de Simhat Torah, puis lu la portion de la Torah composée des premiers chapitres de la Genèse aussi vite que possible. Ils n'ont pas effectué les traditionnels rituels supplémentaires propres à cette fête, au cours desquels on fait trois à sept fois le tour de la table de lecture où le rouleau de la Torah est posé ; ce jour-là, ils n'en ont même pas fait un seul.

Haïm est rentré chez lui. Il a hésité à rallumer son téléphone pour savoir ce qui se passait, avant de se raviser. « Le shabbat c'est le shabbat », s'est-il dit. Il a cru entendre des avions, mais a ensuite pensé qu'il s'agissait plutôt du bruit de la climatisation. Puis il est allé faire la sieste, comme le voulait sa routine du week-end.

Mais pas pour longtemps ; sa femme l'a rapidement réveillé, en lui disant : « Haïm, Haïm, le président du conseil rabbinique et trois soldats sont à la porte. Réveille-toi. » Il a sauté du lit, encore en short et marcel. Des soldats à sa porte ? Aucun de ses fils n'était à l'armée. Que faisaient-ils là ?

« Nous sommes désolés de vous réveiller, Haïm, mais il y a eu une tuerie de masse, un massacre dans notre ville et dans tout le sud d'Israël perpétré par des terroristes du Hamas venus de Gaza. Vous devez immédiatement ouvrir le cimetière pour commencer à réceptionner les corps », lui ont-ils expliqué.

Cette fois-ci, Osher n'avait visiblement pas menti.

Haïm a rapidement enfilé ses vêtements de travail, avant d'annoncer à sa femme qu'il ne savait absolument pas quand il allait revenir.

« Fais attention à toi, lui a-t-elle répondu.

— Ne t'en fais pas pour moi. Et essaie de calmer les enfants », lui a-t-il suggéré.

Haïm dirigeait le cimetière municipal depuis dix-huit ans. Certains trouveraient sans doute ce métier trop difficile ou trop triste, mais Haïm s'était dit qu'il avait trouvé sa vocation dès son premier jour de travail. Il aimait tailler les plantes et creuser les tombes. Il appréciait l'ordre qui y régnait.

Au total, il était responsable d'une superficie de 5 000 m², comprenant 5 800 sépultures.

Il y a quelques années, le journal local a remarqué qu'il était plus agréable de se promener sur les chemins bien entretenus du cimetière que dans les rues d'Ofakim. Haïm était parfois surnommé le « maire des morts », un nom qui lui avait été attribué suite à une innovation qu'il avait introduite huit ans auparavant : la division du cimetière en rues. Il avait installé quinze panneaux parmi les avenues de tombes pour que les gens se repèrent plus facilement. Plutôt que de parler de sections et de parcelles, les gens étaient désormais enterrés dans des rues au nom d'individus remarquables, comme la rue Hasida Mor Yosef, la rue Tami Afalo, ou la rue Masouda Zagori : toutes portaient le nom de femmes qui s'étaient proposées pour l'aider à effectuer les toilettes mortuaires.

Il a même contacté l'entreprise Waze pour qu'ils intègrent ses nouveaux noms de rue à leur GPS. Son but pour l'année à venir était de permettre aux gens d'entrer le nom du défunt dans l'application, qui leur indiquerait alors le chemin jusqu'à la tombe. Mais avant de pouvoir atteindre cet objectif, il se fiait à une carte qu'il avait lui-même réalisée à l'aide d'un drone, un modèle chinois dont la batterie s'épuisait beaucoup trop rapidement. Les efforts faits par Haïm pour concevoir cette carte et la distribuer aux visiteurs lui ont valu la note de quatre étoiles et demie dans les avis Google.

Cinq soldats ont accompagné Haïm au cimetière ce matin-là. L'officier supérieur, dont le grade était soit commandant soit lieutenant-colonel (Haïm n'était pas vraiment sûr), lui a demandé son drone : ils voulaient vérifier qu'il n'y avait plus de fusillade en cours. Même si Haïm paraissait plutôt calme, deux questions lui revenaient sans cesse : que signifiait « massacre » en termes de nombre de morts ? Et en connaissait-il certains ?

Haïm leur a ouvert le portail du cimetière. Il a allumé tous les climatiseurs afin de préparer l'espace à l'arrivée des corps. Il s'est assuré que son téléphone était allumé, au cas où la police ou l'hôpital chercheraient à le joindre. Remarquant que ses enfants lui avaient écrit pour savoir où il était, il leur a envoyé un bref message : « Maman et moi allons bien ; je suis au travail. » Il est volontairement resté succinct, conscient de l'interdit d'écrire pendant shabbat. Puis il a fait démarrer le drone, invitant les soldats à regarder les images sur son téléphone ; les rues semblaient calmes et désertes.

C'est rue Tamar qu'ils ont découvert les trottoirs jonchés de corps. La première ambulance est arrivée au bout de quarante-cinq minutes. Haïm a tout de suite reconnu le premier cadavre. Il s'agissait de Rabbi Binyamin Rahami, qui était assis juste un rang devant lui à la synagogue. Un homme si gentil, père de jeunes enfants. Haïm s'est senti soupirer en plaçant délicatement le corps dans le sac en plastique.

Après les allées et venues de plusieurs ambulances, c'est un car qui est arrivé.

Dans le coffre, des corps et des morceaux de corps étaient empilés les uns sur les autres. Le chauffeur avait récupéré tous les restes humains qu'il avait trouvés sur les lieux du festival Nova de Réim pour les ramener jusqu'à Ofakim, en parvenant lui-même à éviter les tirs des terroristes. Des dizaines de corps étaient entassés dans le compartiment habituellement réservé aux bagages. Jusque-là, Haïm n'avait jamais vu de gens avec des balles dans les yeux, dans les organes génitaux, ou la cervelle explosée. Il a passé trente minutes à essayer d'associer une main coupée au corps correspondant. Il reconnaissait beaucoup trop de visages du quartier – même s'il ne se souvenait plus de leur prénom. Il y avait l'homme qu'il saluait à chaque fois qu'il le croisait le matin, plusieurs femmes qu'il voyait à l'épicerie. Et puis il y avait Moshé Ohayon. Moshé, qui rêvait de devenir maire, avait ouvert des classes pour enfants à besoins éducatifs spécifiques, et fait construire des logements étudiants. Quelqu'un a alors crié que le corps à côté était celui d'Eliad, le fils de Moshé, un jeune garçon qui avait la vingtaine. Le père avait-il vu son fils mourir, ou le fils son père ? Haïm a essayé de ne pas trop s'appesantir sur ces questions.

C'est alors qu'un camion est arrivé.

Haïm connaissait bien le premier garçon qui s'y trouvait, que Dieu le protège. C'était Aharon Haimov ; son père était rabbin de la communauté des Juifs de Boukhara, qui avaient émigré d'Ouzbékistan et du Tadjikistan. Rabbi Yossef Haimov, visiteur régulier du cimetière, accompagnait chaque membre de sa communauté dans son dernier voyage. Il avait toujours été particulièrement fier d'Aharon, son aîné âgé de 25 ans, médecin, ambulancier, et père de deux bébés. Aharon était en route pour aller soigner des blessés quand il s'est fait tirer dessus. Une balle lui a perforé le torse, lui faisant perdre le contrôle de l'ambulance.

Des jeunes filles. L'une avait de longs cheveux, un short et un débardeur noirs. Il a appris plus tard, en lisant les journaux, qu'elle s'appelait Ziv, Ziv Frenkel, qu'elle avait 22 ans et qu'elle venait de Kiryat Motzkin. Elle était venue danser au festival.

Nahorai Saeed. Haïm avait l'impression qu'à peine quelques secondes auparavant, il était encore un bébé dans la crèche où sa femme travaillait. À présent il avait déjà 19 ans, et il était mort.

Haïm a travaillé cinquante heures sans dormir. Pour tout nettoyer, couvrir, consigner.

Cette semaine-là, il a effectué vingt-cinq cérémonies pour les victimes que les familles souhaitaient enterrer à Ofakim, soit presque la moitié des quarante-neuf résidents assassinés dans la ville. Même dans la mort, certains cherchent toujours à quitter Ofakim, d'autant qu'en dehors de la ville, une tombe coûte moins cher qu'un appartement.

Chaque famille, chaque groupe possède ses propres traditions. Haïm les connaissait toutes : les Russes préfèrent ne pas porter à la main la civière du défunt, et choisissent donc une charrette à la place. Les Caucasiens sont en général très nombreux aux enterrements. De la même façon, les Éthiopiens viennent en nombre, mais sans s'approcher du corps ; ils se réunissent devant la tombe une fois que le défunt y est inhumé. Les Marocains portent le mort jusqu'à sa tombe les pieds en avant quand, chez les Tunisiens, c'est d'abord la tête.

Ce n'est qu'une fois tous les enterrements terminés que Haïm a commencé à sentir comme une pression au crâne. Certains lui ont suggéré de parler à quelqu'un de ce qu'il avait vu. Au début, il a refusé. Pourquoi embêter les autres avec ses ressentis à lui ? De toute façon, que pourrait-il bien dire ? Pourrait-il évoquer la femme venue en hurlant chez lui au milieu de la nuit, l'implorant de l'aider à retrouver son mari alors qu'il avait l'interdiction d'aller identifier son corps ?

Ce n'était pas le cas de Sarit Ohayon. Elle est restée chez elle, en silence, dans l'attente d'avoir des nouvelles, tout en continuant de s'occuper des vingt enfants handicapés qui avaient été invités à passer la fête de Simhat Torah chez elle par son mari et son fils, désormais décédés.

Les corps de Moshé et Eliad Ohayon, qui se tenaient encore dans les bras quand ils ont été retrouvés, sont restés sur le trottoir devant le numéro 20 de la rue Tamar pendant presque une journée avant d'être transportés au cimetière de Haïm le dimanche matin. Moshé, le père, a été le premier assassiné. Eliad est parvenu à crier « À l'aide, mon père est blessé ! » avant de se faire aussi tirer dans le dos, puis de s'effondrer sur le corps de son père.

À la fin des années 90, Sarit et Moshé, alors un jeune couple qui vivait à Jérusalem, ont déménagé à Ofakim à la recherche de nouveaux défis. Ils avaient entendu parler d'un groupe composé de plusieurs familles qui s'installaient là-bas pour y initier du changement, et ont donc décidé de tenter l'expérience pendant un an. La fin de l'année a été marquée par la naissance d'Eliad, le deuxième de cinq garçons. Ils n'ont plus jamais quitté le quartier de Mishor Hagafen.

Moshé, devenu un notable de la ville, y a fait construire un campus étudiant ainsi qu'un centre pour enfants handicapés. En 2013, il a presque remporté les élections municipales grâce à son slogan « Faire, Changer, Mener ». Certains pensent qu'il a perdu parce qu'il parlait plus qu'il n'agissait, mais sa volonté d'améliorer cette ville ne faisait aucun doute.

Au cours des dernières années, Moshé a dirigé « 929 », une organisation nationale visant à rapprocher les mondes laïc et religieux, habituellement très divisés, grâce à l'étude des textes saints. En tant que fervent croyant, il enseignait aux étudiants laïcs que les commandements qui régissent les relations entre les humains prévalent sur ceux qui régissent les relations entre les hommes et Dieu. Il présidait aussi le comité exécutif du think tank « Chaharit : Créer un camp commun », qui réfléchissait à l'escalade des tensions entre différents groupes de la société israélienne : la droite contre la gauche, les religieux contre les laïcs, les Mizrahis, des Juifs d'Afrique du Nord et du Moyen-Orient, contre les Ashkénazes, des Juifs d'Europe de l'Est. Il avait même lancé le concept des « Soukkots of Shalom », les « Cabanes de la paix », partout dans le pays, afin d'en finir avec ces divisions destructrices. Un homme très occupé, donc.

Le 5 octobre, qui tombait le jour de Hoshanna Rabba, une fête mineure pendant laquelle certains dédient toute la nuit à l'étude de la Torah, la famille de Moshé a accueilli cinquante personnes dans le cadre des « Soukkots of Shalom ». À cette occasion, il avait invité deux personnalités très influentes, connues pour leurs points de vue divergents et qui, en temps normal, auraient décliné toute invitation à participer ensemble à un quelconque événement. Le premier était Nimrod Chafer, un général de réserve qui dirigeait les manifestations contre la « réforme judiciaire » de Nétanyahou. Il était réputé pour son soutien à ceux qui refusaient d'être réservistes afin de dénoncer la façon dont le gouvernement chercher à détruire la démocratie dans le pays. La deuxième invitée, Sara Éliach, avait joué un rôle majeur dans la construction de colonies en Cisjordanie, et était une figure centrale de la communauté sioniste religieuse.

Les deux ont étudié la parabole talmudique du marin jusqu'au petit matin :

> *Rabbi Chimon Bar Yochaï a enseigné la parabole suivante : il y avait plusieurs hommes sur un bateau.*
> *L'un d'eux se mit alors à le percer.*
> *Les autres lui demandèrent : « Mais que fais-tu donc ? »*
> *Ce à quoi il répondit : « Qu'est-ce que cela peut bien vous faire ? Je ne fais que percer ma partie du navire. »*
> *Ils lui dirent alors : « Il est vrai, mais quand l'eau montera, elle nous noiera tous. »*

La nuit suivante, Eliad a organisé un nouvel événement chez lui. Pour la troisième année consécutive, il invitait des enfants souffrant de paralysie cérébrale, de dystrophie musculaire ou encore de traumatisme cérébral à fêter Soukkot avec sa famille. La première année, il a invité trente enfants. Puis cinquante. Et pour ce qui a été la dernière soirée de sa vie, il a accueilli quatre-vingts enfants dans la cour de sa maison.

Eliad s'était arrangé avec tout le voisinage pour héberger les quatre-vingts invités, dont vingt dormaient chez lui.

Quand la première sirène a retenti le samedi matin, toute la famille Ohayon s'est ruée dans les cinq pièces de la maison pour aider les enfants handicapés à rejoindre la pièce sécurisée. Leur maison était l'une des rares du quartier à en posséder un. Une fois à l'intérieur, ils n'ont pas allumé la lumière, afin de ne pas enfreindre les règles du shabbat.

Conscient que les abris publics étaient fermés à clé et que les agents municipaux arriveraient sans doute en retard, comme à leur habitude, Moshé est sorti seul de chez lui, il a couru au centre du quartier, a brisé les cadenas de l'abri, et s'est dépêché d'y faire entrer les résidents.

« Reste avec nous, s'il te plaît, ne repars pas », l'ont supplié certains voisins ; mais il voulait voir de plus près si les rumeurs d'une tuerie en cours étaient vraies.

Eliad est alors arrivé au volant de la voiture de Moshé pour le conduire en direction des coups de feu sur la rue Tamar, pendant que son père tenait son pistolet à la fenêtre.

Au numéro 1, la résidence de la famille Adri avait été prise par cinq terroristes. Ils tiraient de l'intérieur, où ils tenaient en otage Rachel et David, un couple de personnes âgées. Rachel, qui avait grandi dans une famille de quatorze enfants dont les parents venaient d'Iran et du Maroc, est parvenue à amadouer les terroristes en discutant avec eux en arabe tout en leur offrant de l'ananas et des petits gâteaux.

Au numéro 16, où vivait la famille Bilya, Moshé et Eliad sont tombés sur un groupe de terroristes en train de tirer sur la maison pour tenter d'y pénétrer. En levant les yeux, Moshé a vu onze membres de la famille essayer de s'échapper par la fenêtre du toit. Parmi eux se trouvaient Ariel Bilya, sa femme Chochana, leurs enfants Zouriel et Avishag, Guy, le frère d'Ariel, sa femme Michal, et leurs enfants Hillel, Ebriya, Talem et Asif – qui avait un mois. Moshé et Eliad sont allés se garer au numéro 20, dans une cour apparemment sans terroristes ; leur plan était de distraire les assaillants pour secourir la famille Bilya. Ariel Bilya, posté à la fenêtre, aidait chaque membre de sa famille à atteindre le toit l'un après l'autre, pendant que les terroristes pénétraient dans la maison. Moshé a essayé de couvrir Ariel en tirant en direction des terroristes, mais il s'est fait lui-même abattre. Eliad a été le suivant. Ariel s'est fait tirer dessus alors qu'il cherchait à leur bloquer l'accès au toit.

Pendant ce temps Amitaï, le frère d'Eliad et l'aîné de Moshé, était à l'autre bout de la rue Tamar, en train d'appliquer des garrots à treize blessés. Puisque aucune ambulance ne se trouvait à proximité immédiate, il a lui-même transporté les victimes dans sa voiture, les conduisant jusqu'à un checkpoint de police à trente minutes de là. Amitaï est parvenu à effectuer trois allers-retours ainsi. Aucune ambulance n'a pu accéder au quartier jusqu'au soir.

Sarit est restée à la maison pour donner à manger aux vingt enfants et rassurer leurs parents terrifiés. Elle était tellement occupée qu'elle a à peine eu le temps de s'inquiéter pour son mari et ses deux fils. L'un des bénévoles qui était resté avec elle et les enfants dans l'abri a reçu une vidéo insoutenable dans laquelle on voyait un membre de leur famille, Doron Acher, ainsi que ses deux filles, se faire kidnapper au kibboutz Nir Oz puis emmener à Gaza. Il était très difficile de comprendre ce qui se passait au milieu de tout ce chaos. À midi, Amitaï est rentré à la maison ; il a annoncé à Sarit qu'Ariel Bilya s'était fait tuer. Le reste de sa famille avait réussi à se cacher sous un panneau solaire installé sur leur toit. Sarit s'inquiétait de savoir comment Moshé allait réagir quand il rentrerait à la maison et qu'il apprendrait que son ami était mort.

Dans la soirée, Sarit a appelé la permanence téléphonique pour signaler la disparition de Moshé et Eliad. Elle a alors reçu une succession de comptes rendus différents : certains prétendaient avoir vu le père et son fils aider des gens au festival Nova de Réïm, quand d'autres suggéraient qu'ils étaient peut-être parmi les blessés non identifiés de l'un des hôpitaux. Le lendemain matin, Amitaï s'est décidé à prendre les choses en main et à partir lui-même à leur recherche. Il comptait conduire jusqu'au lieu du festival, mais il en a été empêché car des tirs étaient toujours en cours. En attendant, il est allé faire le tour du quartier, juste pour être sûr. Dès son arrivée rue Tamar, il a identifié la voiture de son père, portières ouvertes, criblée de balles, mais sans trace de sang. Alors qu'il inspectait le véhicule, il est tombé sur Guy Bilya, qui passait par là.

« Je suis désolé pour Ariel, a dit Amitaï.

— On arrive pas à croire qu'on l'ait perdu. On arrive pas non plus à croire qu'on ait survécu. Et toi, comment va ta famille ? Tu as des nouvelles de ton père ?

— Pas vraiment, on n'a aucun signe de lui ni d'Eliad depuis hier. Je viens tout juste de retrouver leur voiture », a-t-il ajouté en pointant le véhicule du doigt.

Les deux hommes ont fait équipe pour inspecter la voiture, à la recherche d'indices quant à ce qui avait pu se passer. C'est alors qu'un troisième voisin, un homme qu'ils n'avaient jamais rencontré avant, s'est mis à crier dans leur direction depuis sa cour.

« Vous cherchez le propriétaire de cette voiture ? » leur a-t-il demandé.

Ils ont acquiescé de la tête.

« J'ai tout vu depuis ma fenêtre ! C'était de la folie, de la folie ! Ils se sont battus contre les terroristes, le père comme le fils ! » s'est-il exclamé, ses mains mimant les armes et les corps qui s'effondrent.

« Comment savez-vous que c'était un père et son fils ? lui a demandé Amitaï, perplexe.

— Parce que le fils a appelé son père en criant au moment où ils l'ont tué. Le pauvre garçon était en train de hurler à l'aide quand ils lui ont aussi tiré dessus ! Je les ai vus essayer de se défendre, et puis ils se sont effondrés ! »

Attiré par les bruits de la conversation, un quatrième voisin les a rejoints. Lui aussi avait assisté à l'issue du combat. « Leurs corps gisaient encore juste ici, sur ce trottoir, il y a quelques heures à peine. » Puis il a sorti son téléphone pour montrer une photo à Amitaï.

On y voyait son père et son frère, criblés de balles, se tenant dans les bras.

Amitaï a alors déchiré sa chemise, signe de deuil dans la tradition juive, avant d'attendre que les assistantes sociales de la ville le raccompagnent chez lui pour annoncer la nouvelle à sa mère et ses frères et sœurs.

Ils sont arrivés devant la porte au moment même où le dernier des enfants qu'ils avaient invités était évacué de la maison.

XII.

Victimes du deuil

Itinéraire 1 : De la place des Rois d'Israël, Tel Aviv, à Neve Dekalim, Gaza, mars 1993

Haïm Ben Aryeh a refermé les portes de son bus juste avant minuit.
« Nous serons à la maison dans deux heures environ », a-t-il annoncé aux passagers.
« La maison », comme il l'appelait, c'était Neve Dekalim, la principale implantation juive de Gaza.
Le bus était plein à craquer, sans un seul siège de libre. Pour la plupart des passagers de Haïm, Tel Aviv était une terre étrangère, le Gomorrhe de la gauche laïque. Pourtant, ils avaient une bonne raison de s'y rendre ce soir-là : ils participaient à une manifestation contre la signature à venir des accords d'Oslo entre le Premier ministre israélien Yitzhak Rabin et le chef de l'Organisation de libération de la Palestine, Yasser Arafat.
Dans le cadre du processus de paix, Israël avait accepté de se retirer des implantations palestiniennes

à Gaza et Jéricho, tout en reconnaissant la création d'une Autorité palestinienne. En retour, les Palestiniens avaient reconnu le droit d'Israël à exister. La décision ne faisait pas l'unanimité, c'est le moins qu'on puisse dire. Des slogans comme « Ce n'est pas la paix, c'est du terrorisme », « Ne leur donnez aucune arme » et « Rabin est un traître » ont retenti place des Rois d'Israël jusque tard dans la soirée.

Alors que Haïm venait d'allumer le moteur, quelqu'un a toqué aux portes du bus.

Une jeune femme aux cheveux noirs, à bout de souffle, demandait à monter.

Il lui a ouvert les portes.

« Il vous reste encore une place ? Je vais à Gaza.

— Non, mais vous pouvez vous asseoir sur les marches à côté de mon siège si vous voulez », lui a-t-il répondu.

Elle a acquiescé tout en s'excusant du dérangement. « Je suis venue manifester avec mes amies, mais je n'ai pas vu le temps passer. Vous êtes le dernier bus que je puisse prendre pour rentrer. »

Elle s'appelait Irit Cohen Yonatan. C'était une enseignante de 19 ans.

Haïm, lui, avait 26 ans. Ses parents avaient immigré d'Irak et de Turquie. Irit venait d'une famille originellement issue de Cohanim (des Juifs qui descendent de la caste des grands prêtres) algériens mais qui avaient vécu à Djerba en Tunisie. Il était le troisième d'une fratrie de six ; elle était la neuvième d'une fratrie de dix. En discutant ils se sont rendu compte qu'ils étaient pratiquement voisins. Il vivait au mochav Katif du Gush Katif, dans l'une des maisons individuelles imitant le style des quartiers résidentiels américains entre Rafah et Khan Younis. Elle avait grandi à Neve Dekalim, la « capitale » de l'implantation juive à Gaza, construite sur des dunes vierges le long de la mer par des immigrés français et indiens. Ils étaient parfaitement alignés sur le plan politique : « La paix existait bien avant qu'on parle de paix », expliquait Haïm en conduisant ; Irit n'aurait pas dit mieux. On appelait ce mois-ci le « mois du sang », à la suite du meurtre de quatorze Israéliens par des terroristes palestiniens. Haïm et Irit avaient tous les deux vécu aux côtés de Palestiniens, avec lesquels ils étaient devenus amis, mais ils pensaient que les accords d'Oslo n'étaient pas tant une voie vers la paix qu'un prélude à la guerre.

Au bout d'un mois ils étaient fiancés. Sept mois plus tard, en octobre 1993, ils étaient mariés.

Itinéraire 2 : Du mochav Katif au mochav Ganeï Tal, 2 mai 2004

Irit et Haïm Ben Aryeh vivaient au mochav Katif avec leurs quatre enfants ; ils avaient prévu de tous se rendre au bureau de vote de Be'er Cheva pour convaincre les électeurs du Likoud, le principal parti de droite, de réévaluer leur choix.

C'était un jour important : le Likoud organisait un référendum sur le plan de désengagement. C'était leur dernière chance de convaincre le Premier ministre Ariel Sharon d'abandonner ses projets de retrait des implantations juives de Gaza, qu'il voulait intégralement céder aux Palestiniens.

Le couple allait de ville en ville depuis des mois pour inciter les électeurs à s'opposer au projet. Ils avaient même peint leur maison et le bus de Haïm en orange, la couleur du mouvement de contestation, inspirée par la Révolution orange ukrainienne qui se tenait au même moment.

Haïm, désormais chauffeur de bus officiel du conseil régional de la Côte gazaouie, était devenu célèbre auprès des vingt et une implantations juives de la zone. On le reconnaissait à sa longue barbe, son large sourire, et à son bus orange paré de drapeaux israéliens et d'autocollants représentant des rouleaux de la Torah. Sa célébrité n'était pas due qu'aux apparences : il était également quelque peu excentrique. Il n'avait jamais possédé de smartphone (source de trop de distractions), ni de carte de crédit (il avait toujours du liquide sur lui), et il connaissait le nom ainsi que le contexte familial de chaque enfant qu'il amenait à l'école. Certains le considéraient d'ailleurs plus comme leur professeur que n'importe lequel de leurs enseignants.

La veille du référendum, Lior et Maytal, les filles aînées de Haïm et Irit, respectivement âgées de 11 et 10 ans, ont fièrement montré un article portant sur l'engagement politique de leurs parents à leurs amies et voisines, Hila et Hadar Hatuel, également âgées de 11 et 10 ans. Les deux familles étaient proches : Tali Hatuel et Irit Ben Aryeh étaient tombées enceintes en même temps et s'étaient beaucoup entraidées pour assurer l'éducation des enfants. Ce matin-là, la famille Hatuel s'est rendue dans un bureau de vote d'Ashkelon peu de temps avant que la famille Ben Aryeh n'en fasse de même.

Mais les Ben Aryeh ont été retardés, Haïm n'étant pas encore rentré de son ramassage scolaire du matin. Depuis sa rencontre avec Irit, il attendait toujours une ou deux minutes en plus à chaque arrêt pour s'assurer qu'aucun enfant ne soit laissé de côté.

Alors qu'ils venaient de partir, le frère d'Irit, qui était officier de police, l'a appelée : « Il y a eu un attentat sur la route principale. Rentre chez toi et restes-y. »

Suivant son conseil, ils sont retournés au mochav Katif, pour découvrir que les morts étaient leurs voisins.

Tali Hatuel, ses quatre filles et son enfant à naître ont été abattus dans leur break Citroën blanc après avoir été pris en embuscade par deux terroristes palestiniens.

Il fallait quelqu'un pour identifier les corps. Le bus de Haïm était à l'épreuve des balles depuis plusieurs années maintenant ; la seconde intifada avait rendu ce genre de précaution nécessaire. Le trajet quotidien de Haïm en direction de Kissoufim empruntait précisément la route où les Hatuel avaient été assassinés. Il avait lui-même survécu à plusieurs fusillades et à une explosion. Et pourtant, une fois à la morgue du mochav Ganeï Tal, Haïm n'a pas pu soutenir la vue des corps criblés de balles.

Quand il a appris que David Hatuel insistait pour voir le cadavre de sa femme et de ses enfants, Haïm l'a imploré de se raviser : « Parfois il vaut mieux s'épargner certains souvenirs. Crois-moi. Essaie de te ménager. »

Le lendemain, jour de l'enterrement de la famille Hatuel, les résultats du référendum ont été publiés : 65 % des électeurs du Likoud s'étaient prononcés contre ce qui a été appelé « le Désengagement ».

Malgré ces résultats, le Premier ministre Sharon a considéré qu'il jouissait de suffisamment de crédibilité politique pour mener son plan à bien.

Vingt ans après s'être retiré du Sinaï, l'État Israël faisait à nouveau le pari d'échanger un territoire contre la paix, unilatéralement cette fois, sans exiger de concession préliminaire de la part des Palestiniens. En août 2005, le Premier ministre Sharon a envoyé 25 000 soldats pour assurer l'évacuation de tous les Israéliens de Gaza, avec ou sans leur accord.

Itinéraire 3 : Du mochav Katif, Gaza, à Kfar Pines, Israël, 21 août 2005

Haïm tenait un aquarium contenant trois poissons, Irit essayait de bercer leur nouveau-né, et les quatre autres enfants Ben Aryeh portaient les sacs et valises qui contenaient la majeure partie de leurs biens sur cette terre.

La famille, qui venait de se faire évacuer de force de sa maison du mochav Katif, embarquait dans un bus qui la conduisait hors de Gaza. Elle devait s'installer ailleurs, ordre de Tsahal.

« Avec nous, même les poissons peuvent rester chez eux. On n'est pas comme Sharon », a expliqué Haïm aux soldats. Jusqu'au moment où on l'a forcé à monter dans un autre bus que le sien et à s'asseoir sur un siège passager, il ne voulait pas croire qu'il allait perdre son domicile. Désormais il ne lui restait qu'à regarder sa maison disparaître au loin.

Le chauffeur qui les conduisait hors de Gaza roulait de façon brusque. L'après-midi était déjà bien entamé, ils faisaient partie des derniers Israéliens à quitter la zone. À un moment, le chauffeur a freiné d'un coup sec ; Haïm a alors lâché l'aquarium, qui s'est brisé au sol. Les poissons n'ont pas survécu.

La famille Ben Aryeh a été déposée dans une école religieuse pour filles au centre d'Israël en plein milieu de la nuit ; ils dormaient sur des lits superposés à côté d'autres familles déplacées. Ils y sont restés deux mois, avant d'être relogés dans une aire de mobile-homes au sud du pays, où ils vivaient les uns sur les autres dans une caravane de 45 mètres carrés sans porte. Six mois plus tard, ils ont été à nouveau relogés dans un village de caravanes installé sur le versant sud du mont Hebron ; leurs affaires, qui devaient leur être envoyées sous deux semaines, sont arrivées dix mois plus tard.

Haïm a changé à la suite de leur expulsion de Gaza. Il était au chômage et souffrait de dépression. Il est devenu mutique, introverti et amer.

Les Ben Aryeh ont attendu treize ans avant que l'État d'Israël ne tienne sa promesse de leur retrouver une maison à l'intérieur des frontières de 1967.

C'est ainsi qu'en 2019, cinquante familles du mochav Katif de Gaza ont été relogées dans un mochav construit spécialement pour eux : « Karmi Katif ».

Haïm a réussi à retrouver un emploi en tant que chauffeur de bus scolaire ; Irit était soulagée de voir son mari sourire à nouveau.

David Hatuel est resté leur voisin. Il s'est remarié et a eu six autres enfants.

Itinéraire 4 : De Karmi Katif au kibboutz Be'eri, 7 octobre 2023

Haïm a reçu un appel urgent de la compagnie de bus.

Il devait conduire les enfants qui avaient survécu au massacre du kibboutz Be'eri pour les mettre en sécurité dans des hôtels de la mer Morte. Son supérieur savait qu'il avait de l'expérience dans la gestion de situations délicates, surtout quand il s'agissait d'enfants.

Vers 4 heures du matin, Irit a entendu le bruit d'une clé dans la serrure.

Haïm se tenait dans l'entrée ; il pleurait comme jamais Irit ne l'avait vu pleurer.

« Qu'est-ce qui s'est passé ? Raconte-moi tout, lui a-t-elle dit.

— Je n'ai pas pu les aider, lui a répondu Haïm en bégayant, la voix étouffée par les larmes.

— Je suis sûre que tu les as beaucoup aidés, Haïm. Raconte-moi ce que tu as vu. »

Il peinait à s'exprimer ; Irit s'est souvenue par la suite que la plupart de ses phrases ressemblaient à des questions : « Je n'ai pas pu les aider... Les gens montaient dans le bus à moitié nus... Ils étaient enveloppés dans des couvertures ? Des serviettes ?... Et le sang... Les gens étaient couverts de sang ? Les enfants étaient couverts de sang ? Les enfants étaient pieds nus, sans chaussettes ni chaussures ? Les pères étaient encore en caleçon ? Ils s'étaient tous enfuis en courant ? Ces gens ont vu leur famille se faire tuer, ils ont vu les scènes les plus horribles qui soient... et le silence... pendant les deux heures du trajet jusqu'à la mer Morte, le silence total... mon bus était rempli, mais personne n'a dit un seul mot ? Même les bébés ne pleuraient pas ? Pas un enfant n'a dit un seul mot et moi, qu'est-ce que je pouvais faire ? Rien ? Je n'ai pas pu les aider ? »

Dernier voyage : De Karmi Katif au mochav Neta, 25 octobre 2023

Haïm s'était replié sur lui-même. Il passait des jours entiers au lit à regarder des reportages sur la chaîne 14, obnubilé par le moindre détail de chaque meurtre évoqué aux informations.

« Papa, ton fils a tué des Juifs ! Regarde combien de Juifs j'ai tués de mes propres mains ! » Cet enregistrement d'un terroriste du Hamas a profondément perturbé Haïm. Il visionnait la séquence en boucle, qu'il voulait absolument montrer à sa femme et ses enfants. Irit refusait à chaque fois. « Il faut que je protège ma santé mentale, pour toi et les enfants. Je ne peux pas regarder ce genre de choses, c'est trop insupportable, je ne suis pas assez forte. » Même les enfants sont intervenus ; l'obsession de leur père pour les journaux télévisés les inquiétait beaucoup. Haïm se montrait pourtant confiant : « Tout est sous contrôle. »

Mais au fil des jours, avec le nombre croissant de victimes et la couverture médiatique incessante, l'état de Haïm s'est dégradé. Sans le dire à Irit, il a demandé de l'aide à un rabbin de sa connaissance.

Il lui a tout raconté : le sang, les enfants muets, les cadavres le long de la route. Il lui a également révélé qu'il avait effectué un autre trajet au front, le 9 octobre, sur des routes enfumées, jonchées de corps à perte de vue. Il n'a pas parlé à Irit ni aux enfants de ce trajet, qu'il avait effectué sur ordre de Tsahal afin de conduire des soldats au combat.

Le 20 octobre, Haïm et Irit ont fêté leurs trente ans de mariage, entourés de leurs huit enfants. Haïm avait l'air heureux et reconnaissant de pouvoir vivre un tel moment.

Le mercredi 25 octobre au matin, Irit est resté un instant encore au lit avant de se lever, à écouter les sons familiers que Haïm faisait toujours au réveil. Le grincement de la porte quand il sortait doucement de leur chambre, le bruit de ses pas, l'eau qui coulait dans la salle de bains.

En allant à la cuisine, Haïm a été surpris d'y voir Irit en train de boire un café et de lire le journal. Elle avait délibérément évité tout contact avec les informations jusque-là. « Je rattrape mon retard, lui a-t-elle annoncé, petit à petit, à mon rythme. » Haïm a posé le menton sur sa tête tout en lisant le journal avec elle, avant de sortir vers son bus.

Il a alors pris la route. Il a tourné à droite plutôt qu'à gauche sur la place principale du mochav pour se diriger vers la crèche. Il y est resté quelques instants, saluant les enfants qu'il connaissait de la synagogue, avant de reprendre le volant pour se rendre au mochav Neta situé à quelques minutes de là.

Il a envoyé un bref message à Irit :

« Je suis désolé. »

Puis un autre :

« Dis à mes parents que je suis désolé. Dis à nos enfants que je suis désolé. »

Un flash info annonçait une fusillade au mochav Neta.

Craignant un nouvel attentat, Irit a dit aux enfants de s'enfermer à la maison. Puis son frère, l'officier de police, l'a appelée.

Haïm Ben Aryeh, 56 ans, s'était tiré une balle dans la tête sur le siège conducteur de son bus.

*

Trois à six enterrements par jour.

Sivan Sekeli Benzekry n'était pas une professionnelle des pompes funèbres. Elle n'était même pas une professionnelle d'organisation d'enterrements, un métier de niche qui rapporte presque autant que l'organisation de mariages, mais elle a appris sur le tard. Et rapidement.

Elle était manager dans une compagnie d'assurances santé et d'assurances vie. Elle était aussi mère de trois enfants, ainsi que réserviste puis volontaire dans l'unité d'assistance aux victimes de Tsahal. Depuis les vingt dernières années, elle effectuait ce genre de missions deux fois par an ; c'est ainsi que cette quadragénaire à la taille fine, moitié polonaise moitié irakienne, les yeux verts et les cheveux noirs, s'est retrouvée responsable de l'organisation de presque trente enterrements en l'espace d'une semaine.

La plupart des morts étaient à peine plus âgés que son aînée de 12 ans. Sivan s'est occupée de toute la logistique des différentes funérailles : à chaque fois elle s'assurait que la tombe avait bien été creusée, elle commandait les compositions florales, installait les chaises en plastique, branchait les haut-parleurs pour les oraisons funèbres, mettait un buffet à disposition et, le plus angoissant, rappelait aux employés d'éviter de creuser la tombe suivante tant que la famille présente n'avait pas terminé sa cérémonie. Pour chaque inhumation, elle était la première à arriver et la dernière à partir.

Au sein de l'unité d'assistance aux victimes, la mission de Sivan consistait à informer les familles de la mort de leurs proches. Personne ne voulait de cette tâche ingrate, sauf elle. À force, elle a développé ses propres stratégies d'adaptation pour tenir le coup pendant les enterrements : elle a appris à faire abstraction des cris de désespoir et des salves de tirs d'honneur, ou encore à détourner le regard au moment où les cercueils enveloppés dans le drapeau israélien étaient mis en terre. Elle s'efforçait d'oublier chaque nom.

C'est au cours de son vingt-neuvième enterrement depuis les attentats, qui avait lieu au cimetière militaire de Kiryat Shaoul à Tel Aviv, que Sivan a atteint son point de rupture. En observant les fossoyeurs préparer dix-sept nouvelles tombes pour le lendemain, elle s'est sentie défaillir. Ses jambes l'ont lâchée et une vive douleur l'a prise à la poitrine, mais elle a réussi à rester debout malgré tout.

Son vingt-neuvième enterrement était celui de Sagi Golan, 30 ans, employé dans une entreprise de high-tech à Herzliya ; il était censé se marier treize jours plus tard avec Omer Ohana, qui partageait sa vie depuis six ans.

Sagi et Omer se sont réveillés ensemble à Herzliya quelques jours auparavant ; ils ont traîné au lit pour parler des vœux qu'ils avaient l'intention d'écrire et du design de leur dais nuptial. Ils venaient de récupérer leur costume chez le tailleur : Sagi en avait choisi un vert clair pour être assorti à ses yeux, celui d'Omer était couleur crème. Leur mariage devait avoir lieu dans le désert de Judée, entre les montagnes et la mer Morte.

Mais ce matin-là a bouleversé leurs plans : après avoir lu les informations sur son téléphone, Sagi a directement sauté hors du lit. Il était officier de réserve de Tsahal et, même s'il n'avait pas encore été appelé, il savait que ce n'était qu'une question de temps : des civils se faisaient assassiner chez eux.

« Allez, plus que quelques jours avant le mariage, a dit Sagi à Omer avant de l'embrasser sur le pas de la porte.

— Ne va pas jouer au héros », lui a répondu Omer.

La nuit suivante, Sagi s'est fait tuer par des terroristes du Hamas alors qu'il portait secours à des familles du kibboutz Be'eri.

Les fleurs de coton qu'ils avaient soigneusement choisies pour leur mariage ont composé la couronne mortuaire déposée sur sa tombe. Le célèbre chanteur israélien Ivri Lider, dont la chanson « Zakhiti Le'ehov » (« J'ai eu la chance d'aimer ») devait être passée pendant leur cérémonie, s'est retrouvé à jouer cette même chanson en live à l'enterrement. Omer s'est servi du système de réservation du mariage, qui permet d'envoyer des messages directement à tous les invités, pour leur indiquer le lieu et l'heure de l'enterrement de Sagi.

Mais dans l'unité, d'autres se sont sentis moins touchés que Sivan par la douleur d'Omer. Dans l'intervalle entre l'annonce de la mort de Sagi et l'enterrement lui-même, un officier de l'unité a refusé à la fois de répondre aux questions d'Omer quant aux circonstances de la mort de Sagi et d'accéder à ses requêtes concernant l'enterrement au prétexte que, puisque Omer n'était que le partenaire homosexuel du défunt et qu'ils n'étaient pas mariés, il ne jouissait d'aucun statut officiel.

Dans tous les cas, ce problème de statut aurait été le même du vivant de Sagi. Même si leur cérémonie portait le nom de « mariage », elle n'avait rien de légal dans la mesure où le code civil israélien exige que tout mariage officiel soit soumis à la loi juive, qui interdit les unions homosexuelles. En l'absence de solution gouvernementale, les tribunaux israéliens reconnaissent les mariages de même sexe uniquement dans le cas où le couple s'est marié à l'étranger. C'est pour cette raison qu'Omer et Sagi avaient organisé une cérémonie sur Zoom officiée virtuellement depuis l'Utah, aux États-Unis, qui aurait lieu le 12 octobre.

Sivan est rentrée de l'enterrement de Sagi vers minuit, et elle est directement allée se coucher. Le lendemain matin, un vendredi, elle a été appelée pour organiser un autre enterrement ; cette fois-ci il s'agissait d'une jeune femme dont elle avait oublié le nom. Comme Sivan a de nouveau été prise de vertiges pendant toute la cérémonie, elle est directement rentrée chez elle après.

Elle s'est réveillée le samedi matin à 4 h 30 avec d'intenses douleurs à la poitrine. Haïm, son mari, a immédiatement appelé une ambulance. Malgré les résultats normaux de l'électrocardiogramme initial effectué par l'équipe paramédicale, Sivan a insisté pour être emmenée à l'hôpital. Sur place, on lui a fait faire un autre ECG ainsi que des analyses sanguines et une radio du torse : tout était normal. Quelques minutes après, Sivan a fait un arrêt cardiaque.

Elle a été placée sous assistance respiratoire pendant presque quatre jours. On lui a diagnostiqué une dissection spontanée de l'artère coronaire (une déchirure de la paroi artérielle), aussi appelée syndrome du cœur brisé (quand le cœur se pétrifie d'un seul coup). Au bout du quatrième jour, qui correspondait également à son quarantième anniversaire, son mari Haïm a demandé aux médecins d'essayer de la réveiller. Sivan a lentement repris conscience mais, alors qu'on ne lui avait décelé aucune lésion neurologique ou cognitive permanente, elle avait perdu la mémoire. L'intégralité de ses souvenirs de la guerre semblait avoir disparu, à l'exception du nom d'un seul des morts qu'elle avait enterrés : Sagi Golan. Le reste des défunts avait été effacé.

Au cours de la semaine qui avait désormais disparu de la mémoire de Sivan, Omer a publiquement exigé d'accéder au statut officiel de fiancé de Sagi. Ses efforts ont été récompensés. Trois semaines après la mort de Sagi, la Knesset a voté à l'unanimité un amendement reconnaissant les partenaires des victimes LGBT comme veufs et veuves de Tsahal. Omer Ohana, qui n'avait pas eu le droit de se marier devant la loi, est devenu le premier veuf LGBT reconnu comme tel dans l'histoire d'Israël.

*

7 octobre

Dix-sept sirènes d'alerte. La famille Turpiashvili, composée d'Avi le père, de Manana la mère, de Tamar leur fille de 9 ans, d'Itzik leur fils de 11 ans, et d'Eden leur fille de 20 ans, a dû se réfugier dix-sept fois dans sa pièce sécurisée. À chaque alerte, ils avaient quarante-cinq secondes pour y courir. Cette pièce servait de chambre à la mère de Manana, donc la grand-mère de Tamar ; cette femme avait quitté la Géorgie après la guerre d'Abkhazie pour se retrouver plongée dans l'atmosphère de guerre perpétuelle d'Ashdod. Un missile a détruit un immeuble presque identique au leur à quelques pâtés de maison de chez eux.

8 octobre

Manana a passé la journée à pleurer devant la télévision, expliquant à Tamar qu'une nouvelle guerre venait de commencer. La petite fille a demandé à Manana si les enfants et les mères de Gaza avaient aussi peur qu'elles. Elle ne sait plus ce qu'elle lui a répondu. Une nouvelle sirène a retenti à 12 h 30 ; quatre missiles ont frappé le centre-ville d'Ashdod, blessant sérieusement une femme de 50 ans. Quelques heures plus tard, un garçon de 9 ans qui vivait dans la ville voisine d'Ashkelon a connu le même sort quand une roquette a touché un immeuble de quatre étages. Tamar était très inquiète pour son amie Adèle, dont la famille avait déménagé à Ashkelon un an plus tôt. Elle a donc vite répondu à son message sur WhatsApp : « Adèle, j'ai écouté la radio ; le missile n'est pas tombé près de ta maison. Il a touché la route principale, c'est pour ça que tu l'as entendu. »

Le soir même, Tamar a eu ses règles pour la première fois. Les seules personnes à qui elle en a parlé sont sa mère et Adèle. Une gynécologue a expliqué à Manana que les règles précoces sont souvent la conséquence d'une très forte anxiété.

9 octobre

Une sirène à 15 h 23, après quoi Tamar et ses camarades de CM2 sont retournés à leur cours sur Zoom. Rien d'inhabituel pour eux : pendant les deux ans qu'a duré la pandémie de Covid, ils n'ont jamais eu école en présentiel.

Tamar et Adèle se sont envoyé des messages pendant tout le cours.

Adèle : « Comment ça va ? »

Tamar : « Ça va, mais je suis un peu stressée parce que j'ai entendu une explosion juste à côté de chez moi. J'ai vraiment paniqué. Et aussi, mes règles me font mal. »

10 octobre

Aux informations, on a évoqué une suspicion de présence terroriste à Ashdod ; on a entendu des tirs en provenance de la plage, où des soldats ont été déployés pour fouiller la zone. Tamar s'est alors rendue dans la cuisine, où elle a pris deux couteaux parmi les plus pointus et les plus larges qu'elle ait trouvés pour les déposer dans la pièce sécurisée. Un peu plus tôt, elle avait vu un reportage à la télévision sur des habitants qui avaient réussi à se sauver face aux terroristes du Hamas le 7 octobre en fermant leur pièce sécurisée avec une barre de fer ; elle est donc allée à la salle de bains pour prendre un balai et une serpillière, considérant qu'ils pourraient bien servir à la même chose. Elle est ensuite partie voir sa mère, assise devant la télévision, pour lui annoncer que même si son père était au travail et qu'il ne pouvait donc pas les protéger, elle se chargerait de le faire si des terroristes arrivaient. Quand elle a de nouveau entendu parler d'Ashkelon aux informations, Tamar s'est remise à penser à Adèle, et les échanges de messages ont repris :

Tamar : « Tout va bien ? »

Adèle : « Oui, et toi ? »

Tamar : « Ça peut aller... Je me suis inquiétée quand j'ai entendu que des nouvelles roquettes étaient tombées sur Ashkelon. La situation est revenue au calme ? »

Adèle : « Pas vraiment non, on a entendu une nouvelle sirène il y a deux minutes. »

Tamar : « Fais attention à toi. »

Adèle : « Merci, toi aussi. »

Tamar : « Je me fais beaucoup de souci pour toi tu sais. J'aimerais que Gaza disparaisse. »

11 octobre

Une sirène à 13 h 29. Une sirène à 14 h 08. Une sirène à 16 heures. Une sirène à 16 h 26. Une sirène à 18 h 01.

Tamar : « Ça va Adèle ? »

Adèle : « Oui, et toi ? »

Tamar : « Ça peut aller. »

12 octobre

Une sirène à 16 h 28. Une sirène à 17 h 30.

13 octobre

Trois sirènes ont retenti l'une après l'autre à partir de 21 heures. Une sirène à 22 heures. Tamar a demandé à sa mère si elle pouvait dormir dans la pièce sécurisée, où elle se sentait plus sereine.

14 octobre

Une sirène à 17 h 04. Une sirène à 20 h 42. Manana a appelé l'institutrice de Tamar pour qu'elle la conseille sur les façons de gérer l'anxiété de sa fille ; elle l'a redirigée vers une hotline.

15 octobre

Une sirène à 21 h 32.

16 octobre

Une sirène à 11 h 41. Une sirène à 13 h 32. Une sirène à 21 h 02. Une sirène à 22 h 12. Quand Avi est rentré du travail, il a essayé de calmer sa fille. « Pas besoin d'en faire un tel drame, mon amour. Tu pourrais devenir une actrice célèbre plus tard en jouant la comédie comme ça. Pas la peine de faire ce cinéma, tu sais, tu es habituée aux missiles. On est tous en sécurité dans cette pièce. On est là avec toi. »

17 octobre

Une sirène à 19 heures. Une sirène à 19 h 29.

18 octobre

Pas de sirène.

19 octobre

Pas de sirène.

20 octobre

Une sirène à 12 h 02. Tamar s'est précipitée dans la pièce sécurisée pendant que Manana appelait Avi sur son lieu de travail pour savoir s'il avait réussi à se mettre à l'abri. Elle a immédiatement raccroché quand elle a vu Tamar se tordre de douleur par terre avant de perdre conscience sans plus respirer. Manana a hurlé à l'aide ; l'un des voisins a alors accouru pour faire un massage cardiaque à Tamar. Une ambulance a fini par venir, malgré un retard dû aux alertes. À son bord, un médecin canadien qui venait d'arriver en tant que volontaire de guerre.

21 octobre

Tamar était encore sous sédatifs à l'hôpital Assouta. « Aidez-nous, lisez des psaumes pour la guérison de Tamar, a imploré son père face aux médias. Il nous faut vraiment un miracle. »

22 octobre

Tamar était encore sous sédatifs et assistance respiratoire.

23 octobre

Le scanner a révélé la présence d'un œdème cérébral sévère.

26 octobre

L'équipe médicale de l'hôpital a déclaré Tamar en état de mort cérébrale. Les traitements ont été interrompus.

28 octobre

Tamar Turpiashvili, 9 ans, a été déclarée morte suite à une crise cardiaque déclenchée lors d'une sirène d'alerte. L'État d'Israël a officiellement reconnu que sa mort avait été causée par « des actes hostiles ».

29 octobre-2 novembre

Au cimetière municipal d'Ashdod, des centaines de personnes étaient réunies autour du corps de Tamar, enveloppé dans un drap rouge cousu d'or. Le rabbin Aharon Mor, qui prononçait l'oraison funèbre, a dit : « J'ai accompagné beaucoup de familles dans leurs moments difficiles, mais jamais je n'ai été confronté à un cas comme celui-ci. »

La maison de la famille Turpiashvili était trop petite pour accueillir toutes les personnes venues assister aux shiva, les sept jours de deuil ; par conséquent, les cérémonies se sont tenues à l'école Chazar, où Tamar était en classe de CM2. Mais Avi Turpiashvili se sentait un peu perdu. En franchissant le portail de l'école, il a été pris de l'étrange sensation d'avoir oublié quelque chose, ou quelqu'un. Que faisait-il à l'école de sa fille ? Pourquoi parlait-il tellement longtemps à son institutrice ? Et Tamar ? Où était Tamar ? Il savait très bien ce qui lui était arrivé mais, toutes les quelques minutes, il était pris du besoin de voir ce qu'elle faisait, d'aller la récupérer. Pourquoi avait-il laissé sa fille toute seule dans un cimetière pour ensuite se rendre dans son école sans elle ? Manana, quant à elle, n'a pas prononcé un seul mot pendant des jours. Elle n'en voulait pas au Hamas, mais à elle-même. Elle se sentait coupable d'avoir laissé la télé allumée en permanence, coupable de ne pas avoir plus souvent pris Tamar dans ses bras, coupable de ne pas l'avoir emmenée chez un psychologue, coupable d'avoir laissé Avi dire à Tamar qu'elle « exagérait ». Tout ce qui leur reste est la culpabilité, et les regrets.

POSTFACE

À peine les événements du 7 octobre étaient-ils entrés dans l'histoire qu'un récit est venu les revendiquer – selon un processus que certains universitaires appellent « homologisation », par lequel de nouveaux événements sont décrétés homologues à des épisodes antérieurs, créant ainsi des points de convergence, des similitudes, des schémas et des modèles qui transforment la discipline qu'est l'histoire en un objet religieux, voire mystique. On a communément parlé du « jour le plus meurtrier pour les Juifs depuis la Shoah », une expression qui, sans cesse reprise par les chefs d'État, les médias, mes propres amis et ma famille, semblait non seulement lier les deux phénomènes, mais établir l'un (la Shoah) comme origine de l'autre (le 7 octobre).

Les historiens ont depuis longtemps identifié ce processus relationnel, itératif, comme étant fondamental à la survie du judaïsme, qui a tendance à associer chaque événement à des événements précédents, convertissant ainsi toute occurrence en récurrence et le présent en une concaténation de passés, comme l'expression d'une éternité pré-messianique déjà vécue.

Le temps juif est semblable à un parchemin déroulé puis enroulé chaque année. Le calendrier des fêtes est basé sur une récurrence annuelle, tout comme celui de la lecture de la Torah : une partie en est lue chaque shabbat, de sorte que le cycle entier de la Torah est complété tous les ans. Puis sa lecture recommence le jour de Simhat Torah, qui dans le calendrier laïque de l'année 2023 est tombé le 7 octobre.

Comme Yosef Hayim Yerushalmi l'explique dans son chef-d'œuvre *Zakhor*, cette réincarnation du passé dans le présent est censée être vécue personnellement mais finit par se manifester politiquement. Chaque année, lorsqu'un Juif lit l'histoire de la sortie d'Égypte, il est supposé se sentir lui-même racheté, lui-même libéré de l'esclavage et conduit à travers les eaux ouvertes en deux de la mer Rouge. Chaque année, lorsqu'un Juif lit l'histoire de Moïse recevant la Torah, il doit s'imaginer avoir été personnellement présent au mont Sinaï, aux côtés des âmes de toutes les générations passées et futures. L'histoire juive, expression que Yerushalmi voyait comme un oxymore, permet de faire de la destruction du Second Temple et de l'exil romain une itération de la destruction du Premier Temple et de l'exil babylonien ; tous deux seraient advenus à la même date, le neuvième jour du mois d'*av*, mais à un demi-millénaire d'intervalle, et tous deux sont attribués non pas à des luttes politiques mais à un châtiment divin punissant les péchés d'Israël.

De même, tous les ennemis qui se sont élevés au sein de la diaspora juive ont été dépeints comme l'incarnation d'adversaires précédents, selon une filiation inique qui relie Staline, Hitler et l'auteur de pogroms Khmelnitsky à Titus, Nabuchodonosor, Haman, Pharaon et la nation guerrière d'Amalek, qui a tendu une embuscade aux Hébreux en marche dans le désert.

C'est le Premier ministre Nétanyahou lui-même qui a évoqué Amalek juste après les attaques de Simhat Torah, déclarant au public israélien, au monde juif et à la terre entière : « Souviens-toi de ce que t'a fait Amalek, dit notre sainte Torah ; nous nous en souviendrons et nous nous battrons. Nos troupes courageuses à Gaza [...] rejoignent la chaîne des héros juifs, une chaîne ininterrompue qui a commencé il y a trois mille ans avec Josué fils de Noun, et qui s'est poursuivie à travers les héros de 1948, de la guerre des Six Jours, de la guerre du Kippour [...]. »

Quand la presse nous disait que ce massacre (et la réaction forte d'Israël) était « un événement unique en son genre » qui venait « rebattre les cartes », ou encore « un point de bascule dans la crise », le Premier ministre israélien voyait les choses différemment : selon lui – et il n'était pas le seul à penser ainsi –, les atrocités commises entre autres par le Hamas et le Jihad islamique palestinien étaient une résurgence de la violence d'Amalek, une violence vieille comme le monde, et à peine plus jeune que la haine antijuive dont elle était issue. C'est là que réside le principal défi d'interprétation du 7 octobre

– celui de savoir si ce massacre doit être vu comme une tragédie qui marque la fin d'une ère ou une recrudescence théologique ; s'il relève de la barbarie humaine ou de la terreur divine, de l'histoire israélienne ou du récit juif.

Si les événements du 7 octobre doivent être traités sur le plan historique, en termes modernes et factuels, alors l'État d'Israël lui-même peut être envisagé ainsi, et ses échecs peuvent faire l'objet d'enquêtes, des solutions politiques peuvent être trouvées à ses problèmes ; le fanatisme peut être découragé et, par le compromis, même les ennemis les plus intransigeants peuvent être transformés en voisins, voire en États voisins.

Mais si le 7 octobre doit être perçu seulement comme le dernier rebondissement dans le récit sans fin de la souffrance juive, alors Israël devient partie intégrante de ce récit. Or c'est précisément ce sort que la création d'Israël devait permettre d'éviter : sa mission était d'abolir le statut de victime du peuple juif, et non de le prolonger.

« Le jour le plus meurtrier pour les Juifs depuis la Shoah » est celui où la judéité a fait son retour au sein de l'État d'Israël : la judéité en tant qu'identité, indépendamment de la croyance ou de la pratique. À une époque où coexistent une religiosité nationaliste croissante et un extrémisme juif, un massacre a été perpétré contre des laïcs revendiqués : des Juifs ont été tués parce qu'ils étaient juifs ; non parce qu'ils portaient une kippa, non parce qu'ils projetaient en secret d'ériger un troisième temple sur les ruines d'al-Aqsa, mais simplement parce qu'ils avaient l'audace d'exister dans les frontières de l'État juif. Les Arabes qui ont été tués, les Arabes chrétiens, les Arabes musulmans et même ceux qui ne se réclamaient d'aucune religion, ont été assassinés parce qu'ils avaient le culot de vivre comme compatriotes parmi les Juifs, de voter lors d'élections juives, de fréquenter des écoles juives, de parler une langue juive. Des citoyens népalais et thaïlandais sont morts parce qu'ils osaient travailler pour les Juifs et avec les Juifs, labourer des champs juifs, récolter des produits juifs. Il est tentant d'aller encore plus loin et d'affirmer que les animaux domestiques tués ce jour-là l'ont été parce qu'ils appartenaient aux Juifs, et que les voitures brûlées ce jour-là l'ont été car c'étaient des voitures juives, etc.

Meurtre, viol, enlèvement, torture, mutilation, immolation – voilà les actes par lesquels l'histoire a fait irruption dans le judaïsme, selon les premiers livres de communautés juives qui n'essayaient pas de relativiser le passé mais simplement de le transcrire fidèlement. Les *Sifrei haZikhronot* (les « livres des souvenirs ») sont apparus plusieurs siècles après le canon biblique mais ils ont atteint une sorte de standardisation sacrée au Moyen Âge. Résumés d'archives composés à plusieurs mains, ces ouvrages recensaient les noms des rabbins et dirigeants de la communauté, les témoignages des persécutions (« nécrologies ») ainsi que des listes de victimes (« martyrologies ») destinés à être lus à haute voix dans les synagogues durant les cérémonies mémorielles dédiées aux morts. Le plus célèbre de ces livres est peut-être le plus ancien à avoir survécu, celui de la communauté de Nuremberg, rédigé entre 1296 et 1392 et contenant des récits des persécutions advenues à travers l'Allemagne et la France lors de la première croisade, en 1096, jusqu'aux pogroms alimentés par les calomnies qui ont succédé à l'épidémie de peste en 1349.

Largement répandue dans la vie juive ashkénaze et parmi certaines communautés séfarades et mizrahis, cette tradition a été ravivée au lendemain de la Shoah, lorsque des communautés décimées cherchaient à se reconstruire – au moins sur le papier. L'éparpillement des auteurs est caractéristique des *Yizkhor bikher* (« livres du souvenir ») : par exemple, le livre commémorant Bershad, l'un des villages de la Zone de résidence (territoire de l'Empire russe où les Juifs étaient cantonnés entre 1791 et 1917) dont ma famille est originaire, rassemble des contributions d'anciens résidents disséminés à Jérusalem, Tel Aviv, New York, Mexico, Panama et ailleurs. Les auteurs partagent leurs souvenirs des habitants du village, de ses sages illustres, de sa géographie et de son industrie, ainsi que des atrocités inconcevables qui s'y sont déroulées – du pogrom perpétré par des Haïdamaks, pendant lequel un couple tout juste marié a été massacré sous le dais nuptial, aux nombreuses boucheries commises par les bolcheviks, les nazis et les Roumains.

7 octobre est l'héritier de ces livres du souvenir, le premier véritable *Sefer haZikhronot* depuis ceux écrits sur la Shoah – la nécrologie et la martyrologie d'une seule journée qui cherche à extirper les morts, ou du moins certains d'entre eux, de l'anonymat numérique et de la récupération politique.

S'il est possible de lire cet ouvrage et d'en ressortir animé d'un désir de vengeance, il peut tout aussi bien renforcer notre engagement pour la paix. Je l'ai moi-même lu à plusieurs reprises, dans plusieurs langues, en éprouvant ces deux sentiments opposés. J'ai été témoin de l'inlassable dévouement de son autrice, ma femme, qui l'a rédigé durant l'hiver suivant le massacre alors qu'elle-même était en deuil et réconfortait des étrangers – initialement des sources pour l'écriture de ce livre, à l'arrivée des amis. J'espère de tout mon cœur que les proches et les familles des victimes dépeintes dans cet ouvrage y trouveront une humanité dans laquelle se reconnaître, et que le souvenir de ceux qu'ils ont perdus transcendera l'injustice de leur statut de victimes pour demeurer à jamais au sein de leurs communautés, dans un monde plus juste et plus libre.

Joshua Cohen

REMERCIEMENTS

Écrire un livre sur des événements aussi terribles peut être douloureux en soi. Mais avec le recul, je ne vois pas comment j'aurais pu traverser autrement l'hiver 2023 – un temps de deuil pour ma famille, mes amis et moi-même. Je m'estime privilégiée d'avoir pu bénéficier de nombreux soutiens pendant cette période et il y a quelques personnes que je voudrais remercier.

Parmi elles, mes assistantes de recherche Nurit Laxer, Merav Weiss, Tamar Peled et Shani Alush pour les interviews de premier plan, les transcriptions extraordinaires et les efforts immenses pour retrouver et établir un premier contact avec les familles des victimes. Merci également à Mayaan Hirsch, une autre assistante qui est aussi ma belle-sœur, dont la force et l'intelligence furent une bénédiction. Sans ces femmes engagées et sensibles, ce livre n'aurait pas pu voir le jour.

Il en va de même pour Joachim Schnerf, l'éditeur à l'origine de ce livre, qui a compris le premier la nécessité d'un tel travail et m'a accompagnée pendant toute son écriture.

Je voudrais aussi remercier mon éditeur américain Tim Bartlett de St. Martin's Press et mon agente Gail Ross pour leur aide. Grâce à eux, j'ai pu trouver l'assurance nécessaire pour écrire un livre dans une langue qui n'était pas ma langue maternelle.

Ma reconnaissance va aussi à ma famille de cœur de *Haaretz*, le journal qui m'a toujours encouragée, et à ma vraie famille – mes parents Yoram et Rachel ainsi que mon frère Shai. J'essaie chaque jour d'être à la hauteur des valeurs qu'ils m'ont inculquées.

Mon mari Joshua Cohen m'a apporté un soutien inestimable, en plus d'une magnifique postface. J'espère être en mesure de lui rendre tout l'amour qu'il m'a témoigné.

Enfin, et surtout, je voudrais exprimer ma gratitude vis-à-vis de toutes les personnes endeuillées, ces familles et ces amis dont j'ai interrompu le deuil avec mes questions sur leurs proches, tous ces gens qui, au milieu de ces journées si difficiles, ont trouvé le temps et la gentillesse de partager avec moi leurs récits, leurs mondes, leurs vies.

Ce livre est constitué de leurs histoires mais chaque victime du massacre du 7 octobre en contenait elle-même des milliers, tout comme les victimes indirectes qui ont survécu – la veuve, le veuf, l'orphelin, les parents ayant perdu un enfant. Pour m'avoir fait confiance en m'offrant quelques-unes de ces histoires, qu'ils soient assurés de ma plus grande considération, de toute mon admiration et de mon profond respect.

NOMS DES VICTIMES DU 7 OCTOBRE

ABARGEL Oded, 26
ABARGIL Eliran, 29
ABBASOV Shamil, 33
ABDULLAYEV Eden, 23
ABDUSH Gal
ABDUSH Naji, 35
ABIR Lotan Abir, 24
ABOU RASHID (bébé), fille de Sujood et Trippy Abou Rashid, âgée de quelques heures
ABOU SABIH Faiza, 54
ABOU SABIH May Zuheir, 13
ABOU AMAR AL-RAZM Suheyb, 22
ABOU ASSA Osama, 36
ABOU MADIYAM Osama, 28
ABOU SABILA Amar, 25
ABOU SABILA Musa, 41
ABOUDI Adir, 23
ABOUHARON Roni, 39
ABOUHATZEIRA Orel, 25
ABOU-JAMA Yazan Zakaria, 5

ABOU-MADYAM Dalia, 30
ABRAGIL Meir, 55
ABRAHAM Boaz, 61
ABRAMOV Laor, 20
ABRAMOV Michael
ABRAMOVITZ Noam, 19
ACHRAK Omri
ADAM Mapal
ADANI Ilay, 21
ADAR Gili, 24
ADAR Tamir, 38
ADBERG Assaf Mordechai, 23
ADMONI Guy, 25
ADMONI Michal, 51
AGMON Adam, 21
AGUIRRE Angelyn, 32
AHARON Yogev, 20
AHIMAS Tomer Yaakov, 20
AKUNI Aryeh
AKUNI Or
AKUNI Ruti

AL KRAN Amin Akal, 11
AL KRAN Jawad Ibrahim, 14
AL KRAN Mahmoud Diab, 12
AL KRAN Malek Ibrahim, 14
AL KRAN Talib, 22
ALACRE Loreta Villarin, 49
ALFASI Oren
ALFASI Shlomo, 52
ALFRAHIM Halad
ALMAGOR Marina, 76
ALMOSNINO Liran Mons, 42
ALON Orel Shalom, 23
ALSHICH Shlomo Eliyah, 27
ALTILAKAT Fatima, 35
ALUSH Dani, 52
ALZIEDANA Abed Alrahman Ataf, 29
AMAR Avi, 55
AMAR Hanan
AMAR Mercedes, 33
AMAR Regev, 20
AMER Shirat Yam, 18
AMIKAM Nadav, 39
AMIN Shani, 18
AMIR Mody (Mordechai)
AMOUYAL Dolev, 21
AMSALEM Avichai, 30
APPLETON Yossi, 77
ARAD Nevo
ARAD Uri, 22
ARAVA Dikla
ARAVA Tomer Eliaz, 17
ARAZI Ofek, 28
ARBIV Ofek, 21

ARIEL Dan
ARIEL Erez, 19
ARNIN Ayelet, 22
ASAYAG Liav, 24
ASHRAF Haim, 68
ASHRAM Shai, 19
ASHUAN Sahar, 22
ASLANOO John, 70
ASRAF Sivan Simcha, 20
ASSIYAG Ravit Hana, 19
ASSULIN Dan
ASTAFNIKO Eliona, 25
ASULIN Lior, 43
ASULIN Liraz, 38
ATIAS Dorin, 23
ATIAS Lior
ATON Ofek, 24
ATUN Lior, 25
ATZILI Aviv, 49
AVDALIMOV Semyon, 66
AVERGIL Matan, 19
AVIANI Shachar, 56
AVITAL Gil, 56
AVITAL Or, 20
AVITAN Dor, 26
AVIV Noy, 29
AVNI Gil
AVNI Hagay
AVRAHAM Dvora
AVRAHAM Henkin
AVRAHAM Ilan, 57
AVRAHAM Uriel
AYISH Itamar, 19

Azar Guy, 23
Azar Ilay, 18
Azizov Lior, 20
Azoulai Yohai
Azoulai Gabi, 47
Azoulai Naomi Chetrit, 52
Azoulai Yonatan Chai, 23
Babani Gideon
Bachar Carmel, 15
Bachar Dana
Bachar Geula
Bachar Mazal (Mazi)
Bachar Yehuda, 24
Baharav Adi, 62
Balkin Omri, 25
Baloy Idan, 21
Balti Itzik
Banjo Itay
Bar Din
Bar Maayan
Bar Shoham, 21
Bar Yuval
Barad Alon, 38
Barak Tomer, 20
Baram Aviv, 33
Baram Ilai, 27
Bar-Am Neta, 21
Baranes Shalev, 20
Barazani Stav, 23
Barda Liron
Bareket Roi, 20
Barel Gabriel Yishay, 22
Barima Mohamed, 47

Baron Yuval
Bartel Nadav, 23
Baruch Idan, 20
Baruch Sahar, 24
Barzilai Osher Simcha, 19
Batito Ram Meir, 19
Bausi Itay Yehudah, 22
Bazak Guy, 19
Bazgozov Daniel, 22
Bazuka-Shvili Itzhak, 44
Behat Dror
Beilin Oron, 24
Beilin Zinaïda, 60
Belkin Denis, 47
Ben Ami Chava
Ben Ami Shani, 28
Ben Avida Amit Yehuda, 19
Ben Ayun Ortal Bobats, 24
Ben Daniel, 34
Ben David Barak, 19
Ben David Maya, 48
Ben David Nagar Celine Rachel, 32
Ben David Neria, 22
Ben Dayan David
Ben Hamo Michael, 21
Ben Hemo Dan, 26
Ben Hemo Or Haim, 19
Ben Horin Rivka, 74
Ben Moshe Michael, 26
Ben Mucha Ili, 20
Ben Naim Shahar, 42
Ben Porat Eliasaf, 21
Ben Porat Moshé

BEN RUBI Eden, 23
BEN SHITRIT Shimon Elroy, 20
BEN YAAKOV Lior, 44
BEN YAAKOV Ya'ad, 20
BEN YEHUDA Gilad, 28
BEN YEHUDA Yuval, 26
BEN ZEKARYA Yochai, 23
BEN ZINO Ido
BEN ZVI Amitay
BEN-ARTZI Hannah, 69
BEN-AVI Hen
BEN-BASAT Yotam, 24
BEN-HARUSH Shoam Moshé, 20
BEN-NAIM Chaim
BEN-SIMON Adar, 20
BEN-YAAKOV Yuval, 21
BEN-YEHUDA Itamar, 21
BEN-ZVI Sagiv Baylin, 24
BERDICHEVSKY Itay
BERGER Nurit
BERGMAN Eldad (Angel)
BERGSTEIN Shachaf, 33
BERNAT Romi Eli, 38
BERNSTEIN Ben
BERNSTEIN Eliyahu Yaakov, 20
BHANDARI Prabesh
BIBI Uriel, 30
BICHER Naomi, 19
BILMES Sapir, 24
BILYA Ariel
BINENSTOCK Ido, 19
BIRA Oron, 44
BIRA Tahel, 15

BIRA Tair, 22
BIRA Tal, 62
BIRA Yasmin, 51
BISTA Dipesh Raj
BITON Nadav, 20
BITON Shir, 19
BITTON Benayahu, 23
BITTON Maya, 22
BITTON Mordechai Ben Ariel, 22
BLAY Benjamin, 20
BLICH Vadim, 39
BLOCHMAN Yakir
BOGALE Adir Eshto, 20
BOHL Carolin, 22
BOKOVZA Raz
BONGART Sofia, 21
BONI Naama, 19
BORODOVSKY Alexei, 39
BOSCO Petro, 35
BOUCHNIK Lavi, 20
BOYUM Yuval, 21
BRASLAVSKY Daniel, 32
BRODASH Shiraz Daniel, 23
BRODSKI Kiril, 19
BRONSTEIN Ben, 24
BROSH Shoshi
BUCHRIS Chen, 26
BULDS Doron
BURSTEIN Einav (Hen)
BURSTEIN Matias (Hernan)
BUSKILA Yarden
BUYUM Gil, 55
BUYUM Inbar

Buzaglo Avi, 26
Cabrera Gracie, 45
Carbon Galit, 66
Carmi Ori, 20
Castelvi Paul Vincent, 42
Chaban Yulia, 24
Chan Oudom, 24
Chana Israel
Chapell Roey, 25
Chatdumdee Jaroon
Chaudhary Ashish
Cohen Amit, 23
Cohen Aviad Gad, 41
Cohen Avraham Neria, 20
Cohen Bernard
Cohen Daniel Asher, 32
Cohen Daniel, 23
Cohen Danit, 19
Cohen Dor Toar, 27
Cohen Hadar Miryam, 18
Cohen Itamar, 19
Cohen Itay, 22
Cohen Maguri Libby, 22
Cohen Mila, 10 mois
Cohen Mor, 24
Cohen Ohad
Cohen Ohad, 20
Cohen Pesi
Cohen Shilo, 24
Cohen Tal, 30
Cohen Yona, 73
Cohen Yorai Eliyahu, 29
Cozin Yitzhak

Dachtuyawat Bancha
Dado Ziv, 36
Dadon Avi, 44
Dafni Lin
Dagan Adi
Dagan Shalev, 20
Dahan Itzik, 48
Dahan Shaked, 19
Daichman Ronen, 49
Damari Dan
Damti Kim, 22
Dan Carmela, 80
Dan Noya, 12
Danguri Gal, 23
Danieli Tal, 24
Danilov Boris, 34
Danino Daniel Moshé, 21
Darawshe Awad
Darlington Daniel (Dan), 34
David Amit Yitzhak, 24
David Hodaya
David Tair
Davidi Barak, 28
Davidov Ge-ar, 44
Davidov Karina Ella, 30
Davidovic Shlomi, 50
Davidyan Ofir, 18
Dayan Yaron Moris
Dekel Nachman, 20
Demidova Natalia, 39
Dgani Naomi
Dhami Lokendra Singh
Diotaisong Chirkpan, 37

DOLEV Tomer, 34
DOR Idan, 25
DOR Lazimi, 21
DOR Yarhi, 21
DOV Rachel, 25
DUKERKER Kim
DUKHAN Yohai, 26
DUSHI Rotem, 20
DUVDEVANI Giyora
EDRI Aviad Avraham, 30
EDRI Idan, 36
EDRI Ido, 24
EFRAIM Noam Liel
EILAT Shir, 20
EILON Tal, 46
EKSHETEIN Matan, 23
EL KNAFO Shai, 30
EL SHLOMO Moshé, 33
ELAZARI Yonatan, 20
ELCARIM EL-NASASRA Abed, 50
ELEM Maro, 20,
ELGARGAWI Sammi, 52
ELHARAR Liz
ELHARAR Meir
ELIYAHU Ariel, 19
ELIYAHU Aviv
ELIYAHU Yonatan, 21
ELKABETZ Moti
ELKABETZ Sivan
ELMALAM Matan (DJ KIDO)
EL-TALALKA Samer Fuad, 22
ELTON Dror, 29
ELYAKIM Noam

ELYAKIM Shapira Anar, 22
ENGEL Ronen, 55
ENGLANDER Noa
EPHRAIM Yarin Moshé, 24
EPSTEIN Bilha
EPSTEIN Neta, 22
EREZ Ariel, 19
EREZ Ofir, 57
ESATU Or, 21
ESHEL Roni, 19
EVEN Alon
EVEN Hen
EVEN Ido
EVEN Rinat
EYAL Amir, 19
EYLON Shira, 23
EZRA Oz, 23
FAHIMI Rafael, 63
FALHATI Alina, 23
FARAGE Noa, 22
FARASH Aharon, 36
FAUKER Gideon, 80
FEBER Assaf
FIERSTEIN Omri Niv, 20
FIORENTINO Ilan, 38
FISHBEIN Celeste
FISHER Amir, 22
FISHMAN Ben, 21
FITUSI Yishay, 21
FLASH Sindi, 67
FLASH Yigal, 66
FLISCHER Avraham, 63
FODER Maya

FORTI Nir, 30
FREIDMAN Valery, 60
FRENKEL Ziv
FREULICH Marcelle
FRIKER Yona, 70
FULARA Rajan
FURMAN Lyuda, 78
GABAI Amit, 18
GABAI Mor, 30
GABAI Shani, 25
GABAI Yuval, 35
GAL Shalev, 25
GALESKI Yevgeny, 34
GALLON Liam, 26
GAMZO Ilay, 20
GANCIA Valentin (Eli), 22
GANDLIN Izabella, 27
GANISH Benny, 70
GANON Shiran, 38
GANOT Avia, 22
GANOT Dan, 41
GARCIA Brando David Flores, 21
GARCOVICH Dafna, 47
GAT Kinneret
GAURI Adir, 20
GEDALIAH Yosef Malachi, 22
GELLER Lilia, 61
GENDEL Roman, 47
GEORGIE Shir, 22
GHERAFI Liel
GILLER Yaruslav (Slava), 28
GINDI Shachar, 25
GINSBURG Eli, 42

GLASS Yam, 20
GLAZBERG Noa
GLAZER Hanani, 24
GLISKO Itay Ofek, 20
GODARD Ayelet, 63
GODARD Meni, 73
GODO Tom
GOLAN Sagi, 30
GOLAN Yonatan, 20
GOLDENBERG Nitzan, 28
GOLDENBERG Tamar, 24
GOLDIN Oren, 33
GOLDMAN Katerina Tavgan, 26
GOLDSTEIN Almog Yam, 20
GOLDSTEIN Nadav, 46
GOLTMAN Daniel, 24
GORDANI Sharon, 25
GOREN Aran, 33
GOREN Avner
GOREN Maya, 56
GOREN Tova
GORLOV Victoria, 23
GORNY Iftach, 51
GORYONOV Anton, 37
GRAZIANI Maor, 22
GRIDSKOL Sergei
GRIDSKOL Victoria
GROSS Yosef (Yosinio)
GRUMAN Adi, 19
GRUSHKA Tal, 25
GUETA Stav
GUETTA Amit, 21
GUEZ Eden, 31

Gurevich Lilia, 38
Guri Ariel Refael, 30
Guri Roee Haim, 21
Gusak Margarita, 21
Gusaram Apichart
Gutin Yonatan, 19
Gutman Tamar, 27
Gvarhuit Guytum
Gvera Omer, 26
Gvili Ran, 24
Habani Shaked, 22
Hadad Eitan, 43
Hadar Itay Houston
Hagbi Elitzur Tzuriel, 60
Hagbi Izhar, 66
Hagbi Yehonatan, 18
Hagbi Ziv
Haggai Gad, 73
Hai Lyard Nathane
Haim Maya, 22
Haim Yotam, 28
Haiman Inbar, 27
Haimi Tal, 41
Haimov Aharon, 25
Hajaj Aviv, 19
Haker Ze'ev
Haker Zehava
Halevy Aviad, 29
Halifa Gaya, 24
Hamami Asaf, 40
Hamui Ella, 26
Hand Narkis
Hanedy Abraham Hananel, 37

Hanom Hezi (Yechezkel)
Haran Avshalom (Avshel)
Harel Sharona Shmunis, 40
Har-Even Shilo, 25
Harmati Idan, 22
Harmati Varda
Harush Eliyahu Michael, 28
Harush Ido, 21
Hasdai Avi, 53
Hasid Ben Benziyon, 23
Hasid Shraga, 77
Hasidim Naor, 22
Hatav Yehoshua, 67
Hatuel Avi
Hayat Shimon (Shimi), 29
Haynik Reuven
Hefetz Arik Arie, 28
Herman Idan, 26
Hermesh Omer
Hershkovitz Maayana
Hershkovitz Noah
Hetzroni Avia, 69
Hetzroni Ayala
Hetzroni Liel, 12
Hetzroni Yanai Heler, 12
Hiel Gideon (Gidi), 24
Hiel Noa, 27
Hirsch Sharon, 45
Hobelashvili Avraham, 26
Hobera Ido, 36
Homsorn Setta, 36
Hoshen Hadar, 28
Hulati Menucha

IBN MARAI Salman, 41
IBRAHIM Majed, 19
IDAN Maayan, 18
IDAN Roi, 45
IDAN Smadar Mor, 38
IFARGAN Frecha, 81
ILAEV Adam, 22
ILUZ Elya, 27
ILUZ Guy, 26
ILUZ Yigal, 56
ILYAGUYEV Solomon, 28
INON Bilha, 75
INON Yakovi, 78
ITACH Liel, 22
ITAH Sigal, 27
ITAMARI Lili
ITAMARI Ram
ITZHAKI Mai, 25
JANTHARASENA Jakkaphong
JAYATHILAKA Anula, 49
JOCOB Vladimir, 64
JOURNO Karin, 24
KADMAN Shachar Gal, 34
KALDERON Rotem
KALFA Keshet, 22
KALIHMAN Maayan, 22
KAMA Hadar, 24
KAMINKA Yanai, 20
KAPLOUN-VITAL Adi, 33
KAPLUN Dror, 68
KAPSHETAR Aline, 8
KAPSHETAR Dina
KAPSHETAR Eitan, 5

KAPSHETAR Evgeny
KARIM Malik, 32
KAROL David
KARP Dvir
KARSENTY Shosh (Shoshana)
KARSI Vitaly, 38
KARSNINSKI Yakov Shlomo, 23
KASAVCHUK Daniel, 21
KATABI Tehila
KATZ Efrat, 68
KATZ Ravid, 51
KATZ Tal
KATZIR David
KATZMAN Hayim Yeshurun, 32
KAYSON Arnatit, 29
KEDAR Yehuda, 50
KEIDAR Ofra, 70
KEIDAR Sami, 70
KEINAN Linor, 23
KEIZMAN Lily
KEN-DROR Jonathan, 28
KEREN Tal, 17
KESLASI Ido, 23
KFIR Gilad, 48
KHARUBA Ibrahim, 39
KHOTMEE Saksit
KHUNSREE Pongsatorn
KIATISK Patti, 35
KIEAN Habib, 21
KIMHI Ofek
KIMHI Stav
KIMMENFELD Daniel, 64
KIPNIS Eviatar, 65

Kipnis Lilach, 60
Kipper Savyon Chen, 31
Kishner Segev Israel, 22
Klangsuwan Theerapong
Klein Eyal, 22
Klein Hila, 41
Klein Niv Aivas, 25
Konderov Irit, 27
Korcher Igor
Korin Abraham Gabriel, 56
Kosovski Zelta, 28
Kostizin Ylena, 78
Kraunik Arie, 54
Kritzman Chana
Kriyf Shachaf, 17
Ktzir Avraham (Rami)
Kupervaser Shani, 28
Kutz Aviv, 54
Kutz Corporal Rotem, 18
Kutz Livnat, 49
Kutz Yiftach, 14
Kutz Yonatan, 16
Kutzro Nativ, 21
Kuzmickas Martin, 46
Lahav Amit, 23
Lamai Yuliya Didenko
Landman Adi, 19
Lapidot Tiferet
Lavi Amir, 19
Lavi Omri, 25
Lax Naveh Eliazar, 21
Lee Tou Cae
Leibovich Sharon

Leibovitz Tomer, 19
Leibushor Yael, 20
Lev Binyamin, 23
Levi Amit, 22
Levi Daniel
Levi Guy, 24
Levi Rotem Rachel, 22
Levi Tal, 21
Levi Yakir, 21
Levin Alisia, 34
Levinson Bracha, 75
Levinson Shay, 19
Levy Amitai Nehoray, 20
Levy Eden Alon, 19
Levy Eitan, 53
Levy Eynav Elkayam, 32
Levy Lidor
Levy Lior, 19
Levy Livnat, 27
Levy Naor, 24
Levy Nissim, 30
Levy Roey Yosef, 44
Levy Roni
Levy Sigal, 31
Levy Tsion
Levy Yitzhak, 27
Liebstein Nitzan, 19
Liebstein Ofir, 50
Lifshitz Oleg, 61
Lipovsky Ilan, 30
Lischov David, 35
Lisha Dvir, 21
Lisman Anita, 25

Lisovoy Svetlana, 61
Lisovoy Yuri, 63
Livne Haim, 78
Lizmi Michael, 28
Locker Uri, 19
Look Alexandre, 30
Losev Igor, 58
Losev Marina, 60
Louk Shani, 22
Lozovsky Leonid
Lugasi Shimon, 19
Lugassi Nissim, 30
Lugvinchneko Vitali, 34
Machalof Sahar, 36
Madar Shahak Yosef, 26
Madmon Nir, 23
Madmoni Shalev, 24
Magnesi Amit, 23
Maimon Lior, 22
Makarchenko Stephen, 24
Makis Lidor, 19
Malihi Amitay, 20
Malka Dor, 29
Malka Matan, 19
Malka Meir, 78
Malka Or, 21
Malkamo Edna, 45
Maman Tal, 38
Mann Amit, 22
Mantzur Shahar, 28
Manzouri Norel, 25
Manzouri Roya, 22
Maor Itai, 23

Marchiano Itay-Eliyahu, 20
Marciano Arik Yehudah, 50
Marciano Noa, 19
Margalit Adi, 24
Margalit Eliyahu (Churchill), 75
Margolis Sa'ar, 37
Markovici Aaron Arthur
Marlowe Jake, 26
Marnasky Silvia, 80
Maskalchi Netanel, 36
Maskalchi Refael Meir, 12
Matthias Shahar, 47
Matthias Shlomi
Maudi Noy
Mayzel Adi Rivka, 21
Megira Avi
Meir David Haim, 31
Meir Doron
Meir Mor, 17
Meiri Zohar, 55
Meliev Yoav, 19
Melman Ofir, 21
Mendes Karla Stelzer, 42
Mengadi Dor, 24
Menstein Shlomit, 83
Meri Sliman Abu, 37
Meshaev Anna
Mesika Adir
Michaeli Omri, 35
Midani Sahar, 20
Miles Avlom (Albert)
Mishkin Hagit Refaeli, 48
Mittelman David, 20

Mizrachi Or, 20
Mizrachi Raz, 23
Mizrahi Ben Menashe
Mizrahi Eliran, 24
Mizrahi Or, 21
Mizrahi Tomer Yaakov, 21
Moalem Na'ama
Molcho Ayelet
Molcho Shlomi
Mollel Joshua Loitu, 21
Mologota Gadif
Montaño Antonio Yaniv Macías, 28
Mor Avi, 61
Mor Maayan, 30
Mor Shirel, 19
Morali Neta Boaziz, 40
Mordechai Matan Lior, 35
Mordo Rafi
Moreno Itay Shlomo, 24
Mortov Yaakov, 66
Mosat Amit, 20
Moserkov Michael, 69
Moses Or, 22
Moshé Ariel Ben, 27
Moshé Eden David, 27
Moshé Orel, 21
Moshé Roi, 36
Moshé Said (David)
Mtenga Clemence Felix, 22
Munder Roee
Muzafi Shay Shalom Elior, 37
Nachman Ilay, 23
Naftali Eden, 23

Nagar Tomer, 20
Nagri Roi, 28
Nahari Roi, 23
Nahmias Chen, 43
Nahmias Itay
Nahum Dor, 24
Naim Amir, 27
Naim Mai, 24
Nakmoli Bar Lior, 27
Nave Nativ Maayan, 60
Naveh Mordechai
Navon Gal, 30
Nazarov Elyakin, 29
Negbi Ram
Negri Neriya Aharon, 18
Neman David Yair Shalom
Nepali Ganesh Kumar
Nesani Shachaf, 20
Neta Adrienne
Neumann Rotem, 22
Neupane Narayan Prasad
Nidam Shoham Shlomo, 19
Nimri Eden, 22
Nir Nikita Popov
Nira Ronen Nira, 86
Nisenboim Jenny, 32
Nissan Liraz
Nissanka Sujith, 48
Noy Shifra, 71
Ohana Adi, 43
Ohana Ariel, 19
Ohana Daniel, 24
Ohanadov Amin, 36

Ohayon Eden Liz, 24
Ohayon Eliad
Ohayon Moshé
Ohayun Evyatar, 22
Ohayun Silvia
Omer Nitai, 22
Or Yonat, 50
Oren Aviel, 28
Orgad (Goldberg) Eliyahu, 72
Ori Ben, 31
Ostrovsky Michael, 77
Ovitz Ziva, 77
Oz Daniel, 19
Pankitwanitchirn Seriyut
Pansa-ard Somkhoun
Parmoter Limor Vaknin, 49
Paryante Kobi, 43
Patrenko Daniella Dana, 23
Peer Yoad, 21
Peled Amit, 21
Peled Daniel
Peled Gila
Peled Izhar
Peled Yarin Mari
Peretz Arik (Arie), 58
Peretz Avshalom Yair
Peretz Ido, 23
Peretz Mark Mordechai, 51
Peretz Omri, 20
Peretz Raz, 24
Peretz Ruth Hodaya Peretz, 17
Peri Roei, 19
Pesso Orel

Petrovski Roni, 24
Phetrkaeo Arnan
Phiaaia Sattawat
Phongthep Kusaram
Pinjai Nanthawat
Poliakof Emma, 86
Polvanov Roni, 23
Pongkrua Papuntnai
Popov Sofia, 68
Popov Vladimir, 74
Popplewell Roi
Poshivi Andrei, 39
Poslushni Ran, 48
Postel Evgeni, 25
Pozniakov Alec, 38
Prais Noa, 20
Prakotwong Srithat
Prakotwong Thanakrit
Pravosudova Alina, 23
Prince Hadar, 21
Pritika Karina, 23
Rabia Noam
Rabia Yuval
Rachmani Sharon
Rafai (Refael) Eli
Rahamim Aviel, 27
Rahamim Binyamin, 52
Rahamim Dvir, 23
Rahum Nitzan, 28
Ram Omri, 29
Ran Or Yosef, 29
Rapaport Yonatan
Rashatnikov Shlomo, 20

RASHED Daniel, 19
RATNER David, 20
RAUCHBERGER Shilo, 23
RAVIV Moriya, 23
RAZ Idan, 20
RAZIEL Yedidya, 31
RAZILOV Yehezkel (Hezi), 30
RECSANUN Chai
REFAI Sharon, 28
REGEV Shay, 25
REICHENSTEIN Eliyahu, 75
REVIA Ofek, 23
RICARDO Oriya
RICHTER Yonatan, 48
RIDER Dor, 21
RIDLER Moshé, 91
RITTHIPHON Meechai
RIVLIN Aviad, 23
RIVLIN Gideon, 18
ROIMI Michal, 22
ROM Jonathan
ROMASHKIN Olga Naomi, 28
RON Itay Abraham, 20
RON Ofer
RON Shlomo
ROSENBERG Matan, 17
ROSENFELD-BERDICHEVSKY Hadar
ROSENSTEIN Bar, 20
ROSENTAL Ido, 45
ROSENTHAL Afik, 20
ROSSLER Dvir Haim, 21
ROTENBURG Noam Elimelech, 24
ROUSSO Ofek, 21

ROZMAN Yael, 26
RUBENSTEIN Ben, 20
RUSSO Ouri Shimon, 44
SAADON Hallel Shmuel, 21
SADEH Ilay Bar, 19
SAE Wang Nitikorn
SAEED Nehorai, 21
SAIDI Tzur, 29
SAIDIAN Moshé (Moshiko)
SAIZAR Ivan Illarramendi, 46
SALEM Peleg, 30
SAMERANO Jonatan Mordechai, 21
SAMET Tamar
SAMOILOV Alexander, 28
SAMUELOV Elazar, 21
SAMZEO Golima, 49
SANUSAN Chairat
SARUDI Yaniv, 26
SASSI Avi, 64
SAUDIN Sahar, 21
SAVITSKY Yonatan, 21
SAYAN Duwa, 35
SAYANG Somchai, 24
SAYTU Tawachi
SCHWARTZ Segev, 20
SCHWARTZMAN David Alberto, 67
SCHWARTZMAN Karin, 20
SCHWARTZMAN Pinko Orly, 67
SEFI Genis Yosef, 30
SEGAL Havik
SEGAL Uriel, 19
SEGEV Tomer, 30
SEIDMAN Jonathan, 25

Sela Ram, 33
Shafir Dor Hanan, 30
Shafir Irmi, 76
Shah Ananda
Shahar Yaron Victor, 51
Shai Noam, 26
Shainkman Stas
Shakotay Gali Roee, 21
Shalev David, 75
Shalev Shai, 50
Shalev Tal, 54
Shalom Maor, 46
Shalom Noam
Shalom Ram, 25
Shamayev Berta
Shametz Shaun Davitashvili, 25
Shamir Mordechai, 29
Shamkov Alexei, 34
Shamriz Alon Lulu, 26
Shani Ido Israel, 29
Shany Ori Mordechai, 22
Shapira Ziv Pepe
Sharabi Lian, 48
Sharabi Noya, 16
Sharabi Yahel, 13
Sharabi Yossi, 51
Sharhabani Sivan, 21
Sharon Dudi
Shaulov Robert, 70
Shay Yaron Uri, 21
Shechter Bar, 32
Shefer Ran
Sheinkerman Daniel, 25

Shem Tov Inbar, 22
Shemer Ron, 23
Shimoni Ben Binyamin, 31
Shindel Mark, 23
Shishportish Reuven, 36
Shitrit Roni, 24
Shkuri Mor
Shlesinger Asaf, 57
Shlomi Rom, 23
Shlomo Adir, 47
Shlomo Shir, 19
Shmaiya Osher, 19
Shmaiya Yaakov, 47
Shoham Tomer, 23
Shohat Shira, 19
Shopen Ziv
Shosh Noy, 36
Shoshani Ofir, 20
Shova Moshé
Shperber Daniel, 20
Shpirer Tomer, 37
Shrem Liam, 25
Shtahl Mira
Shushan Elad Michael, 21
Shushan Segev, 28
Siboni Naor, 20
Silberman Margit
Silberman Yossi
Silver Vivian, 74
Siman Tov Arbel, 6
Siman Tov Carol
Siman Tov Omer, 2
Siman Tov Shachar, 6

SIMAN Tov Tamar Kedem
SIMAN Tov Yonatan (Jonny)
SIMCHI Guy, 20
SINAI Yoram Bar
SITON Chana, 73
SITON Tal, 49
SITON Yitzhak, 76
SIVAN Bar, 33
SIVAN Yanin, 49
SIVIDIA Shlomi, 37
SKIPKAVICH Vitaly, 21
SKRZEWSKI Rudy, 56
SKURI Amir, 31
SLOTKI Noam, 31
SLOTKY Yishay, 24
SMIATICH Gina
SMOYLOV Emil, 22
SNIR Eitan
SNITMAN Tatiana, 70
SOLOMON Hili
SOLOMON Yaakov, 60
SOLOMON Yuval
SOPHAKUN Anucha
SOROKIN Dmitri, 51
SPREBCHIKOV, Nadezhda, 75
STEINBERG Yonatan, 43
STERN Oren
STROSTA Tomer, 23
SUCHAT Phichit Najan
SUCHAT Phongphat
SUCHMAN Tamar
SUISA Dekel, 23
SUISSA Dolev, 34

SUISSA Odaya, 33
SULTAN Roland, 68
SULTAN Ronit, 56
SURAKHAI Sakda
SVIRSKY Itay, 38
SVIRSKY Orit Sela
SVIRSKY Rafi
SWARNAKAR Raj Kumar
SWEID Behor, 32
SWISSA Moriah Or
TAASA Gil, 46
TAASA Or, 16
TAHAR Adir, 19
TAHAR Yossi, 39
TAKA Tashgar, 21
TAL Sahar, 20
TALIA Marcel
TAMAM Adir, 40
TAMAM Shiraz Shiran, 38
TAMKANG Parinya
TANBORA Amir, 23
TARSHANSKY Lior, 16
TAYEB Nadav Yosef Hai
TCHERNICHOVSKY Ori, 29
TESTA Ofir, 21
THANONPHIM Phirun
THAPA Padam
THOLAENG Phithak
TIBERG Abraham Gilad, 24
TKACH Lior, 26
TOLEDANO Amram Alon, 54
TOLEDANO Elia, 27
TOMER Bar, 25

Tomiyuma Krisorn
Trabelsi Mor
Troufanov Vitali
Tsafir Dado, 45
Tsarfati Ron, 22
Tumiid Natalia, 71
Turgeman Avidan, 26
Turgeman Dudi, 26
Turgeman Shoham, 24
Tweg Iftach Dan, 27
Twito Adiel, 30
Tzaban Shalom, 60
Tzarfati Ofir, 27
Tzidon Avi
Tzioni Ofir, 21
Tzur Adi, 20
Tzur Amir, 23
Tzur Amit, 19
Tzur Niv Tel, 22
Tzur Yonatan, 33
Udi Ofer
Uzan Aryeh, 68
Uzan Eliyahu (Eliko), 40
Vadai Daniel, 27
Vadi Moshé, 37
Vainshtein Liel, 19
Vaknin Michael, 35
Vaknin Oran Ahaon, 45
Vaknin Osher, 35
Văleanu Bruna
Vanino Amichay Yaacov, 22
Vardi Lori, 24

Vargas Yvonne Eden Patricia Rubio, 26
Verber Alon, 26
Vernikov Karin, 22
Vigdergauz (Dubchenko)Simon, 21
Villalobo Polo Maya, 19
Wachs Amit, 48
Wachs Yigal
Wahab Yossef (Yossi)
Waldman Danielle, 24
Weinberg Ron, 24
Weinstein-Haggai Judy, 70
Weiss Amir
Weiss Ilan, 56
Weiss Judith, 65
Weiss Mati
Weiss Shmuel (Shmulik)
Weissberg Alina, 17
Weizman Lior, 32
Weizman Reuven, 56
Wertheim Aviv, 57
Wertheim Dorit (Bar Ilan)
Wexer Yullia, 37
Wiezen Amichai, 33
Winner Yahav
Wisetdonwai Wuttipat
Wizer Roi, 21
Wolf Omer, 22
Won Zichon, 36
Woveck Dani
Yaakobov San Amnon
Yaakov Ilan Moshé, 29
Yaakov Shenhav, 26

Yaakov Shoham, 28
Yaakov Shoval
Yabetz Yiftach, 23
Yair Yaakov, 59
Yankelov Bar, 19
Yaron Ofir Mordechai, 51
Yaron Shir
Yehoshua Ido, 27
Yehoshua Itay, 36
Yehudai Ron
Yehudit Yitzhaki
Yichangilov Maria
Yichangilov Yiftach
Yidgrov Mark
Yidgrov Rosa
Yidgrov Yuri
Yifrach Elior, 34
Yoav Michael
Yoggev Boaz Menache, 19
Yonah Binyamin Gavriel, 19
Young Nathanel, 20
Yudtongadi Tianachi, 32
Zacharia Eden, 28
Zadikevitch Omer, 50
Zafraani Noy, 27
Zafrani Itay
Zagdon Rinat, 23
Zak Eti
Zak Itay
Zak Sagi, 15

Zakai Dvir, 20
Zakuto Avi
Zalmanovich Arye, 86
Zalmanovich Hilel, 60
Zanti Matan, 23
Zarbailov Michal
Zaruk Hatib
Zehavy Yonatan, 10
Zemach Shachar, 39
Zemkov Andrei, 39
Zemkov Zoya, 45
Zender Noa, 22
Zfati Hai Haim
Zhong Shi, 47
Ziering Aryeh Shlomo, 27
Zini Nirel, 31
Zisser Ilay, 27
Ziv Eitan
Ziv Or, 24
Ziv Tammy Peleg
Zoerman Mordechai (Motti), 74
Zohar Bar, 23
Zohar Haim
Zohar Keshet, 20
Zohar Tchelet, 18
Zohar Yaniv, 54
Zohar Yaron, 19
Zohar Yasmin, 49
Zomer Dan, 27
Zouu Dali, 35

TABLE

Introduction 9

I. Sdérot 29
II. Pères et fils 51
III. De Katmandou au kibboutz Aloumim ... 91
IV. La Rave......................... 113
V. Simhat Torah 1941 – Simhat Torah 2023 . 153
VI. Les Bédouins du Néguev.............. 165
VII. Voyage à la mer Morte............... 183
VIII. D'Odessa à Ashkelon 199
IX. Aller-retour à Be'eri................. 217
X. Les cerfs-volants de Kfar Aza........... 281
XI. Ofakim 293
XII. Victimes du deuil.................. 313

Postface de Joshua Cohen 339
Remerciements........................ 347
Noms des victimes du 7 octobre............ 349

Cet ouvrage a été imprimé par
CPI Brodard et Taupin à la Flèche (Sarthe)
pour le compte des éditions Grasset
en avril 2024

Mise en pages
PCA 44400 Rezé

Grasset s'engage pour
l'environnement en réduisant
l'empreinte carbone de ses livres.
Celle de cet exemplaire est de :
550 g éq. CO$_2$
Rendez-vous sur
www.grasset-durable.fr
PAPIER CERTIFIÉ

N° d'édition : 23133 – N° d'impression : 3056161
Dépôt légal : avril 2024
Imprimé en France